日本経済再生論

ディスラプティブ・イノベーションの道

Disruptive Innovation

三輪晴治 著

文眞堂

目次

第一章　はじめに

世界的なイノベーションの停滞

二一世紀に入り、先進諸国の経済力の劣化が音を立てて進んでいる。二〇世紀の覇権国であったアメリカも経済力の衰退がひどくなり、もはや一国で世界を牽引する力を失ってしまったようだ。ＥＵもその産業・経済の構造的な問題も含めて危機的様相を呈している。改革開放で急速に資本主義化してきた中国も最近その基本的な経済構造に多くの欠陥が露呈し、当分は世界経済をドライブする力はない。一九七五年ころから始まった日本経済の衰退は、特に一九九〇年のバブル崩壊以降激しくなり、一人負けの状態である。「失われた一〇年」、いや「失われた三〇年」とまで言われ、日本産業は自信喪失に陥っている。日本産業の利益率の一貫した低下、名目ＧＤＰの下落、所得格差の拡大という経済社会にとっての基本的な柱が弱体化してきている。お隣の韓国も、サムスンの大躍進にもかかわらず、深刻な内部経済の矛盾を拡大させて困っている。

こうした世界的な経済の衰退のなかで、各国間の軋轢があちこちで起こり始めている。今やＷＴＯが行き詰まり、囲い込みとしてのＦＴＡ、ＴＰＰなどが進んでいる。かつてのような敵対的な保護主義化、ブロック化、ナショナリズムに各国を走らせ、世界的な紛争を拡大してはならない。一九九一年にソ連が崩壊した後、やはり資本主義経済の仕組みが人類にとって良いことだと言われ始めた途端、何故世界的にこのような経済の混乱と衰退が顕現化してきたのであろうか。

このような状況の中でここ一〇年、日本経済衰退の問題、日本経済再生の道について多くの書が出版され、いろいろと議論されてきた。しかしそのほとんどが「内需の拡大のためにもっと財政出動と金融緩和をしろ」とか、「ＴＰＰに参加してグローバル市場で戦え」、あるいは「子孫に大きな付けをまわさないために社会福祉費を削減し、財政を健全化するために消費税を上げよ」、それに対して「大不況下での増税は命取りになる」というような議論に終始している。あるいは、「日本には一、四〇〇兆円の資産があり、しかもものづくり力があるので安泰だ」という楽観論もまだある。

ギリシャの財政問題が出たとき、菅直人元首相が「日本もこのまま行くとギリシャのような悲劇になる」と訴えたところ、「菅直人は馬鹿だ。ギリシャと日本とでは財政赤字の内容が全く違う」と多くの評論家が彼を罵倒した。確かにギリシャの借金はそのＧＮＰの一・七倍で、日本は二・二倍だが、ギリシャの国債の七〇％は外国人が持っているのに対して、日本の国債は殆ど日本人が持っているのを知らないのかという話であった。

日本は、借金で首が回らないお父さんと遺産をたくさん持っているお母さんとの家族であると言われている。確かに一家を合わせると、借金はないようであるが、もしお母さんがお父さんのどんどん増えている借金のしりぬぐいをしたくないと言ったらどうなるのだろうか。そして、もし何らかの理由で国債の金利が上がり、日本の国債が売られはじめ、暴落したとき、日本国民の持っている国債なら踏み倒しても良いと考えているのであろうか。すでに昨年（二〇一二年）の後半から日本の国債が危ないというシグナルが市場に出ているようである。日本は財政赤字としての「国債バブル」に近い状態だと警告されている。この二〇年、こんなことは絶対起こる筈がないと誰もが思っていた「想定外」の事柄が実際にいろいろと起ってきたことを心しなければならない。

しかし菅さんの言いたかったことは別にあったのではないか。ギリシャは、国民の四分の一が公務員という「公務員天国」で、公務員の給与も民間の二―三倍、年金も現役の給与並みに支払われる。しかも最も大きな問題は、ギリシャは長い間、産業らしいものを開発してこなかったことである。だが日本を見てみると、公務員制度改革、天下り廃絶、国の無駄遣いの解消などをいろいろと約束しながら、殆ど何もできていないし、難しいことはみな先送り。そして最も問題なことは、「成長戦略計画」が機能せず、産業も衰退する一方だし、国民の所得はますます悪くなっている。菅さんが言わんとしたのは、「これでは日本も、ギリシャと同じような悲劇になる」という警告であったのであろう。

国の財政赤字の問題は、その国の経済活動が生産的で、ますます拡大しているときは心配はいらない。しかし、そうでなく、ＧＤＰも停滞し、産業が衰退し、デフレがとどまるところを知らず進行し、格差が酷くなっているときは、国の財政赤字問題は深刻な問題になる。親の財産を食いつぶしながら、職もない放蕩息子がギャンブルをやっている家は、どんなに財産があっても、やがてその家は必ずつぶれてしまう。ただ消費税の増税などによる財政赤字の大改革は、デフレを解決し、産業経済が再生し始めてから後に、着手しなければならないという鉄則がある。

二〇〇八年にリーマンショックが起こったとき、日本政府も財界も、そして多くの評論家も、「日本は、アメリカのようにはマネーゲームをやっていないので、日本経済にたいする影響は全くない。ほんの少し蜂に刺された程度だ」と言っていたが、実際は、日本経済が一番落ち込み、その後の回復も日本が最も遅く、もたついている。二一世紀に入ってからの九年間で、世界の実質GDPの伸びは二三・〇％増、それに対して日本の実質GDPは四・六％増であった。言うまでもなく中国は大きな伸びを示し実質GDPは一三六・二％の増、ロシアですらも五一・五％の増を遂げている。この傾向はいまでも続いている。日本の名目GDPで見ると、ピークの一九九七年の五二三兆円から、二〇一〇年の四六八兆円と一一％も減少しているのである。世界的に見ても、日本の状態は極めて異常なことであるとしか言いようがない。

近年は世界的にどこの国も財政赤字で苦しんでいる。産業の不振をカバーするために財政刺激策を投じつづけた先進諸国の財政問題はますます悪化し、膨張する「未積立債務」をどうするかに悩んでいる。アメリカも二〇一三年一月一日の午後やっと「財政の崖」を辛うじて先延ばしにしたが、基本的な解決策は何も見えていない。これは、一九七〇年ころより世界的に構造的な問題となってきており、単純に景気の回復により解決できるものではないということが明らかになってきている。社会福祉費の増加と、慢性的な不況でばらまきの公共投資をし続けてきたためである。この出口が全く見えていない。しかし、世界経済が危篤状態だから、更に財政出動、金融緩和をしなければ、この大不況からは逃れられないという意見と、直ちに増税をして深刻な財政赤字を緩和しなければ国が破綻するという意見が交錯し、混乱を続けている。だが、こうした問題の奥にあるのは、一九七〇年以来の世界的な「イノベーションの停滞」であり、「主導産業の衰退」であることを忘れてはならない。資本主義経済社会では売れる商品が枯渇すると不況になる。そして国民が職場を得て、適切な所得がなければ生産された商品は売れない。極めて単純なことである。これを具体的にどうするかである。

ディストピア（暗黒郷）

最近はグローバル経済社会の混乱から、世の中は若者にとっても生きていけるような社会ではないという意味で、「ディストピア（暗黒郷）」（理想郷の反対）の時代に入ったと言われている。二〇一二年のダボス会議で、この言葉が多くの人の口から出た。特に日本の今日の経済社会の状態は、若者にとっても、国民にとっても理想郷とは真逆の「暗黒郷」であるということであろう。これは、今世界が大きく変わろうとしている兆候である。今日の世界経済は、大不況であるが、じっと耐えていればそのうちこの土砂降りは終わり、晴れてくるだろうというようなものではない。大きな構造変化を起こさなければ、本当に世界経済は沈没するという厳しい状態であることを理解しなければならない。

しかしこの「ディストピア」という見方は、単に所得格差がひどくなり、若者が希望の持てない世の中になったという、センチメンタルな、嘆きではない。現代の世界の状態は、一神教的に、違ったものを容赦なく切り捨て、一つの方向に突き進んできた近代の西欧的な生き方の行き詰まりを告げているのかもしれない。それは産業のイノベーションが停滞し、生き残りのために既存の商品の価格の引き下げ競争で、互いに相手を殲滅しようという動きからきている。特に、一神教的な振る舞いのアメリカの金融資本が利益を求めて産業資本を錯乱したこともこれに含まれている。あるいは「ショック・ドクトリン」で弱小国家を混乱させて富を収奪するということにも関連している。そうした大きな世界の混乱をもたらした流れが今や変換を迫られているのであろう。そして、このような大混乱、大転換のなかで、日本あるいは東洋の思想の役割が見えてくる。

だが、この問題は、単に思想的な話し合いだけではなく、金融資本、産業資本がそうした一神教的な動きに走って行った原因の根元を正さなければ解決しないものである。その原因は、基本的には世界的な「イノベーションの停滞」、「産業の衰退」からきているのであり、新しい産業を興し、弁証法的な「新しい次の世界の発展」を進め、そして金融資本が生産的な産業に投資できるようにすることである。

二〇一二年の半ばから、リーマンショック以降の先進国の経済の落ち込みを何とか支えてくれた中国、インドの経済成長が息切れしてきた。これにたいして、世界の銀行は、さらに金利を下げ、金融緩和をしようとしている。アメリカ連邦準備理事会ＦＲＢも量的緩和第三弾（ＱＥ３）を二〇一二年九月一三日に導入したが、ある調査によると八八七社のうちの八四％が資金は必要ないと答えた。残念ながら、世界的に投資すべき新しい産業がないので、誰もこれ以上資本、資金を必要としない状態になっている。消費者も「ものは何でもあるようだが、買いたいものがない」という状態である。あるいは、「先がとても暗いために、金は使えない」と思っている。その中で、企業はむしろ、労務費を削減して何とか利益を出し、それで借金を返そうとしているのだ。世界経済の先行きが大変暗いし、借金をしてでも投資したい新しい産業が見つからないからである。

日本産業も二〇〇兆円を超す内部留保を持つが、投資すべきビジネスのチャンスが見つからないので困っている。「際限のない金融緩和」ではなくて、新しい産業を開発するような「イノベーションの大きな波」をどうして起こすかでなければならない。金利がゼロに近いということは、歴史的に見ても何かがおかしく、何かが起ころうとしているということだ。しかし問題は同じ議論が二〇年も続き、何の進展もないことだ。こんな議論では日本経済の再生にはならないことが分かっている国民の大きな苛立ちがますます高じてきている。

世界的にも経済成長と所得格差の関連が問題になっており、歴史的に見ても、所得格差が拡大すると商品が売れず、経済成長は低下することを示している。商品が売れないために、既存の商品の価格引き下げ競争が起こり、これが労働者の所得を下げており、そしてこれが需要不足による過剰生産、経済成長の下落という悪循環を招いていることは間違いない。この問題も、「イノベーションの衰退」が根源的な原因となっているのだ。日本の経済衰退、財政危機、社会福祉の崩壊というこの問題の真の原因を究明しないで、従ってそれにたいする適切な手を打たないで、金融緩和せよ、消費税を上げよ、公共投資をもっとせよなどと過去二〇年間騒いできたが、これでは事態はよくなるどころかますます悪化するのは当然と言えば当然な話である。

日本経済の今日の問題点は「デフレ」である。ある評論家は、「日本は人口が減少するので、デフレになるのは避けられない」と言っているが、全くの間違いであり、そんなことではない。国民の所得が減り、国民が商品を買えなくなると生産された商品は売れなくなる。企業はリストラをし、商品の価格は下がる。これがデフレにつながる。従って新しい産業を果敢に興し、新しい職場を創り、国民の所得を増大させれば、商品も売れ、価格もあがる。こうしてデフレを止めて、国民の所得格差を克服すれば、極端な「日本の人口減少」はかなり緩和される筈だ。インフレも怖いものであるが、デフレも産業、国民を疲弊させる。

一九八九年のベルリンの壁の崩壊、そして一九九一年のソ連の崩壊以降に始まった本格的なグローバル化は、「底辺への平準化」、「Race to the bottom」の進行により、賃金も含めて、あらゆる商品の価格下落の加速化をもたらしている。「賃金は北京で、バングラデシュで決まる」と言われるほどだ。これが世界のデフレ化に拍車をかけている。日本産業は、既存商品の価格切り下げ競争の渦の中で奮闘しており、これが労働者に対するさらなる賃金カット、非正規社員の比率の増大という悪循環に陥っている。これでは所詮日本産業には勝ち目がない。このグローバル化の流れを逆転させることはできないが、グローバル化がデフレのただ一つの原因ではない。一九七〇年以降からの「イノベーションの停滞」により経済の成長がとまることがデフレの大変大きな原因の一つである。こうした「底辺への平準化」を克服するためにも、世界的に新しいイノベーションを起し、新産業をどんどん開発しなければならない。

デフレをストップさせたり、円高を是正したり、財政赤字を解消する方法は、ちゃんと世の中に存在する。国全体が国家戦略として、その根本原因を解決するのだと覚悟すればできることである。だが日本はそれを、どうしたことかやろうとしない。日本は、低成長も、デフレも、財政赤字も宿命的な病であると勘違いして、諦めているようである。あるいは自分の利権を守るために、このままデフレを続け、税率を上げ、財政赤字を続けた方がよいと思っているものの仕業かもしれない。

日本国家の予算経費はますます大きくなり、税収はますます縮小している。鰐の口がますます開いてくると心配されているが、これは経済が不振になると、企業は節税と言って税金を正当に払わなくなる傾向が出るものである。これを解決するのは、消費税を上げることではない。こうしたいろいろの問題を解決するのは、「新しい産業」を興して、経済を活性化し、成長させることしかない。それにより、国全体の明日への光が見えてくると、国の経済活動はあらゆるところで活発になり、企業も、国民も払うべき税金を払うようになるものである。

こんな大変な問題を抱える日本は、最近、韓国から、中国から、竹島、尖閣諸島という領土問題の挑戦を受けている。これはここ一〇年の「日本の経済力、国力の衰退」のなかで発生していることである。このままでは、こうした領土問題という難題はまだいろいろと出てくるであろう。日本もここらでまともな国力のレベルに戻すことが先決である。

戦略の構想力

現在のわれわれの資本主義経済社会は、「商品生産社会」である。「社会的分業」を基盤にして、血液としての「商品」と「金」が経済社会の細胞である企業と労働者、国民のなかに絶えず循環することにより、経済は活性化し、発展するものである。従って、血液であるソフト、ハードを含めての「売れる商品」の生産が衰退し、枯渇すると大不況になるという明快な鉄則がある。経済社会が危篤状態のとき、カンフル注射としての金融緩和、公共投資をして生き延びることはできるが、それだけでは力強い経済の成長・発展にはならない。「売れる商品」を生産する産業がもたらす生産・販売のプロセスのなかで国民に多くの職場が与えられ、そこで働いて所得を得た国民が生産された商品を購入することにより、経済活動の循環が進み、国の経済は発展し、国民の生活は豊かになる。こうした経済社会の活動の仕組みのなかで、産業が枯渇し、国民に適切な職場がなければ、理の当然として、今日のような経済の大不況となり、国民が疲弊悪化し、財政は破たんし、国民の福祉の崩壊につながることになる。

従って、経済の再生・再発展には、イノベーションによる「売れる商品」の開発をどう進め、その「新しい産業構造」をどう構築するかという結論に到達する。

こうした近年の日本経済の疲弊のなかで、これまで「くたばれＧＮＰ」と言ってきた多く人たちの間から、最近やっと「成長戦略」が必要だとする悲鳴のような声があちこちで出始めている。過去二〇年一四の内閣が誕生し、そのたびに「日本成長戦略」が造られたが、残念ながら何の成果もあげていない。どの「成長戦略」の内容もお粗末だし、それがどのようにして実行されるのか、実行されたとしても、それで日本経済が良くなるのかがさっぱり分からない。二〇一二年の暮れに生まれた新内閣もまた「成長戦略」を造ろうとしている。

ものごとを実行するには、三つのステップがある。(1)アイディア、目標、(2)それを実現するための筋道という構想、アーキテクチャーの構築、(3)その筋道にそって実施するインプリメンテーションである。日本は、内容はともあれ(1)と(3)はなんとかできるが、一番大切な(2)が日本人にはうまくできない。真ん中がダメなことを世間では「間抜け」と呼んでいる。残念ながらこれまでの「日本成長戦略」もこの類のものであると言わねばならない。特に(2)の「構想」は、これを実行すればこの目標を達成できるという扇の要になるものを特定し、その「要」を実現するには何が必要かという思考を順次重ねると、最終目標を達成する筋道が描ける。この思考とプロセスを訓練することである。「戦略」を実現できるような「構想力」を高めなければならない。

ものづくり力の再構築

「ものづくり世界一」を誇った日本産業も、一九九〇年以降、世界の産業競争の条件が変わったことにより、その優位性が一変し、いろいろのところでほころびがでてきた。これは外界の状況の変化により、かつて強かったトータルとしての日本のものづくり力が弱みに代わってしまった。このグローバル市場という外界の変化のもとでは、これまでの日本の生産活動、事業活動に「合成の誤謬」が働き、日本産業の衰退に一段と拍車をかけている。

日本の「ものづくり力」についていろいろの議論が続いているが、コップの中にまだ二割の水が残っているので悲観することはないという論者が沢山いる。経済の発展をドライブするには、水はどのくらいなければならないかを考えていない。「現場でのものづくりとしての技術さえ高めておけば安泰だ」ということではなく、トータルとしてものづくりを考えなければならない。日本人は、ともすると互いの傷を舐めあうか、自画自賛して安心する癖があるが、この厳しい環境の中では、むしろ自分を冷徹に見つめて、弱点を直視し、それをどう改めて、どう飛躍するかを徹底しなければ生き残れない。もちろん日本企業の中にも産業によっては素晴らしい発展を遂げているものも沢山ある。しかし日本産業の全体としての利益率、売り上げの成長率、その他のパフォーマンスは、他の先進国の産業と比しても、大変見劣りし、天と地ほどの差がある。

また日本だけではなく、世界的に見て、一九七〇年頃より、産業のイノベーションが停滞しており、経済の発展をドライブする「主導産業」が枯渇していることが今日の世界的な不況、デフレの原因であることを直視し、その根本的な対策をとらなければならない。したがって、日本は「ものづくりに強い」という信じ込みをいったんここで脱ぎ捨て、グローバル市場での新しい時代に向けて、「新しいものづくり力」を再構築する必要がある。これまでの日本の深い経験と技術の豊富な蓄積があるので、やろうと思えばそれはそんなに難しいことではない筈である。

つまり資本主義経済の発展のプロセスとして必須である「産業の新陳代謝」を進めるために、新しい産業、新しい商品をどんどん開発し、国民のために多くの職場を創り、所得の向上、商品生産・消費のサイクルを着実に進める新しい産業・経済構造を創る必要がある。日本人は「主導産業」は天から授かるものだと考えており、リスクを冒して自分からその開発に手を染めるものではないと思っているふしがある。今日の日本経済の危機的状況のなかで、いろいろの問題を突き詰めると、基本的には経済発展をドライブする新しい産業を開発しなければならないと気付いていても、日本人にはそれは到底できないものと思い込み、意識的にそれから目をそらし、逃げてきた。しかし日本でもいよいよ世界経済の発展をドライブする「主導産業」を開発する新しい環境を創らなければならない。新しい産業を開発しようと覚悟しさえすれば、日本人でもできる道がある。この道を本書で示す。

土台と上部構造の乖離

産業、経済の変化を分析し、理解するうえで、ここではある視角に基づいて究明してゆくことにする。それは、われわれの経済社会は「土台」と「上部構造」からできており、「土台」は社会の経済諸関係、生産力、技術的基盤であり、それに照応する社会の仕組み、制度、政治、宗教、芸術などの「上部構造」からなるとする見方である。「土台」である経済諸関係、生産力、技術的基盤は刻々変化、進展するもので、ある時点で「土台」と「上部構造」との整合性が取れていても、その後の「土台」の変化、進展により、その新しい「土台」と古い「上部構造」とは当然ながら矛盾が起き、乖離することになる。この矛盾、乖離が経済社会の混乱、停滞、不振をもたらす。その矛盾、乖離を克服するために「新しい土台」に照応する「新しい上部構造」をイノベーションにより構築すると、その経済社会はまた活力を持って再発展する。こうした弁証法的な発展の視角で見ると、次のイノベーションが何であり、次の発展の道が見えてくる。

今日の日本経済社会の問題もまさに「土台」と「上部構造」との大きな乖離がもたらしているものである。またこうした見方でみると、産業活動の盛衰が、「土台」の技術の変化にたいしてそれにマッチした新しい生産方式、管理システム、ビジネスモデルという「上部構造」との整合性、矛盾という弁証法的な発展の過程で起こっていることが分かり、次の適切な経営の道、イノベーションの道がおのずと見えてくることになる。

今や世界は、二〇〇八年のアメリカのリーマンショック以来の経済の混乱がEUまで巻き込み、危機の連鎖にならないようにとうろたえている。資本主義経済の歴史にはバブルはつきものであり、この過去二〇〇年の歴史においても多くのバブルとその崩壊による大恐慌を経験している。最近の一九九〇年の日本の土地バブル崩壊、二〇〇八年のアメリカのサブプライムローン・バブル崩壊は、ちゃんとした理由がある。そのもとをただせば、一九七〇年から世界的にイノベーションが停滞し、産業が衰退してきたために、ますます肥大化してきている金融資本が、まともな産業への投資先がなくなったために、「お金でお金を買うマネーゲーム」に走り、サブプライムローンという詐欺的行為に走りバブルを起こした。特にアメリカは一九九〇年ころ産業の衰退のなかで、「金融工学による金融資本」で世界を制覇するという動きにでた。産業も本業で利益が上がらなくなると「財テク」と称して、投機金融に手をだした。一時は膨大な利益を上げたものもあるが、最終的には多くはそれで巨大な損失をだしたことはまだ記憶に新しい。そして最近はイギリスのロンドン銀行間取引金利（ＬＩ

ＢＯＲ）という市場の「神の手」によるべきものまで、人間の悪質な不正操作があったことが明るみに出た。

一九八〇年以降、世界の産業活動は投機的金融資本により完全に錯乱されてしまった。投資すべき新しい産業がなかったために金融資本は詐欺的なマネーゲームに走った。金融資本技術という「土台」が産業社会という「上部構造」を破壊せんとしている。しかしそれで投機的金融資本は罪がないということにはならない。後世の評論家は、一九八〇年から二〇一〇年の三〇年間、世界の資本主義経済は、投機的金融資本の錯乱という黒死病にかかったのではないかと見るであろう。これから、こうした投機的金融資本の詐欺的行為や不正操作に対して規制が本格的に強化されるであろうが、一番大きな問題は、その黒死病を跳ね返すような強力なイノベーションを興さなければならないということである。歴史をよく見ると、こうした投機的金融バブルの後に、本格的なイノベーションによる「新しい産業」が開発されるものであることが分かる。

「主導産業」の開発

本書では、そうした産業構造の歴史的変遷、その新しい展開という視点で、日本産業、日本経済の再生の道を探る。二一世紀からのグローバル市場の本質がどんなものであるかを理解し、かつては「世界一のものづくり国」といわれた日本産業がどうして衰退していったのかを分析する。そしてそこからどう這い上がって、新しい時代に向かって、日本の手で「主導産業」をどう開発するかの道筋を明らかにし、日本経済の再生・発展する道を描く。

日本の大半の評論家は、「もはや国民はこれ以上のものを欲しいとは思わない」と言い、もはや新しい商品は生まれる余地はないとも言う。だからものを消費しない、「足るを知る」新しい生活の文化を造らなければならないと言うものがいるが、そんな人達も、実際に自分自身の生活水準を下げ、所得を半分にしようなどとは夢にも考えていないようだ。

どんな商品も「S字カーブという寿命」があり、やがて売れなくなる。これは残念ながら人間の経済社会の鉄則である。常に新しい商品を、細胞の新陳代謝のように、開発、用意しなければ今日の経済社会は成り立たないものである。人間に欲望と煩悩と移り気がある限り、人間の細胞のように「新陳代謝」を続けなければ資本主義は没落する。それ故に常に「新しい主導産業」を開発し続けなければならないという宿命がある。

福沢諭吉は『文明論之概略』の中で、日本人は、模倣は巧みだが、創造能力に欠け、もっぱら旧慣にしたがって生活していると嘆いた。日本人には、これまで全く存在しなかった技術、商品を開発することは当分無理であろうが、日本人にも新しい産業を次々と開発できる道がある。それは「ディスラプティブ・イノベーション」という道であり、本書でそれを具体的に明示する。これまでの産業、商品、技術でありながら、その同じ技術・商品ドメインから抜け出て、それまでの商品とは似て非なる新しいコンセプトの商品と新しい大きな市場を創造するというものである。これを「分岐的（Disruptive）イノベーション」と呼ぶ。その実例とそれを進めるための視角、手順を本書で明らかにする。

日本の産業人、政治家、官僚、そして国民が、本気で「これから新しい産業をどんどん開発しなければ日本は沈没する」という意識を新たにし、それを実行すると覚悟してもらえば、日本は大きく変わる筈である。特に国家が戦略として日本経済、日本産業を再生するという強い意思を持ち、その「覚悟」をすれば、それは可能となる。その道は既に存在する。本書はこれを日本産業と国民に訴えるものである。

第二章　近年の日本産業の衰退

一、日本経済の衰退

かつては日本が一位であったスイスIMDの「世界競争力ランキング」で、二〇一二年には日本は二七位に落ちてしまった。今や日本の競争力は、ノルウェー、カタール、韓国、中国などよりも劣っていると見られている。「国際競争力係数」も、日本は二〇〇三年ぐらいから鮮明に低下してきている。ダボス会議の世界経済フォーラムがまとめた「二〇一二年版世界競争力報告」では、日本は、二年連続順位を低下させ、一〇位になってしまった。通信機、コンピュータ、医薬品、家電、特にテレビでその衰退が著しい。国連の通常予算の負担割合を決める加盟国間の交渉が大詰めを迎えた（二〇一二年九月五日）。日本の分担率は一一%前後になる見通しで、ピークだった二〇〇〇年の二〇・五七%とくらべほぼ半分になり、四半世紀ぶりの低水準になる。当然ながら負担が減る半面、国際社会での発言力の低下が懸念される。一九九〇年代日本は政府開発援助（ODA）で額として世界一であったが、最近の財政難でODAは減り続け、今では五位となり、PKOの派遣要員数でも世界の三〇番台になってしまった。

経済産業研究所によると、「日本の技術進歩の度合い」を示す指標は、この二〇年あまり停滞している。一九七〇年代から一九八〇年代における進歩の伸び率が二%程度であったのに対して、一九九〇年代以降は〇から一％程度に落ちている。企業の競争力を客観的に映し出す「企業価値」を見る上での代表的な指標がある。それは「株価純資産倍率」（ＰＢＲ）で、株式時価総額を純資産で割った値である。その水準が一倍を超えて大きくなるほど、産業が「企業価値を創造」していることになる。これの国際比較をすると、日本は、中国、オーストラリア、アメリカ、インド、イギリス、フランス、ドイツ、台湾、シンガポールの一〇か国のなかで最低で、一倍に近いものである。中国は三・二、アメリカは二・二、イギリスは二・〇、ドイツは一・八と日本よりはるかに良い。（二〇〇五年から二〇一〇年の平均）

携帯電話の世界の生産額は一二兆円であるが、日本企業の売り上げは一・七兆円で一四％のシェアに押し込まれている。ＰＣ（パソコン）の世界市場は十八・九兆円であるが、日本企業の売り上げは三・一兆円で一六％しかない。ソフトウェアは、世界の生産が二二・一兆円であるのに対して日本は〇・七兆円でシェアは三％に過ぎない。世界の電子産業は、今「スマートフォン頼り」という危険な「モノカルチャの構造」になっているようだが、二〇一一年のその日本のシェアは僅か四％に押し込められている。韓国、アメリカ、台湾勢がますますシェアを伸ばして、日本はやがて消えてしまうのではとも言われている。

また日本の得意としてきた素材産業のプラスチック、鉄鋼、非鉄、有機化合物なども二〇一〇年ころよりその競争力は低下してきている。電子部品は、かつては日本企業の独壇場であったが、今や世界の生産が一五・二兆円であるのに対し日本は六・一億円と四割程度に落ちている。韓国企業その他が、国家戦略として素材産業、部品産業の開発に力を入れ、そのシェアを奪い始めている。

日本のＧＮＩ（国民総所得）の世界シェアは、一九九〇年には一四％を占めていたが、二〇〇七年には八％にまで下がっている。主要株式市場の時価総額世界シェアも、日本はバブルのピーク時の三三％から二〇〇七年末には七％になってしまった。日本経済の名目ＧＮＰ（国民総生産）は一九九〇年以降四五〇兆円のレベルで推移し、一時五〇〇兆円に達したが、二〇一〇年、二〇一一年には四七九兆円を低迷している。中国経済の高成長は別にしても、先進国、それでもその間ＧＤＰは成長し続けている。こうして二〇〇七年ころから経常黒字の大幅な減少、貿易赤字という日本経済にとって深刻な問題が出てきている。一九九五年から二〇一〇年の一五年間のＧＤＰの伸びを見ても、世界全体は二倍の伸び、アメリカは二倍、中国は八倍、ロシアは五倍、韓国は二倍に対して、日本は変化なしの一倍にとどまり、「日本の独り負け」になっている。

ある予測では、グローバル社会のなかで「日本は相対的に、急速にプレゼンスを失っていく。二〇一〇年には、世界経済の五・八％を占めていた日本のＧＤＰは、二〇三〇年には、三・四％になり、二〇五〇年には、一・九％になる」と言われている。（『二〇五〇年の世界』英『エコノミスト』編集部、文藝春秋、二七九頁）それほど、日本経済の衰退は、外国人の眼には厳しく映っているのである。東京証券取引所に上場する外国企業の数は、一九九一年のピーク時は一二七社もあったが、現在はその一〇分の一にも満たない一一社になっている。半導体産業、電子産業においても、かつて日本市場はアメリカに次ぐ大きなマーケットであり、しかも「日本市場で売れれば世界市場でも売れる」と理解されていたが、今や日本市場はシュリンクしてしまい、欧米の半導体企業、電子機器企業は、日本のオフィスを閉鎖したり、日本でのビジネスをあまり期待しなくなってきた。

日本産業の利益率の一貫した下落

この日本産業、日本経済の衰退は、日本産業が高度成長の坂を登りつめた一九七五年から実は始まっていた。日本を代表する三六九社の売上高営業利益率は、一九六〇年以降一貫して下落している。特に一九七〇年から急激に悪化しており、一一%から三%、四%に落ちてきている。(『どうする?日本企業』三品和弘、東洋経済新報社、五頁)

本書では特に、日本の半導体産業、電子産業の最近の衰退を取り上げ、その問題点を、明らかにし、再生の道を探ろうとするが、しかし日本の他の産業もやはり大きな問題を抱えていることが分かる。日本全体の産業の利益の著しい下落は、これからの日本産業の発展に対して致命的な問題だという認識が先ず必要である。二〇一〇年の各国の産業の平均売上高利益率は、イギリスが一一・二%、アメリカが一〇・八%、ドイツが六・九%、韓国が六・六%に対して、日本は三・七%である。大変お粗末なものになっている。日本産業の問題は、企業が赤字になると困るが、少しでも黒字であれば良しとし、経営者は安心するという文化がある。しかしこれでは、働く人の所得を上げることもできないし、これからのグローバル市場では生き抜くためのイノベーションもできず、競争に負けてしまう。

戦後日本は、アメリカの全面的な援助により産業力をつけ、日本の安い労働力でアメリカ商品のコ

図 2-1　日本企業の業績推移

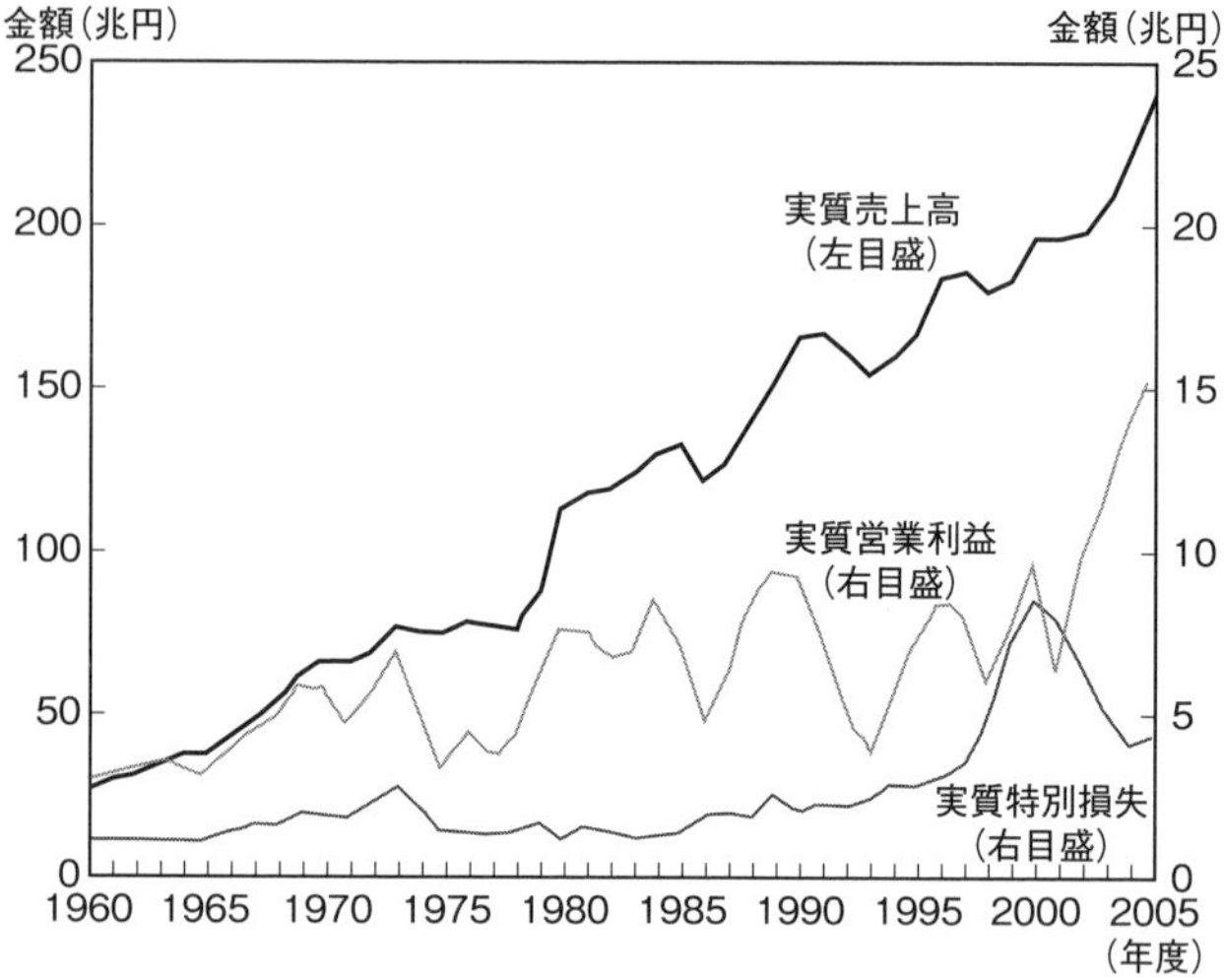

出所：『どうする？　日本企業』三品和広、東洋経済新報社、7頁。

ストダウンを図りながら、その商品をアメリカ市場に輸出し、経済の奇跡的な発展を遂げた。そのために、世界が羨む「アメリカンライフ」「アメリカンドリーム」をドライブしてきたアメリカ電器産業は、一九七〇年から一九八〇年にかけて日本の家電産業によって徹底的に駆逐され、全体的にアメリカ産業も衰退してしまった。

これに対してアメリカは一九八〇年ころから日本に対して逆襲してきた。しかしそれは日本がアメリカを攻撃した同じ電器産業というドメインで日本に逆襲してきたのではなかった。一九八三年の「ヤングレポート」をもとに、シリコンバレーをベースにして、「情報・知識で世界を制覇する」という戦略で、日本が手を染めていなかった新しい半導体商品、ソフト・IT産業によって逆襲して

図 2-2　日本企業の売上高営業利益率

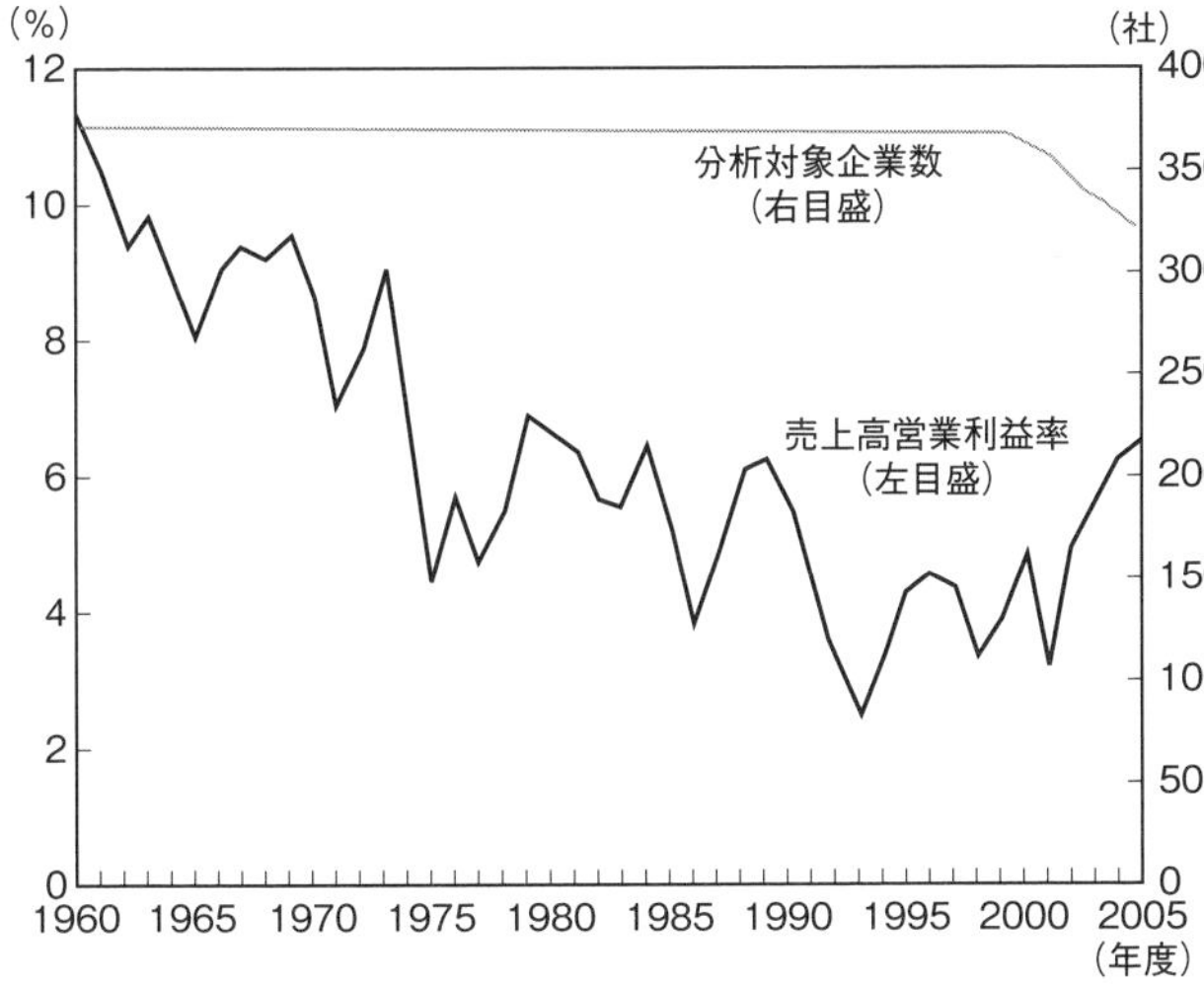

出所：図 2-1 と同じ、同書、5 頁。

きたのであった。と同時にアメリカは「金融資本で世界の富を収奪する」という戦略を展開した。さらにアメリカは、政治的にも、日米貿易摩擦交渉、日米構造協議の交渉を仕掛けてきて、二枚舌を使いながら、日本市場の門戸を強引に開放して、アメリカの商品を日本に押し込んだ。日本にとって最も大きな打撃は、これにより日本の政府、産業の要人にたいして国家戦略的活動への意欲をたたきつぶし、戦意を喪失させたことである。これが日本の要人のトラウマになり、国家としての戦略的な動きを封じてしまった。このことが、その後の日本産業活動の衰退に拍車をかけたことは、あまり日本では広く認識されていない。

現在、日本の主要企業、中小企業は、自分の生存をかけて、どんどん生産活動の場を日本から海外に急速に移している。円高などの「六重苦」に耐え兼ねて、国内生産規模を大幅に削減し、アメリカ、アジアなどの賃金の安い、有利な地で生産し、世界に輸出する体制を進めている。こうした中で、これまでの日本経済の強さの象徴であった貿易収支が赤になり　経常収支の赤字も懸念されてきた。何事も一旦坂を転げ落ちだすとその加速がつくものである。

これは、グローバル社会での新しい産業構造への変化の過程であろうが、日本としては、同時に「国民経済」としての日本国内の健全な経済の発展を常に考え、それを確保しなければならない。私企業は自分の存続の問題で精いっぱいであり、「日本国民」のこと、「日本社会」など考える余裕はないのはある程度理解できるが、それだからこそ国家は強い意志をもってこの「公」という問題に対して大きな舵取りをしなければならない。日本経済に「明日の明るい見通し」がなければ、企業も個人も金は使わない。企業も個人も長期で自分の行動計画を立てるものだからである。彼らが確信をもって国外と同時に「国内」で活発な経済活動ができるような、明るい明日の姿を描いて見せ、国として一貫した政策を持つことが必須であることを再認識しなければならない。

しかしこうした日本産業の衰退の根本の原因は、日本産業の内部の組織構造が自ら招いたもので、自壊に近いものであると言わなければならない。しかもこの衰退は一九七五年ころから始まっていた。問題は、企業のトップから社員まで、「自分は一生懸命企業のために働いている」という意識があるが、これが全体としての企業の業績をおかしくしていたという「合成の誤謬」が働いていたことに気づいていないことである。その意味では、かつてある識者が指摘していたように、無意識の「日本の自殺」が起こっていたようである。（『日本の自殺』グループ一九八四年、文春新書）この日本産業の衰退に対して、円高だからとか、想定外のことが起きたとか、それは全く意識の外にあったという「言い訳」は通用しない。円高が問題ならそれを解決するように動かなければならない。この責任は日本産業のトップにあることは言うまでもない。日本産業の組織構造の何かがおかしいのである。これを正さなければならない。

二、国民中間層の疲弊

資本主義経済の発展は、その国の多くの中間層が適切な職場で働き、そこで健全な所得を得て、生産された商品を消費し、生活を豊かにすることができて、はじめて可能となるものである。つまり「収入を生み出す就業者の数を増やす」ことである。中間層が疲弊し、富が一部の富裕層に偏ると、生産された商品を買うものがいなく

図 2-3　日本の一人当たりの名目 GDP の推移（1980 ～ 2011 年）

出所：世界の経済・統計情報サイト（ecodb.net/country/jp/imf_gdp2.html）。

なり、大不況になることは歴史が教えているところである。

日本は、一九八〇年までは、一九六〇年にスタートした池田内閣の「国民所得倍増計画」を旗印にして、地方の多くの農民を都市の工場に大移動させ、労働生産性を上げて、家電製品、自動車、機械の大量生産に励み、戦後の日本の奇跡的な経済発展を遂げた。そして「一億総中流」と言われるように、多くの国民の所得をどんどん伸ばしていった。そのなかで国民が「アメリカンドリーム」を頭に描きながら、次々に「三種の神器」、「３Ｃ」などと言って、いろいろの商品を購入し、生活を豊かにすることにより、奇跡的な日本経済の発展を遂げてきた。こうして一九八〇年代には日本は「ジャパン・アズ・ナンバーワン」と言われるまでになった。

しかし最近の「失われた二〇年」で、新しい産業が枯渇し、買いたくなるような新しい商品は開発されず、日本産業は既存商品の価格切り下げ競争という自殺行為に近い悪循環に陥り、衰退の坂を転げ落ちつつある。利益を確保するために、リストラにより労働者の数を減らし、更に賃金をカットし、非正規社員の雇用を増やしたりしているが、これにより職のない、まともな働き口のないものがますます増大してきている。

今日では、多くの産業ではますます機械化が進み、企業の売上高に対して人件費はかなり小さくなっている。半導体産業では五％から七％、自動車で一二％から一五％というレベルである。従って更に人件費を削っても、あまり効果はないのだが、日本産業は未だにそれをやり続けている。もっと付加価値を上げるような、「何を創るのか」という方向を進めなければ、行き着くところの破綻は見えている。

日本は、かつては社会主義的な、世界で最も平等な国だと揶揄されたが、最近の統計では、貧富の差を示す日本の「ジニ係数」は先進一四か国中で五番目に不平等な国になってしまい、「相対的貧困率」では日本は二番目に不平等ということが明らかにされている。つまり日本は、アメリカのような大富豪はあまりいないが、中間層の所得が低いということで、実質的には「国民の富」という意味では、大変低い状態にある。特に日本の中間層の所得は一九八〇年より下落し続けている。一番の問題は将来の明るさが見えないことで、特にこれからの時代を背負う多くの若者がまともな職がなく、明日に対する希望をなくしていることである。職がないために自殺し、無差別殺人をするという社会問題にもなっている。このために国民は商品を買う力がなく、また将来の不安から金を使わないようになり、商品はますます売れなくなって、経済の衰退を招いている。

二〇一三年の一月に入り、日本政府は「生活保護」の基準額引き下げの検討を始めた。その理由は、実際の低賃金層の人たちの所得よりも生活保護に指定されて支給される額の方が高いからということである。現在の最低賃金制度がおかしく、本質は、実際の勤労者の賃金をどうあげてゆくか、職場をどう増やしてゆくかが政策の中心にならなければならない筈である。本末転倒も甚だしいと言わなければならない。

世界の歴史的な分析では、国の所得全体の「国民大衆の所得」が減少し、最上位一％富裕層の所得が国全体の所得の一五％を超えると大不況になることを示している。近代では一八七〇年から一九二九年、一九四七年から一九七五年、そして一九八〇年から二〇一〇年にかけて、所得と富が一部の富裕層に集中した。こういう時期は大衆、中間層は所得が少ないために、生産された商品を多く買えないし、その結果「過剰生産」になる。当然企業家は新しい産業へ資本を投下するのをやめる。こうしたことを歴史がわれわれに教えている。

実際アメリカでは、一九八八年ころから一％の富裕層が全体の所得の一五％以上を占有するようになったが、更に二〇一〇年では、それは二三％に達している。これがアメリカ経済の不振につながっているのであるが、ウォール街で起こったデモは、これに反抗したものである。日本でも同じことが起こっており、アジアの各地でこの問題は深刻になっている。アメリカの大資本家で、財務長官、FRBの議長をやったことのあるマリナー・エクルズはこう言っている。「大量生産には必然的に大量消費が伴わなくてはならないように、大量消費には、人々が生産財やサービスにふさわしい購買力を持つことができるような、しかるべき富の分配が期待されているのである。ところが、このような分配が行われずに、一九二九―三〇年頃まで巨大な吸引ポンプが作動して、生成された富の多くが一握りの富裕層の手へと吸い上げられてしまった。その結果、資本家の手元に資本が蓄積される一方、大衆消費者の購買力は減退し、資本家たちは自らの生産物への有効需要を自ら打ち消すことになった。有効需要があればこそ、蓄積された資本を再投資し、新たな工場を稼働させることができるのだ」(『余震　そして中間層がいなくなる』、ロバート・B・ライシュ、東洋経済新報社、一九―二〇頁)。「雇用なき経済回復」が問題になっている。「過去五〇年間の経済成長と雇用について調べた研究者

図 2-4　米国最上位 1%富裕層の所得（対国民総所得比）

出所：Thomas Piketty and Emmanuel Saez, "The Evolution of Top Incomes：A Historical and International Perspective." National Bureau of Economic Research. http://www.nber.org/papers/w11955

図 2-5　成人の上位 1 パーセントの最富裕層に流れる所得の割合（単位は%）

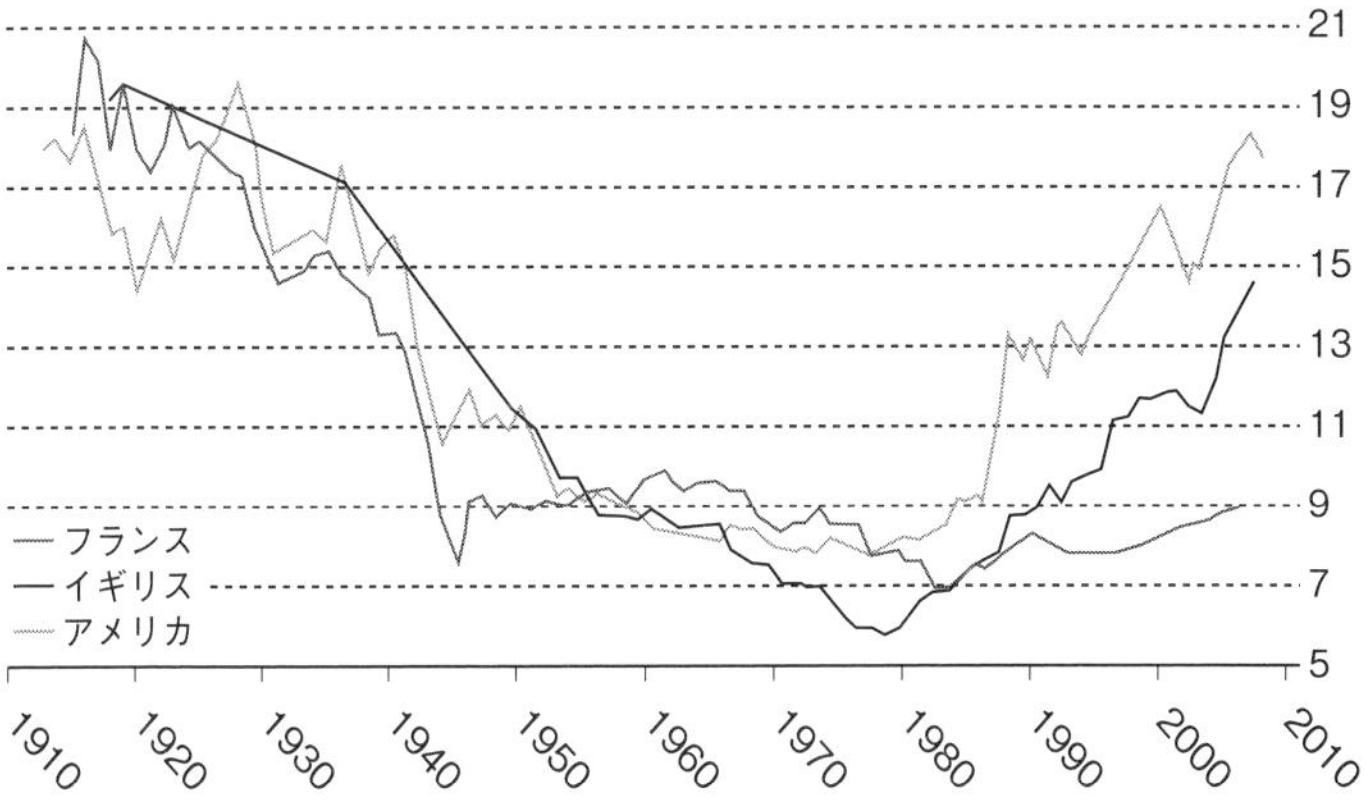

出所：「世界の最高所得データベース」（ファクンド・アルヴァレード、アンソニー・アトキンソン、トーマス・ピケッティ、エマニュエル・サエズ、http://g-mond.parisschoolofeconomics.eu/topincomes　2011 年 11 月）

図2-6　名目賃金の下落は世界でも異例

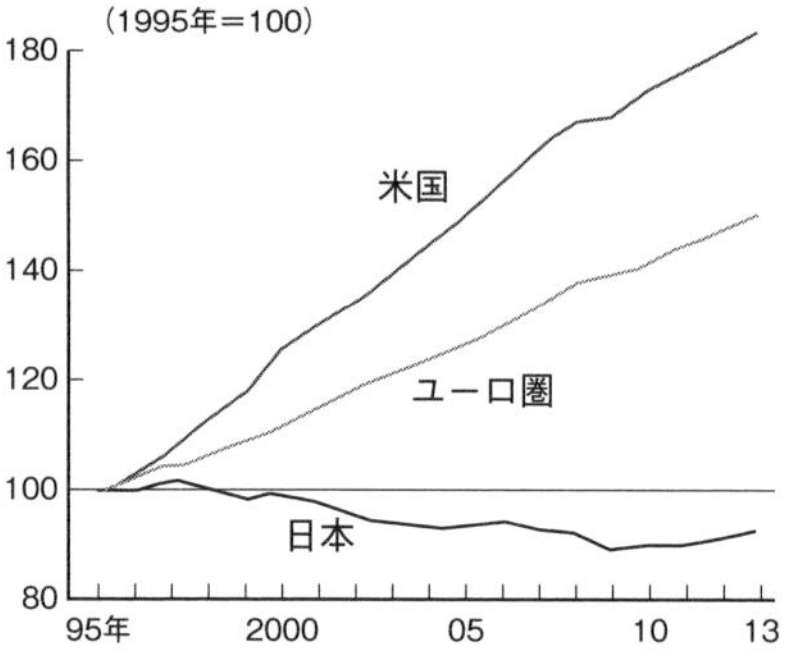

出所：日本総合研究所が経済協力開発機構（OECD）のデータを基に作成。2011年以降は見込み・見通し

日本経済新聞、2012年4月8日「けいざい解説」。

は、この半世紀間にわたりアメリカでは景気が拡大したすべての時期に雇用の成長が鈍化しているという気がかりな動向に気付づいた。一九五〇年代、六〇年代、七〇年代の景気拡大においては、民間部門の雇用が年三・五パーセント増えたが、八〇年代と九〇年代には二・四パーセントの伸びにとどまり、二一世紀に入って最初の一〇年間の景気拡大期には逆に〇・九パーセントで縮小している」（『第三次産業革命』ジェレミー・リフキン、インターシフト、三七六頁）

国際労働機関（ILO）によると二〇一三年の世界の失業者は二〇一二年より二・六％増えて二億人を超えると言う。そのなかで世界的に若年層の失業が大きな問題となってきている。経済協力開発機構（OECD）加盟国の調査では、二〇一二年四月の時点で若年層（一五歳から二四歳）は一、一八〇万人が失業しており、この層の平均失業率は一六・一％に達する。失業率だけでは実態を十分表していない。就業、就学、職業訓練に従事していない「ニート」の存在も大きい。ＯＥＣＤの調査では二、三〇〇万人の若者がニートであり、その半分が諦めて求職を断念していると言う。日本は「非正規雇用」の若年労働者が絶対数でも、労働人口に占める比率でも、長期にわたり上昇傾向にある。二〇一一年末ではこの比率が五〇％に近づいた。一九九〇年代初めの水準の二倍以上である。この存在がこれからの世界の経済をますます悪化させることになる。明日の世界を担う若者たちに適切な職場を用意し、与えることが急務となっている。

日本の所得格差は「他国と比して、良くはないが、そんなに悪くもない」と言われているが、日本の統計には中小企業のデータ、零細な流通産業、外食産業などのデータが含まれていないこと、所得上位一〇％のものは除外されていることから、実態はもっと悪いということである。いずれにしても世界的に中間層の所得が減少しており、これが商品の需要を大きく減退させ、需給ギャップを拡大する大不況になっている。

労働者の氷河期時代

倒産したアメリカのＧＭが復権したと言われているが、しかしその実態は、これまで強かった労働組合の力を弱体化し、賃金、福利厚生費をさげてコストを削減したことが大きな理由で、本当の事業としてのイノベーションを成し遂げて復権したのではない。このアメリカ自動車産業の賃下げは、今や他の産業にも広がり始めている。最近、建設機械最大手のアメリカのキャタピラが国内工場への回帰の戦略のなかで賃金の抑制をし始めているし、通信の二大企業のＡＴ＆Ｔとベライゾンもそれをやろうとしている。日本産業もリストラ、賃金カット、非正規社員の増大などで利益を何とか出そうとしている。言うまでもなく、こうした動きは、中間層の労働者、大衆の所得の低減につながる。これでは生産された商品は売れないので、企業はますます労賃を下げて、更に価格引き下げ競争をして生き延びようとする悪循環が進む。不況、デフレはますます進行することになる。

世界経済の歴史として見れば、一九七〇年ころからの世界的な「イノベーションの停滞」を背景に、そして一九七三年の中東戦争を契機にして、「ブレトンウッズ体制」が崩壊してから、世界的にそれまでの福祉国家の体制が解体されてきた。一九七九年のイギリスのサッチャー政権、そしてアメリカの一九八〇年からのレーガン政権により、経済の活性化を旗印にして、労働者の賃金を下げ、福祉を劣化させて、さらに「新自由主義」を掲げた金融資本を暴れさせた結果、所得格差がますます激しくなり、中間層の疲弊が世界的に進んでいった。日本は一九八二年の中曽根政権、一九九六年の第二次橋本政権、そして二〇〇一年の小泉政権が欧米の尻馬に乗り、それに輪をかけていった。中間層が疲弊する国は最終的に国の衰退を招くことになることは言うまでもない。躍進するという韓国もこの深刻な格差問題をはらんでいるようである。ＥＵのドイツも経済の衰退に悩まされ、ついに労働組合をバックにしたシュレーダー首相が労働者の賃金を抑え、福祉を削り、それにより輸出ドライブをかけた。これによりドイツはＥＵの中で一番外貨を稼ぎ、経済を発展させた。だがそれは、労働者の所得を犠牲にしたものであり、ＥＵ内でのドイツとギリシャ、スペインなどとの格差問題として、Ｅ

Uの経済混乱に繋がっているとされている。

ブレトンウッズ体制の崩壊は、固定為替制度を解体し、変動相場制をもたらしたが、国際金融資本を解き放ってしまった。ビッグバンと称して、金融資本をマネーゲームに走らせ、世界の富を金融工学で収奪させ、国家の財政政策による所得再配分の力を弱め、福祉国家の機能を弱体化させた。同時に「資本」と「労働」の力関係を崩してしまった。こうした中で世界的にセーフティネットは外され、労働組合の組織力が衰退し、賃金水準が下落し、国民所得は下がっていった。これは、一九八九年のベルリンの壁の崩壊、一九九一年のソ連の解体によっても、さらに加速されることになった。

一九八〇年以前は、国のGDPの伸びと国民の賃金所得は比例的な動きをしてきたが、一九八〇年以降は、GDPは伸びても賃金は伸びなくなってきた。景気にかかわりなく企業は生き残りのために賃金という人件費を削減し続けてきている。こうした世界経済の構造変化が、総体的に国民大衆、中間層の所得を低下させ、資本主義経済的に生産された商品を買ってくれる者を少なくし、世界経済を構造的に過少消費、過剰生産に押し込めてきているのである。

『アメリカを占拠せよ！』の著者ノーム・チョムスキはこう言っている。「一九三〇年代には、失業中の労働者も、いずれまた職に戻れるという期待をもつことができました。しかし現在は、もしあなたが製造業の労働者で（今の製造業の失業者率は、大恐慌当時とほぼ同じです）、このままの傾向がずっと続くとしたら、いずれ職に戻れる見込みはなくなるでしょう。こうした変化は一九七〇年代に起こりました。理由はひと口には語れません。ただし、根本的な要因は、主に経済史学者ロバート・

ブレナーが論じているように、製造業の利益率が低下したことでした。他にも要因はありますが、ともかくそれが経済の大変動につながり、産業化と発展へ向かう数百年の進歩の筋道が逆転し、脱産業化、非開発の方向へ転じる結果となった。もちろん製造業の生産そのものは国外で続けられ、大いに利益を上げましたが、国内の労働者には恩恵をもたらさなかった。それとともに財界は、国民が求める、あるいは使うものを造る製造業から、金融操作の方向へ軸足を移していった。経済の金融化はこの時期に起こったのです」(同著、ちくま新書、三二一―三二三頁)

日本の中間層の所得はどんどん減少している。日本経済の長期停滞の最大の特徴は、長期間にわたる賃金の下落である。一九九〇年代半ばから横ばいで推移し、二〇〇〇年代に入って急速に下落してきている。世帯所得の中央値でみると、二〇〇〇年の五〇〇万円が二〇〇二年に四七六万円、二〇〇四年に四六〇万円、二〇〇八年から二〇一〇年にかけて四二五万円レベルに陥っている。

二一世紀の経済発展の本流とされている「IT技術」、「デジタル・ネットワーク化」は労働者をますます必要としなくなっている。かつてアメリカFRB議長のグリーンスパンは、アメリカの低インフレでIT産業を中心とした成長を「一〇〇年に一度か二度の現象かもしれない」と「ニューエコノミー」を称賛したが、結果的には労働者を少ししか必要としない産業経済になってしまった。これが国民の中間層の疲弊を招いているのである。ダボス会議の「世界経済フォーラム」のシュワブ会長は「技術的な革新が雇用を生まなくなってきた。今後はこうしたことが教育や医療、運輸などの分野でも起きる。政府が無理をしてつくった仕事は解決策にならない。一人ひとりが自ら仕事を生み出し、自営できるように教育する制度が必要だ」と言う。もう政府や大企業には頼ることはできないということである。

三、一九六〇年以降日本では新企業が生まれていない

資本主義経済の継続的な発展は、常に産業が「新陳代謝」を続けることによって可能になるものである。日本は二〇世紀の初めから一九六〇年まではなんとか新しい企業が誕生して、成長してきたが、一九六〇年以降は、ほとんど新陳代謝としての新しい企業が出てきていない。それに対して欧米、アジアではどんどん新企業が誕生し、新しい産業を創造し、経済の発展をドライブしてきている。

西口泰夫氏が指摘されているように、世界の売上一兆円企業に成長した企業の表（2-1）を見ると、日本の企業が一九六〇年以降ゼロに近いことに注目しなければならない。

こうした企業をよく見ると、当然ながら、殆どが中小企業のベンチャーからスタートしていることがわかる。一九六〇年以前にスタートした日本企業のホンダも、ソニーも、京セラも、トヨタも、そしてシャープ、リコー、キヤノン、オリンパスもそうである。

アメリカでも、言うまでもなく、フォードも、GMも、IBM、Xerox、HPももともと小さい組織から出発したものであり、一九六〇年からスタートしたインテルも、マイクロソフトも、

表 2-1　産業化時代から情報化時代へのパラダイムシフトと世界の電気機器産業

年	日本	北米	欧州	アジア
1990～		Google 1998	(Infineon) 1999	(AU Optronic) 2001 Asustek 1990
1980～	(NTT データ) 1998	Qualcomm 1985 Dell 1984 Cisco 1984 Sun Microsystems 1982		Quanta 1988 Lenovo 1984 Compal 1984
1970～		Seagate 1979 EMC 1979 Oracle 1977 Apple 1976 Microsoft 1975	SAP 1972	Acer 1976 Hon Hai 1974
1960～		SAIC 1969 Intel 1968 EDS 1962	(Nokia) 1967 CapGemini 1967	Samsung 1969
1950～	京セラ 1959 三洋電機 1950	CSC 1959		LG 電子 1958
1930～	ソニー 1946 セイコーエプソン 1942 キャノン 1937 リコー 1936 コニカミノルタ 1936 シャープ 1935 富士通 1935 松下電器産業 1935 富士フィルム 1934	Tyco Electronics 1941 HP 1939 Texas Instruments 1930		
1900～	三菱電機 1921 日立製作所 1920 オリンパス 1919 東芝 1904	Motorola 1928 IBM 1914 Xerox 1906		
～1900	NEC 1899	Nortel 1895 Eastman Kodak 1880	Alcatel-Lucent 1898 Philips 1891 Ericsson 1876 Siemens 1847	

出所：「売上額 1 兆円以上の世界の主要 ICT ベンダーの設立年」『技術を活かす経営』西口泰夫、白桃書房。36 頁。

シーゲイトも、アップルも、オラクルも、グーグルも、フェースブックも、シスコも、みんな小さなベンチャーからイノベーションでスタートしたものであった。

二〇〇九年四月の*Business Week*の特集「The 50 Most Innovative Companies」でも、五〇社の内、日本企業はトヨタ、任天堂、ソニー、ホンダの四社が入っている。しかし一九六〇年以降に創業した企業は二〇社あるが、その二〇社の中には日本の企業は一社もないのは大変淋しいことである。

巨大組織の大企業はイノベーションができないと言われてきたが、これは残念ながら事実である。企業が成功し、組織が巨大になるとイノベーションが極めて困難になるものである。それにはちゃんとした理由がある。「創業者的経営者」でなければ大きなイノベーションはできないということも残念ながら事実のようだ。問題は、一九六〇年から、日本からはそうした創業者的な経営者の中小企業、ベンチャーがあまり生まれていないことである。草の根的なものはあるが、成功しているという段階のものはまだ極めて少ない。日本の新規開業率は、アメリカ、イギリスの三分の一程度にとどまり、しかも廃業率を下回っている。これを何とかしなければ、日本産業の将来はない。

イノベーションの停滞に苦しんでいるアメリカではあるが、最近アメリカではカリフォルニアのシリコンバレーに対抗して、ニューヨークを第二のシリコンバレーにする動きが具体的に起こっている。市長のマイケル・ブルームバークの提案で、ニューヨークのルーズベルト島にカリフォルニアのシリコンバレーを超えるアメリカ最大のＩＴ産業を建設する計画が進んでいる。これによって二三〇億ドルの効果を目論んでいると言う。

残念ながら日本では産業の新陳代謝が起こっていない。むしろ中小企業の衰退、縮小が進んでいる。また新陳代謝で退場、変身すべきゾンビ企業を政府の金を入れて温存しようとしているものもある。大企業も、集中と選択と称して利益の少ないものを切捨てているが、それに代わる新しい事業の開発はほとんど見られない。これが日本産業の最も深刻な問題点である。日本も国家戦略としてベンチャー企業の族生を促す環境を本格的に作らなければならない。

創業者的経営者

考えてみれば、日本産業が戦後から一九七五年ころにかけて奇跡的な発展をしたのは、いくつかの「創業者的経営者」が率いた前述の小さな会社が大きく成長していったことによっていると言ってよい。ソニー、松下電器（パナソニック）、シャープ、ホンダ、京セラ、リコー、キヤノンなどが皆そうである。ところが「創業者的経営者」が退任して、誰かが言っているような「操業者的経営者」になると会社は衰えて、混乱しているものが多々ある。創業者的経営者のＤＮＡを継承するのは簡単なことではない。これは日本だけの問題ではない。アメリカでもヨーロッパでも、経済発展をドライブしてきたのは創業者的経営者の率いる企業である。一旦企業は規模が大きくなると、創業者的経営者がいなくなり、なかなか新しいイノベーションに挑戦できないものである。

一九一四年に第二八代アメリカ大統領トーマス・ウイルソンはこう言っていた。「アメリカの富は既存の支配階級からうまれるのではなくて、未知の人たち（unknownmen）の創造力（origination）

と発明（invention）と野心（ambition）によってつくられるものである。外へ向かって発展する本物のベンチャーこそが国民経済の活動の原動力である」（Louis D. Brandeis, *Other People's Money*, Biblio Bazaar, 2009）。

イノベーションを行うことは、基本的にはこれまでのものを否定することから始まる。しかし既存の大企業組織体では、自分のものを否定することが極めて困難である。特にイノベーションによる商品がこれまでの商品を少しでも共食いする恐れのあるモノは、大企業は絶対と言ってよいほど手を出せないものである。新しい商品は、それが大きなイノベーションであればあるほど、最初はそれがどのくらい売れるものか誰も確信をもって言うことができない。大企業では小さな売上計画では検討の俎上にものらない。大企業ではイノベーションが起こらないというのは、創業者的経営者がいない場合、残念ながら本当のようだ。

失うものがない、無名の新しいベンチャーが新しいイノベーションを行うことができるのである。従って、大きなイノベーションは、大組織においてではなく、数人の異質の人の組み合わせで起こるものである。旧約聖書の「ノアの方舟」の諭す通りである。神は人間社会が大きくなりすぎ、悪徳がはびこってきたので、新しい人間社会を創造するために、八人の人間と動物、植物を選んで、方舟に乗せて別天地に向かわせたと言う。実際筆者が見た多くのシリコンバレーで成功した企業の新しい技術、ビジネスのコンセプトはほんの数人で創りあげられたものである。ソニーの「ウォークマン」も創業者の盛田氏が多くの反対を押し切って、商品化したものであることは広く知られている。

最近アメリカにおいて、例えばアップル、グーグルでは、そのキャンパスの一部を「インキュベータ」として、社員あるいは外部の企業家に技術開発、商品開発に対する資金を提供し、彼らが独立したベンチャーとして活動できるスペースを提供している。そこで開発に成功してその会社を売るときにはアップルやグーグルがその会社を買収する権利を持ち、買収金の五〇％をその企業家に支払うという契約をして、大きな実績を上げている。グーグルの新しい検索エンジン技術や、アップルのiPhoneの新しい技術の一部はこの成果であると言う。両社はこのインキュベータにそれぞれ年間五〇〇〇億円程度の資金を投じているが、それはすでに十分元が取れているようである。韓国のサムスンも同じようなことをして、イノベーションを進めている。これも大企業ではイノベーションが困難ということでの対策である。日本のこれからの発展のためには、新しい無名のベンチャーがどんどん出て、活躍できる基盤を創らなければならない。経団連、経済同友会以外にも、「日本ベンチャー企業連盟」を作り、イノベーションの担い手としての発言力を大きくする必要がある。このままでは日本産業、日本経済の将来は大変暗いものになる。

四、日本半導体産業衰退の明確な理由

国内、海外の家電商品の売り場から日本の商品が消えていると言う。半導体メモリーのエルピーダが消えそうになり、マイコン、システムＬＳＩのルネサスは苦戦している。シャープも急速に業績が

悪化し、再生の道がまだ描けていない。かつて世界をリードしてきた日本の薄膜ディスプレーパネル産業も急に影が薄くなってきた。パナソニックが、市から大きな誘致補助金をもらって建てた尼崎プラズマパネル工場を突然中止したり、政府の膨大な資金を投入した「ジャパン・ディスプレー社」も本当にこの体制で成功するのか心配する声がある。日本は、円高などの六重苦で、ものづくりをする環境がなくなったといって、出稼ぎのような格好で多くの生産工場が海外にどんどん出て行っている。残念ながら未だに日本勢は半導体産業、電子産業の分野で「勝てる戦略的なシナリオ」が描けていない。

日本では「集中と選択」と言いながら儲からない事業からなりふり構わず撤退しているが、撤退した産業に代わる新しい産業は全くといっていいほど出てきていない。これが問題である。とどまるところを知らないような賃金のカット、リストラを繰り返して、日本産業は既存商品の価格切り下げ競争を続けて、崖から転落せんとしている。ある企業は、自慢げに「労働者を必要としない無人工場」を日本に作ろうとしている。しかしその無人工場で造られた商品を最終的に誰が買ってくれるのかは誰も考えてはいないようだ。

日本の電子産業の中核である日本半導体産業は、短期間であるが、一九八六年に世界のトップの座を占めていた。それが二〇〇〇年以降どんどん衰退して行き、このままでは日本半導体産業は消えてしまうとまで心配されている。日本半導体産業は、立て続けに、「三つの敗戦」に追い込まれてしまった。第一は、日本が世界一になった商品であるＤＲＡＭで大敗したことであり、第二は、その敗戦から立ち上がって再発展するための中心的な商品であるとされた「システムＬＳＩ」の波に乗れなかったこと。第三は、日本の最も強いところであった半導体製造で大敗してしまったことである。こうした日本半導体産業の衰退、大敗は、市場の変化、デジタル化、モジュール化という大きな市場の変化に対応できなかったことが基本的な原因である。同時に日本の経営力に大きな問題があったことが明らかになってきた。その具体的な日本半導体産業の問題を見てみよう。

第一の敗戦：儲からない日本のＤＲＡＭ商品設計・生産工程

半導体産業はもともとアメリカが開発し、産業として成長させたもので、一九八五年ぐらいまでこの世界市場をアメリカが支配していた。もともとメモリーのＤＲＡＭはアメリカのインテルが産業としてリードしていた。初期のＤＲＡＭのマーケットは、防衛機器、メインフレーム・コンピュータ（ＭＦＣ）、通信機器などのものとして開発され、スタートしたもので、その商品の性能、歩留まり、信頼性の要求が大変厳しいものであった。特に日本の市場では、商品の「二五年保証」という高い品質が要求され、ＤＲＡＭ企業は苦戦した。日本半導体産業は日本の総合電機産業の強みを生かして積極的な設備投資を進め、歩留まりを高めながら、高い品質管理の手法で、その顧客の要求性能を満足させた。そして日本のＤＲＡＭメーカーは、そのビジネスを世界市場で急速に拡大していった。特に東芝が中心となって、積極的な生産設備投資と品質向上の技術を押し進め、メモリーのＤＲＡＭの大手であったインテルからそのシェアを奪っていった。インテルはこれにより破産寸前に追い込まれた。インテルはＤＲＡＭから撤退して、日本のアイディアによるマイクロプロセッサーにシフトしたことは後で触れる。日本のＤＲＡＭの成功には、一九七六年から一九八〇年にかけての官民一体となった「超ＬＳＩ技術研究組合」という国家戦略的な動きがあったことが、大きな力となったことは注目すべきことである。このようにして日本は世界のＤＲＡＭの八〇％のシェアを誇り、一九八六年に一時、日本半導体産業は半導体産業全体として世界のトップに躍り出ることになった。しかし、日本の半導体産業の最初の躓きは、日本が成功して一位になった半導体商品であるＤＲＡＭの失敗で起こった。

防衛機器、通信、ＭＦＣに使われるものとしてＤＲＡＭがスタートしたのであるが、一九八五年ころからＤＲＡＭのビジネスの中心は新しい市場である「パーソナル・コンピュータ」（パソコン）にシフトしていった。当然ながら、パソコンのＤＲＡＭに対する性能要求は、防衛機器、通信、ＭＦＣのそれに比べ格段に低いものであり、価格も大変安いものが求められた。日本半導体産業は、その低価格のためのコストダウンを、より大規模な生産設備を投資して、「大量生産のスケール」を上げることで対応しようとした。しかし、「高品質用の製品アーキテクチャー」をそのままにして、生産量を拡大して、量産効果によりコストダウンをすることには限界があることは言うまでもない。これでは過剰品質の商品となり、価格競争力はなくなってしまう。

つまり、需要の中心がパソコンにシフトしたのに日本ＤＲＡＭメーカーは、通信・ＭＦＣ用のハイエンドのＤＲＡＭの製品アーキテクチャ設計と工程設計をそのままにして、パソコン用のＤＲＡＭを造り続けたのである。「ものづくり」の基本は、「市場の要求する商品の性能、スペック」と「売れる価格」を前提にして、それに合った商品の設計アーキテクチャーを決め、それに合った生産工程を計画し、性能とコストを満足する商品にするものである。これは極めて当たり前のことであり、他の製造業でも昔からこれを忠実に守っている。これが日本のパソコン用のＤＲＡＭでは守られていなかったという嘘のような本当の話である。

これに関連してこんなこともある。日本の半導体産業、あるいは電子産業は、半導体技術の初期の段階で「信頼性テスト」、「品質ばらつきテスト」においてコストをかけていろいろのテスト、検証を行ってきたが、そうした技術データが蓄積されてくると、それまでやっていた品質、信頼性テストが必要でなくなることになる。しかし日本企業は、最終顧客がそれを要求するので、それまでやっていたという理由から高コストのテストをし続けるという無駄をしている。欧米アジアの企業は、当然のことながら、必要なものはやるが、不必要なものは中止するという合理的な動きをしている。これでは日本の商品は競争には勝てない。

この日本半導体産業のＤＲＡＭは、従って、上記のような「ものづくり」の基本に則り、パソコン用として最適な半導体アーキテクチャー設計と最適な製造工程で造られたものに対して、価格競争においては到底勝ち目はない。アメリカや、韓国の新しいＤＲＡＭ企業が「ものづくりの基本」を忠実に実行して、パソコン用のＤＲＡＭ市場に進出してきた。ある報告によれば、日本ＤＲＡＭ企業のマスク数、生産工程数は、韓国、アメリカのＤＲＡＭ新規参入企業のそれの倍以上あったと言う。これでは価格競争で日本勢は勝てる筈がない。

ＤＲＡＭは、自然界に存在する極微量の放射性物質からアルファー線が放出されることで、確率的には少ないが、メモリーに記憶された、１、０の情報が逆転してしまうことがあり得る。これをソフトエラーと呼んでいる。いろいろの対策があるが、その中にパリティチェックという対策がある。これは余分なメモリーを付加する必要があり、大変コスト高になるが、メインフレーム・コンピュータや通信からはこれが要求され、これまでのＤＲＡＭの中にそれを内蔵した。言うまでもなくパソコンにはこのようなヘビーな対策は不要であった。この問題は、パソコンにおいては「固まってしまう」という現象であるが、パソコンでは、もしこれが起ってもリブートすれば問題なく使えるので、その対策の回路は要求されない。しかし日本のＤＲＡＭは、高コストの設計構造であるソフトエラー対策のアーキテクチャはすでに内臓されているのでそのまま踏襲して、パソコン市場にも供給してきたのである。これは一つの例であるが、そのほかにもいろいろ高コスト構造の要素が日本のＤＲＡＭにはあったと言う。こうしたＭＦＣ用のＤＲＡＭはパソコンの要求仕様に合ったＤＲＡＭとではダイサイズ、生産工程数の点でも大きな差があり、これでは日本のＤＲＡＭはパソコン用のＤＲＡＭ市場では競争にならないことは言うまでもない。日本半導体産業のＤＲＡＭの敗退は、このような単純な理由によるものであった。

つまり、日本のＤＲＡＭビジネスの大敗は、円高や日本の高労賃、日本の高い法人税のためだけではなかったということである。その日本の半導体敗戦のあと捲土重来として体制を新たにして出てきたエルピーダ・メモリー社であるが、ある調査によると、この日本の犯した誤りを正していなかったというから驚きである。つまりエルピーダのDRAMの基本技術はNECの通信機器用、MFC用のDRAM構造を踏襲していたということである。ある情報によると、エルピーダのトップも、DRAMの市場がパソコンにシフトしたことで、それに合った設計アーキテクチャーを作ろうとし、長年かけて造り上げたDRAMの機能設計アーキテクチャーとシリコン・アーキテクチャーを根本から変えようとしたが、現場から「これには大きなリスクがある」という理由で、強い抵抗にあい、これが果たせなかったということである。

一般的に言って、日本半導体産業は、変化してやまない市場の要求に合うように、そして技術の進歩により、更なる合理化のためにそれまでの商品の設計基本アーキテクチャーを根本から刷新する必要がでてくるが、それをやらない。設計基本アーキテクチャーを刷新するという技術力が弱いと言った方が良いかもしれない。日本は長い間キャッチアップできたために、いろいろと苦労して何とかして動くものに作り上げたアーキテクチャーを更に果敢に刷新し、変えてゆくことに現場が抵抗してきたのである。現在でもその悪い文化が抜け切れていない。これが日本半導体産業の大きな弱点である。

これは別の見方をすると、経営者が現場の技術専門家集団を管理できなかったという日本の大きな問題である。自動車や機械機器のハードなものは目で見て、手で触ることにより、ある程度問題点の指摘ができるが、半導体、ソフトは手で触っても、目で見てもなかなか分からないもので、特に管理者、トップ層が指導、管理し難いものであるという事実はあるが、それだからこそ「見えないものをマネージする」ことがこれからますます重要になる。これから自動車でも何でもますます半導体、ソフトが入ってくる。「見えないものを管理する力」が価格切り下げ競争を避け、他からの模倣を防ぐ重要な力になる。残念ながら日本産業はこれが弱い。

エルピーダの存続のために政府は、国民の税金を注入して支援したが、ついに破産状態になり、アメリカのDRAMメーカー、マイクロン・テクノロジ社に買収されることになった。マイクロン・テクノロジ社はエルピーダの持っているモバイル用のDRAM技術に興味があるようである。だがこのことはエルピーダの経営戦略の失敗を意味すると言われている。つまり、エルピーダは今急成長しているスマートフォンなどのモバイル用のDRAMで競争力ある高い技術を持っていながら、ビジネスの柱であるパソコン用DRAMの適切な商品化を怠ったために、そのモバイル用DRAMの優れた技術もエルピーダの経営を救うことにはならなかったのだ。（二〇一二年の一〇月現在では、エルピーダはアップルからのスマートフォン用のDRAMの注文で大変忙しくなっているようであるが皮肉なことである）

ある人は、日本の半導体産業の敗退は「円高」のためであると言っている。円安にすれば日本の半導体産業は生き返ると言うがそうではない。先にも指摘したが日本産業の利益率と先進欧米産業の利益率は天と地ほどの違いがある。特に半導体、IT産業においてはその差が大きい。これが次の商品の技術開発力に繋がってくるのは言うまでもない。半導体のインテルの業績は、二〇一二年の四月—

六月期では売上高が一三五億一〇〇万ドルに対して純利益は二八億二、七〇〇万ドルで、純利益率は二〇・七%。無線通信半導体のクアルコムは二〇一二年九月期通期で売上高が一九一億二、一〇〇万ドルに対して純利益は六一億九〇〇万ドルで、純利益率は三一・九%であった。通信機器・半導体のシスコは二〇一二年第二　四半期で、売上高は一一五億ドルに対して純利益は二二億ドルで、純利益率は一九・一%。画像系の半導体のエヌビディアは二〇一二年八月─九月期で売上高は一二億ドルで純利益は二億九一〇万ドルで、純利益率は二四%。マイクロソフトは少しスローダウンしてきているが二〇一二年一〇月─一二月期で売上高が二〇八億八、五〇〇万ドルで純利益は六六億二、四〇〇万ドルで、純利益率は三一・六%。FPGAのアルテラは二〇一二年第2四半期で売上高が四億六、四八三万ドルで純利益が一億六、二六八万ドルで純利益率は三五%になる。韓国のサムスンは二〇一二年一二月期通期で、売上高は一六兆円で純利益は二兆四、五〇〇万円で、純利益率は一二・五%を上げている。

言うまでもなく残念ながら日本の半導体企業の業績は軒並み赤字になっている。日本で超優良企業のトヨタは、二〇一二年四月─九月期で売上高が一〇兆九、〇〇〇億円で、純利益率は五、四八〇億円で純利益率は五・四%である。一兆円の利益をあげるのは素晴らしいが、重要な純利益率は五%台で見劣りする。

海外の半導体産業、IT産業の高利益率は、次の二つの要素からもたらされている。⑴新しい商品システムの業界標準を確立し、⑵その技術のコアをブラックボックスにしたものを半導体化し、インターフェースをオープン化して多くの競争者を自分の配下に置き、次々と自分のペースでコア部分を進化させ、他から模倣されることを防いでいる。この二つにより高いシェアを維持し、高利益を上げている。これが日本の半導体産業に欠けているところである。単純な為替の問題ではない。もちろん過度な円高は輸出には不利であることは言うまでもない。だがエネルギー、素材、部品の輸入を考えると為替による利益の増加をあまり期待しない方が良い。為替は変動するものであり、もし日本が過度の円安になれば必ず「為替引き下げ戦争」になる。重要なことは「商品の価格切り下げ競争」に陥ることなく、その業界を技術力、ものづくり力、ビジネス・モデル力でリードする「経営戦略力」を持つことである。この点を日本半導体産業の問題として、更に詳しく掘り下げてゆく。

一般的に、日本の半導体企業は、半導体の設計アーキテクチャー（半導体回路の最適な構造）を市場の変化、顧客のニーズの変化に対して、迅速に変える力が欧米の企業に比べて劣っている。従って多くの場合、変化の必要性に対しては、古い既存の半導体アーキテクチャーをそのままにして、それにいろいろと追加する形で対応してきた。これは当然ながら無駄な回路が沢山残っていることを意味し、競争力がある筈がない。従って、例えで言えば、古い旅館の建て増しを繰り返したようなもので、立派な商品にはならず、国際市場では競争力のあるものには到底ならない。あるいは購買部門の力でコストダウンを力ずくでやろうとしてきたが、もちろんそれには限界がある。

同じようなアプリケーションの半導体では、コストに直接響くシリコンのサイズは、日本のものは欧米の企業のものと比較して数倍大きいと報告されている。パソコンのＤＲＡＭもまさにこの例で、

ＭＦＣ用のＤＲＡＭの基本アーキテクチャーを変えないで、微細加工によるシュリンク技術（縮小）でコストを下げようとしてきたので、当然ながら性能、コストで競争力ある商品ができていない。

更にもっと大きな基本的な問題がある。湯之上隆氏によると、日本の半導体技術者は、半導体の「工程フロー構築の際にコスト意識がない。その結果、低収益となってしまう。つまり、儲かる生産工程フローになっていないのである。一方、インテルでは、まったく逆の思想で工程フローを構築していた。最終製品から逆算して、利益が出るように、生産工程フローを組んでいた。まず、生産する半導体デバイスが組み込まれるセットの価格を想定する。そこからセットの原価を決める。次に、上記セットの原価から、半導体デバイスの価格および原価を決める。さらに、この原価を実現する歩留まりを決める」（『日本「半導体」敗戦』湯之上隆、光文社、六三頁）と言う。かつて日立の半導体の設計者であった湯之上氏も「なにを隠そう、私自身も、工程フロー開発の初期過程で、コストを意識したことは一度もなかった」と言っている（湯之上隆、同上、六三頁）。これは「ものづくりのいろは」であるが、これができていなかったという大変不思議な話である。「日本の半導体メーカーでは、開発部隊と量産部隊が、組織的に明確に分離されている。開発部隊は、開発センターで構築した工程フローを、出張対応などで量産工場に移管したら、仕事は終わる。歩留まりを向上させる仕事は、量産部隊の仕事になる。工程フローを構築する際、歩留まり向上に対する意識やコスト意識は希薄である。・・・多くの技術者がコスト削減は工場の仕事と考えている」（湯之上隆、同上、六五頁）。

もう少し湯之上氏にレポートしていただく。「日本メーカーでは、プロセス・フロー構築の際、半導体デバイスの性能を最優先していた。より高性能なトランジスタを作るように最善を尽くす。コストに関する考慮はない。その結果、フローは長くなる。また。各工程のプロセスが複雑になり、スループットが悪くなる。このようなフローを量産工場に移管すると、当然ながら、製造設備は多くなる。また、複雑なプロセスを実現するために装置は特注になる。・・・・

Samsung社では、開発から量産へ、また量産から開発へとチームが入れ替わる。このような体制を敷くことで、プロセス開発から量産までの全体最適を常に心掛けるようにしている。その結果自然と歩留まりの向上への意識やコスト意識が根付く」（『日本半導体産業・復活への提言―経営者も技術者も『もうける決意』が必要だ』湯之上隆、日経エレクトロニクス）

コストは半導体の製品設計の中で決まるものであり、量産段階ではもはや手遅れである。日本の半導体産業が儲からないという大きな理由の一つはここにある。日本産業は「擦りあわせ力」があり、とくに「製造と設計の擦りあわせ力」に長けていると言われて来たが、現実にはそうでないところがあるということである。こうした日本のＤＲＡＭの敗退は、日本半導体産業の衰退に拍車をかけた。

第二の敗戦：「システムＬＳＩ」ビジネスの勘違い

日本の半導体産業では、ＤＲＡＭビジネスの敗退のあと、二〇〇〇年ぐらいから半導体ビジネスの巻き返しとして、日本半導体企業のトップはこぞって、ＤＲＡＭという「部品」ではなく、「これからはより大きな市場をもつシステムＬＳＩ（あるいはシステム・オン・チップ）で勝負するのだ」と宣言した。これで日本半導体産業を再び大きく発展させるというものであった。しかし、結果的には、残念ながらその成果は全く挙がらず、失敗に終わってしまった。

何が間違っていたのであろうか。日本半導体産業のトップは、その「システムＬＳＩ」のビジネスのコンセプトを勘違いしていたのである。つまり日本がやろうとしていたことは、「システムＬＳＩビジネス」を、顧客から、そのチップのスペック、回路（設計図）データである「ＲＴＬ」（Register Transfer Level）をもらって、その顧客の電子回路をシリコンに入れる（転写する）という「加工下請けのビジネス」をやろうとしていたのである。本来の儲かる「システムＬＳＩビジネス」とは、あるアプリケーションの独自の競争力あるシステムと電子回路のアーキテクチャーを研究・開発して、その中から付加価値の高い半導体の部分を切り出して「システムＬＳＩチップ」にすることであった。「システム・オン・チップ」という概念は、アプリケーションのシステムが丸ごと半導体の中に入ることであり、コンポーネントではない。そのためにはいろいろのアプリケーションのシステムの研究投資が必要である。しかし日本半導体産業はアプリケーションのシステムの研究などに殆ど投資をしてこなかった。日本の半導体企業の殆どのトップは、アプリケーションのシステムを開発するのはお客さんのすることだとして、手を出させなかった。資本を投資したのは顧客さんの回路設計図をもらって、どのようにシリコンに転写するかという製造関係の分野であった。

つまり日本半導体企業の「システムＬＳＩ」のビジネスは、「下請けとしてのシステムＡＳＩＣ」（Application Specific Integrated Circuit）であり、お客から半導体として造りたい回路の設計データ

（ＲＴＬデータ）をもらって、それをシリコン化し、パッケージ化するという「下請け加工」であった。これでは利益の出る筈がない。しかし、日本半導体産業のトップは、日本半導体ビジネスの起死回生として、これが本来の儲かる「システムＬＳＩ」あるいは「システム・オン・チップ」であると勘違いして、このビジネスに大きな期待をかけていたのである。

自動車用のプレス金型のビジネスの例で言えば、「下請けシステムＬＳＩ」は、顧客から金型の「詳細な金型図」をもらって、それに基づき忠実に金属を下請け加工して金型を製造するビジネスである。これはお客様からもらった金型図で忠実に金型をつくるもので、その金型でプレス加工して製品が旨くできなくても責任を取る必要はない。リスクのないビジネスであるのだが、これは当然ながら利益の上がるビジネスではないことは言うまでもない。今日の日本では、そのような下請け金型メーカーはほとんど存在しない。今日の金型メーカーは、最も効率の良いプレス加工の全体のプロセスを構想設計して、それに適合したそれぞれの工程の金型の構造構想、最適な加工工程を設計して、目的のプレス部品が品質よく量産できる最適な金型を製造し、供給するビジネスをしている。場合によっては、金型メーカーは、顧客である自動車メーカーにプレス加工という観点から、プレス部品の形状のより適切な設計を提案する能力を持っている。前者は下請け加工費だけをもらうビジネスであるが、後者はプレス工程、金型の構想その設計と加工という知恵を売る高付加価値をビジネスにするもので、利益率には雲泥の差がある。顧客にとっても、下請け加工屋でないそうした企業は大変大きな価値がある。

(注)　これは自動車産業で言われている「貸与図方式」と「承認図方式」との関係に似ている。前者は自動車メーカーが部品、製品の製作のための詳細設計図を用意し、その設計図に基づいて加工下請け企業がものに造り上げるものである。従ってこの場合は、加工下請け企業はその加工のための労働賃金とその管理費の支払のみをうける。当然利益、付加価値は大きくない。後者は自動車メーカーから製品、部品のスペックをもらい、その加工方式、加工治具・金型、組み立て治具などを独自で設計しその図面を自動車メーカーにて提出して承認を受け、製造するものである。これは生産方式のいろいろの治工具の設計をするということで付加価値の高い頭脳労働による仕事で、当然利益率も高い。産業の発展の過程で、「貸与図方式」から「承認図方式」に移行しており、後者のものが、部品企業にとっても自動車メーカーにとっても利益が大きいものであることが実証されてきている。

しかし半導体の場合の「回路設計データ」（ＲＴＬ）をもとにした「半導体ＡＳＩＣ企業」のシリコン化の下請け仕事は、自動車産業のケースとは少し違って、多少不合理なところがある。というのはお客の作成した「回路設計データ」（ＲＴＬ）は電子回路のデータはあるが、ハードの回路であるシリコンの構造の設計データはないために、それを「半導体ＡＳＩＣ企業」が判断しながらトランジスタの物理的な配置、配線をしなければならないというものになっている。無数の電子回路は示されているが、その回路が本当に使われているのかどうかは、システムを知っているお客しかわからず、そのために場合によっては大変無駄な回路になって、コストの高い半導体になってしまうケースが多々ある。本来ならそうした不明な回路についてお客に聞けばよいのだが、お客と半導体ＡＳＩＣ企業との関係が、日本では主人と召使の関係になっているために、お客に直接最初から質問できないという大変おかしな文化になっており、その無駄な推測による余計な作業のコストを下請け半導体メーカー自体がすべて負担しなければならない状態になっている。このあたりも改革しなければならない日本の歪な環境である。しかしいずれにしてもこのような「下請けシステムＡＳＩＣ」は儲かる仕事ではない。これが日本半導体産業の衰退のもう一つの原因である。

更に悪いことには、半導体の技術の土台が大きく変化したために、この儲からない「下請けシステムＡＳＩＣ」のビジネス自体が激減するという不幸に見舞われてしまった。それは半導体の微細加工が進み、半導体の開発費である「マスク・コスト」と「半導体設計費用」が幾何級数的に暴騰してきたので、その開発費を償却して利益が出せるようなＡＳＩＣが激減したためである。これがまた日本の電子産業のイノベーションの停滞をもたらしたのである。このことは後程詳しく説明する。

またある力のある顧客は、より良い半導体と半導体設計開発コストを下げるために、ＣＯＴ（Customer Owned Tooling）と言って、自分で設計ツール（ＥＤＡツール）を使い、ＲＴＬデータだけではなく、自分で、回路設計、配置・配線、タイミング検証をして、最終の設計データであるＧＤＳフォーマット（テープアウト・データ）まで造り、半導体製造会社に出す。ＡＳＩＣとしての半導体製造会社は、顧客が設計を全部実行するので、単純なシリコン化の仕事になりますます儲からない下請けになってしまう。

日本のＤＲＡＭの敗退と言い、システムＬＳＩの勘違いと言い、嘘のような本当の話であるが、トップや管理者が何故こんな過ちを犯したのかという点で少しこれを弁護すると、半導体やソフトは、ハードの自動車や白物家電とは違って目で見て、手で触って問題点が分かるものではないことである。半導体は一〇ミリ角のシリコンの中に数億個のサブミクロンのトランジスタが並べられ、それが互いに順列組合せのような形で配線により繋がれる電子回路からできており、設計するものでも全体のものはなかなか見通すことが困難なものである。ソフトもプログラムで触って分かるモノではなく、管理者や経営トップには大変管理の難しいものである。もちろんこれでトップに責任がないということにはならない。そのためにも技術的なことが十分トップに伝わり正しい経営判断ができるような企業組織と経営力を待たなければ成功しない産業である。

ムーアの法則の破綻

先にも少し触れたが、新しい問題点は、半導体の微細加工の進化による土台と上部構造の矛盾が出てきたことである。半導体は、そのトランジスタの寸法を小さくし、配線の幅を細くすればするほど性能が上がり、コストが下がるという大変ユニークな性質を持っている。これにより半導体はますます小さくなり、性能も上がり、安くなる。これで半導体の普及に加速度がつき、あらゆるものを半導体化し、電子化して、新しい情報社会時代をもたらした。これをインテルのゴードン・ムーアが、一九六五年に「ムーアの法則」として「一八ヶ月ごとに半導体の集積度、性能は二倍になる」という論文を書いた。それ以降最近まで、この「ムーアの法則」が実際に実現され続けてきた。

ところがこれは良いことづくめではなかった。まず微細加工が進むとその新しいプロセスの機械設備費がますます高くなってきている。二八ナノ（半導体の配線の巾、一ナノは一〇億分の一メートル）

図2-7　開発費の高騰とチップ当たりの平均売上

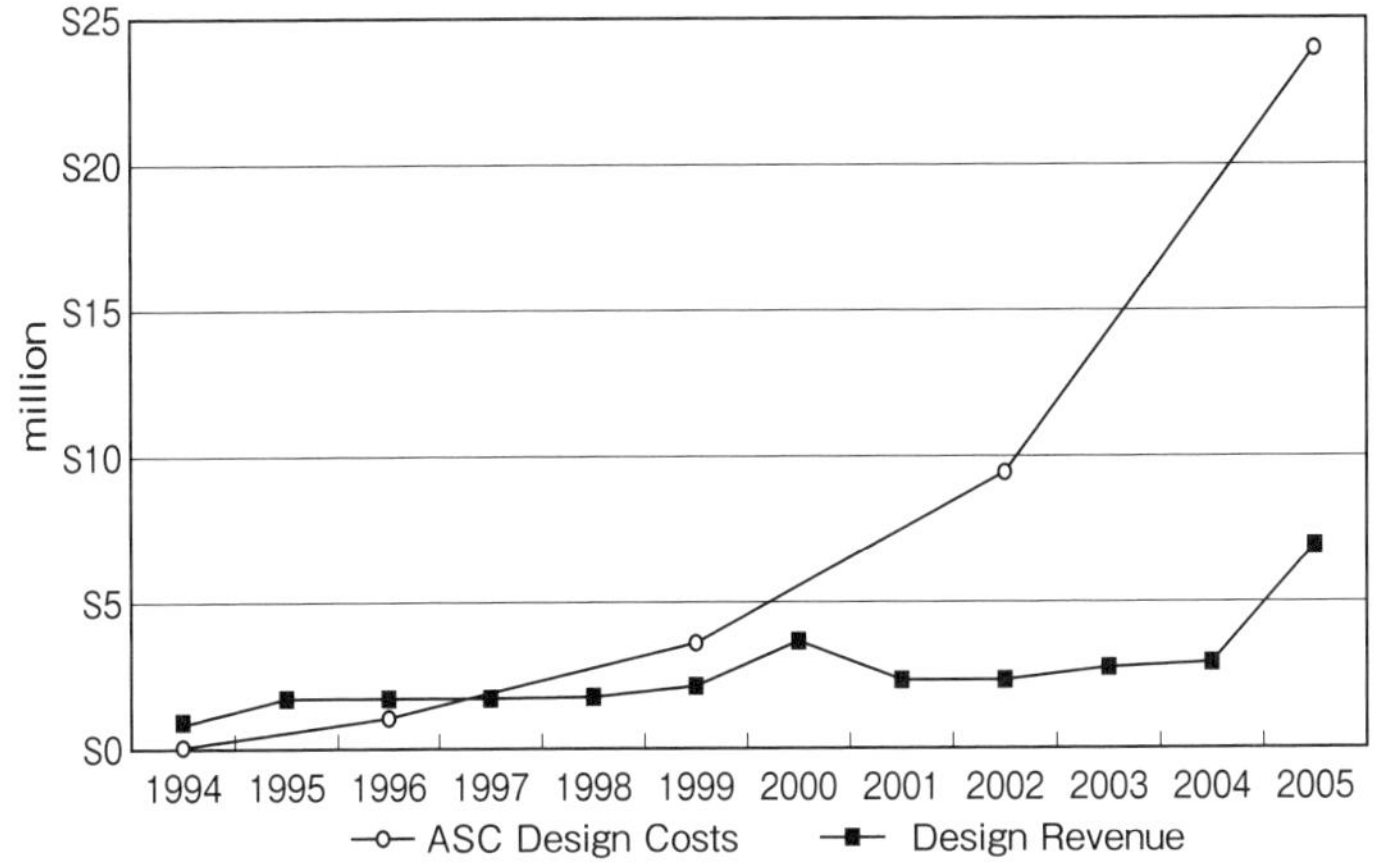

出所：Dataquest.

の設備は一ラインが一、〇〇〇億円以上になる。しかしそれだけではない。微細加工での配線の幅が二五〇ナノ、一九〇ナノ、一三〇ナノのころは、一つの半導体を開発するためのマスク費用（リソグラフィー用のマスク費用）および設計費用（マスク費用と設計費用を合わせて開発費ＮＲＥと呼んでいる）は合計で二、〇〇〇万円、三、〇〇〇万円程度であったが、しかし一〇〇ナノ、九〇ナノになると二億円から三億円、そして六五ナノ、四五ナノ、になると二〇億円、三〇億円というように幾何級数的に開発費が上昇していった。今二八ナノ、二二ナノが開発されているが、一つのプロジェクトで開発費は四〇億円にもなると言われている。一回のマスクで良品ができればよいが、統計的には、平均二・八回のやり直しがあり、そうなるとその開発費は三倍から、五倍になる。更に二八ナノ以上になると、リソグラ

表 2-2　マスク数の増加とコストの高騰

Process (μ)	2.0	...	0.8	0.6	0.35	0.25	0.18	0.13	0.10
Single Mask cost (SK)	1.5		1.5	2.5	4.5	7.5	12	40	80
# of Masks	12		12	12	16	20	26	30	34
Mask Set cost (SK)	18		18	30	72	150	312	1,000	2,000

出所：Gartner.

図 2-8　ASIC の開発数の減少

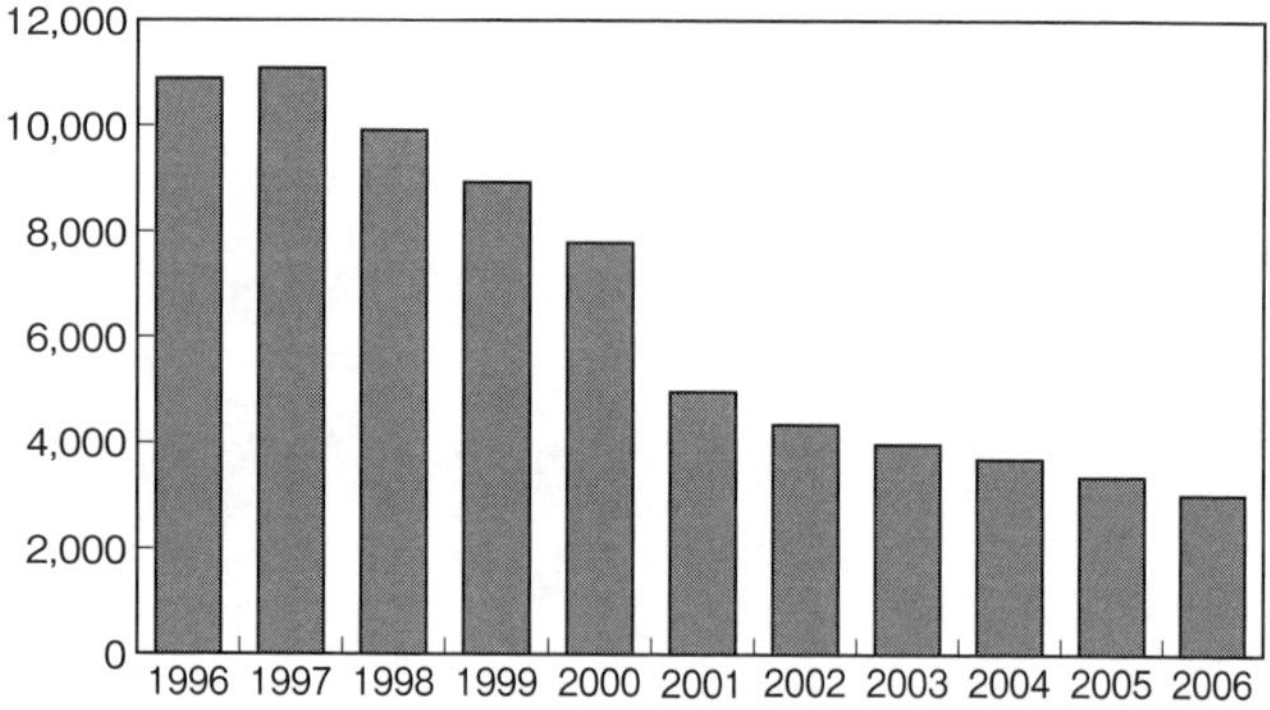

出所：Gartner/Dataquest.

フィーのマスクが今まで各一枚でよかったのがダブルマスクにしなければ精度が出なくなり、ますます開発費が高騰してきている。

これだけの膨大な開発コストを投資して利益が出る半導体を含んだ製品システムは大変少なくなってきた。特に最近は新しい商品を開発しても、その時点ではどれだけ売れるかは誰も分からない。どれだけ売れるのかが予測できなければ、そのような開発コストを投資して新製品を造ることはリスクが高く、経営としては開発をすることができなくなる。これがＡＳＩＣの開発の数を減少させ、電子産業のイノベーションの衰退をもたらしている。

同時にその「ムーアの法則」としての微細化の進化による性能の向上も四五ナノぐらいから、減衰してきた。そしてコストの削減率も低下し、二〇ナノ以上では、これまでの技術ではコストが逆に上昇するようになってきたと報告されている。「ムーアの法則」が壁にぶち当たったということである。

つまり、こうした先端技術を使って製造する半導体は量産規模の飛びぬけて大きいプロジェクトしか適応できなくなってきた。その結果、特定用途向けの「ＡＳＩＣ」の開発個数と全体の数量、金額は、世界的に、どんどん減少していった。日本の半導体産業は「システムＬＳＩ」を勘違いして、下請け的な特定用途向けの「ＡＳＩＣ」をビジネスにしてきたために、儲からない上に開発個数も減ってきたために利益がほとんど出ず、ダブルパンチをうけて赤字に転落してきたのである。

これは「ムーアの法則」の破綻を意味しており、これが、先に指摘した「土台と上部構造の矛盾、乖離」である。これからはよほど量産規模の大きいアプリケーションでなければ、むやみに先端微細加工に走ることはできなくなってきた。特に二〇ナノ以上は、技術的には作動するものができても、ビジネスとしては、よほどのボリュームの大きいものでない限り、なかなか成り立たないものになってきている。このＡＳＩＣの開発個数の減少が電子製品のイノベーションを停滞させた一つの理由である。そして日本半導体メーカーが主として取り組んだ下請け的「システムＡＳＩＣ」としてのビジネスが破綻をきたすことになった。つまり儲からない下請け仕事としてのＡＳＩＣすらもどんどん減ってしまったのである。しかしこの「土台と上部構造の矛盾、乖離」のときに、その矛盾・乖離を克服して新しく整合性をとる半導体産業の次のイノベーションの道が開けてくるのである。

苦肉の策のＡＳＳＰ

こうした土台と上部構造の乖離を克服するための方法として、欧米の半導体産業は、ＡＳＳＰ（Application Specific Standard Product）（特定用途の標準半導体）というビジネス・モデルを開発した。つまり、顧客が一社であるという「特定用途の専用半導体」（ＡＳＩＣ）では、生産量の限界があり、巨大な開発費のために採算が取れないので、苦し紛れに、いくつかの複数の顧客に使ってもらえる標準のシステムＬＳＩ半導体を開発した。一つの半導体を多くの顧客に販売して、トータルの数量を稼いで、膨大な開発費をいろいろの企業に分担してもらうような道をあみだしてきたのである。これが「特定用途の標準共通部品」としてのＡＳＳＰであり、多くの顧客、多くの製品に適用できるような半導体である。多くの電子製品のセットメーカーは、自分の固有の半導体（ＡＳＩＣ）を開発することを辞めて、市販の標準部品としてのＡＳＳＰを採用するようになった。

このＡＳＳＰのビジネス・モデルは、ある特定のアプリケーションの「システムの研究開発投資」をして、新しいシステムを設計し、その中で付加価値の高い部分を切り出して「システムＬＳＩ」にするが、これを標準半導体として多くのセットメーカー、モジュールメーカーに販売するというのである。これだと十分な量が確保できるので、巨大な半導体の開発費を回収できることになる。

こうしたシステムの研究開発投資をして開発したＡＳＳＰは、多くの場合「業界標準」としての半導体となり、このＡＳＳＰを使わなければシステム商品の競争力がなくなるというほどの強力なシステム技術を持つことになる。つまりＡＳＳＰを開発するにはそれぞれのアプリケーションでの業界標準を獲得できる技術力がなければならない。

ところでこのＡＳＳＰ製品は、アメリカ、ヨーロッパそしてアジアの「ファブレス・セミコンダクター企業」によって開発され、その市場を支配されてきた。残念ながら日本半導体企業はほとんど手を出せないでいる。しかもＡＳＳＰのシリコン化は、日本の半導体産業の製造装置を使わず、殆ど台湾、シンガポールなどの大規模なファウンドリーが引き受けている。日本半導体産業がこうしたＡＳＰを開発できないでいるということは、いろいろのアプリケーション・システム商品の研究開発投資をしてこなかったためである。日本半導体産業のトップマネジメントは、いろいろのアプリケーションのシステムの研究開発は半導体産業のやるべき仕事ではなく、顧客の仕事だとしてきた。無意識的に半導体のビジネスはシリコン化の下請けであると思ってきたためである。

このＡＳＳＰ製品では、一九九〇年の終わりには、アメリカでは一七〇社、台湾、アジアでは六〇社、欧州では七社生まれているが、残念ながら日本はメガチップス、ザインの二社程度であった。具体的には、アメリカでは、携帯端末用のクアルコム社、通信関係用のブロードコム社、シスコ社、画像関係のエヌビディア社、マベール社、無線関係のＴＩ社、プロセッサーのＡＭＤ社などがこの分野を支配している。台湾ではメディアテック社、トライメディア社、エムスターテクノロジー社、Ｎｏｖａｔｅｋ社などの有力な企業が活躍している。メディアテック社は世界の携帯電話のシステムＬＳＩ（ＡＳＳＰ）、薄型テレビ用のシステムＬＳＩ（ＡＳＳＰ）を牛耳っている。同社はこれからスマホのＡＳＳＰのシェア拡大に注力すると言う。台湾は、一九九〇年半ばまではファンドリーを推し進めていたが、すかさず国家戦略としてファブレス・セミコンダクターを目指すようになり、メディアテック社のように、システムの研究開発に力を入れ、有力なＡＳＳＰの開発を進めてきている。世界的には、このためにＡＳＩＣが三兆円を低迷しているのに対して、ＡＳＳＰ市場はどんどん伸びて一二兆円規模に達し、しかも年々まだ高い率で伸びている。

半導体の開発費の高騰にたいするもう一つの対応策は、アメリカの企業、Xilinx社、Altera社が開発した、ソフト的なプログラム化により特定用途の半導体回路にする技術のＦＰＧＡ（Field Programmable Gate Array）である。ＳＲＡＭをベースにしたＬＵＴ（Look up table）をロジックとし、そしてＳＲＡＭをベースとした配線構造をもとにソフトによる「プログラム化」で、特定用途の回路をシリコン化してしまう画期的な技術である。一般の設計回路として使うためのロジック、メモリー、配線をあらかじめ敷き詰めてあるいくつかのサイズのものを用意し、そのサイズに合った回路をソフトのプログラム化でシリコンでの回路にするものである。これはプログラム化であるので、商品として市場に出た後でも必要に応じて回路を変更できるという便利さがある。一九八五年頃開発され、ここ一〇年の間に大きく普及している。このＦＰＧＡは、設計コストはかかるが、マスク費は不要で、トータルの開発コストが比較的安い。その代りダイサイズが大きいために量産製品単価はＡＳＩＣと比べて大変高いが、使用量が少ない半導体では、ＡＳＩＣの膨大な開発費を払うことを考えると、トータルで安いため、これが広く普及している。これが多種少量生産の分野の半導体のソリューションの一つとして確立されてきた。だがシリコンの面積が大きいことによる高い単価のために、少量の半導体に限定され、世界のトータル市場は五、〇〇〇億円程度にとどまっている。しかし日本半導体産業は、このＦＰＧＡにはアメリカの特許の関係で手が出せないでいる。

第三の敗戦：半導体ファブの大敗

もう少しファブレス・セミコンダクター企業のビジネス・モデルを見てみると、ＡＳＳＰの企業としてブロードコム、エヌビディア、クアルコム、マベール、ＴＩなどの企業は、「システムＬＳＩ」として「何を創るか」に取り組み、業界標準を創りながら、ビジネスを展開して、膨大な市場を創造してきた。彼らは、それぞれのアプリケーション分野において、全体のシステムを徹底的に研究・開発し、その中で付加価値の大きい部分を切り出してＡＳＳＰという半導体チップにしてビジネスを展開している。言うまでもなくインテルはＭＰＵで、世界のパソコン産業の四〇％の利益を手にしているし、クアルコムは、携帯電話の専用チップを開発して、殆どの携帯電話機器メーカーに供給し、世界の携帯電話メーカーはその利益のほとんどをクアルコムに持って行かれている状態である。特に最近急速に拡大しているスマートフォン、タブレットの分野で殆どクアルコムの半導体が使われて、一人勝ちをしている。フリースケール社も自動車のエンジン駆動系を徹底的に研究して、一〇年後まで使える斬新な半導体チップの開発に専念している。

クアルコムのケースを少し付け加えると、同社は、３Ｇ携帯電話の基本特許であるＣＤＭＡ（符号化分割多重アクセス）技術を持ち、これを携帯電話の中心コアとしてＡＳＳＰにして、殆どの携帯電話機器メーカーに供給している。その研究開発費は、売上高に対して二〇％以上にのぼり、その投資額は年二、五〇〇億円をも超える。二〇一二年の一一月には、クアルコムの株式資産総額は、これまで半導体産業でトップであったインテルを凌ぐものになった。時代の変化を告げているようである。同社のＣＥＯのポール・ジェイコブスは一九九〇年代に現在のスマートフォンのアイディアを頭に描き、携帯電話とパーム（携帯情報端末）とをガムテープで貼りあわせて「こんなものが欲しいのだ」と周囲の人に訴えたと言う。そのクアルコムが今日のスマートフォンの心臓の半導体を供給し、その市場を支配しているのである。

こうしたファブレス・セミコンダクタ・ビジネスでは、システムのＲ＆Ｄに大きな資金と技術開発が必要で、半導体ファブを切り離し、水平分業したことがその成功の大きな要因でもある。日本はその点で「ファブライト」という言葉でごまかしているが、これは中途半端で成功しない。

台湾のＴＳＭＣがファブとして成功した理由は、追従してくるものに対して圧倒的な生産規模で寄せ付けないことである。しかも微細加工の技術も高く、歩留まりも優れている。競争相手を寄せ付けないようにするために、数倍の規模ではなく「Ten Ｘつまり一〇倍」という規模の「ギガ・ファンドリー」というコンセプトを打ち出したことである。八インチ換算で年間一、五〇〇万枚の処理能力を持ち、売り上げは一・七兆円を超える。これにより日本半導体製造は完全に市場から退けられたのである。しかもその製造加工下請けをも、日本半導体企業は垂直統合の「半導体総合企業」であるために、ファブレスＡＳＳＰ企業は、日本企業を競争者と見なし、敬遠した。

同じことがＥＭＳ（電子製品受託生産サービス）の分野で起こっている。中国フォックスコン（鴻海科技集団）も一〇〇万人以上の従業員を持ち、アップルその他の世界の大量生産商品を一手に引き受けているものである。また台湾のホンハイ（鴻海精密工業）も売上高一〇兆円を超える巨大企業である。これも「ギガ・ファクトリー」として断トツになり、他の競合製造サービス企業を退け、新しいものづくりのかたちのコンセプトを創造した。これによりシャープ、パナソニック、ソニーなども大敗することになった。この製造サービス分野でも日本勢は大敗した。

アメリカのＡＳＳＰ産業の発展には、一つの大きな理由がある。一九八〇年ころにアメリカ半導体産業が日本に負けてから、アメリカは逆襲に出た。それは一九八三年の「ヤングレポート」をもとに国家戦略として「半導体、ＩＴ産業を再発展させて、世界を制覇する」というものであった。具体的には一八九七年のＳＥＭＡＴＥＣＨの組織により産業と政府が一体になり、半導体技術の開発を進め、同時にＤＡＲＰＡ（国防高等研究計画局）という国防に関する新しい技術の開発を国家が支援し、開発の成功、失敗の責任をもつというものである。この研究の成果が、クアルコムの無線技術、ブロードコムのＧＰＳ技術であり、これが民間で展開されたのである。後程触れるが、アメリカは「国家の資本投資勘定」を持ち、イノベーションのための開発のリスクを国家がもつという仕組みを、建国以来持っていることである。知識・情報検索を支配するアメリカのグーグルの基礎的な検索技術は全米科学財団（ＮＳＦ）より開発されたと言われている。医療関係の開発もNational Institutes of Healthという国立衛生研究所がこの役割をはたし、それ以外にも多くの国立研究所がアメリカ産業のイノベーションをサポートしている。フランスもこのような仕組みを持っている。日本がこれからグローバル市場でイノベーションの競争を展開して発展しようとするならば、この仕組みを早急に作らなければならない。日本でも国家戦略として、例えば自動車用の新しい「オートモビールシステムプロセッサー」として開発し、それを民間で展開する必要がある。「国防軍」よりも、これが日本の国力を増強するうえで重要となる。

ＡＳＳＰについて、日本半導体産業が成功していないのは、トップマネジメントの判断の誤りもあるが、それ以外に一つの理由がある。日本の半導体企業は、親会社のセット事業部のためのＡＳＩＣを開発する場合、あるいはシステム・メーカーと開発する場合、親会社と子会社、あるいは顧客と下請けの地位に置かれていたために、顧客の領域には踏み込めないという考えが強く、世界市場で展開できるＡＳＳＰの開発に手を出すことができなかった。アメリカ、ヨーロッパ、台湾の半導体企業は、セット企業、システム・メーカーと対等のパートナー・シップの関係でＡＳＳＰを開発したことが成功の大きな理由の一つである。

ＡＳＳＰは言うまでもなく、半導体開発の高い開発費を何とか回収するために多くの顧客に同じＡＳＳＰを販売して量を稼ぐのであるが、それは多くの企業が同じＡＳＳＰを買って同じセット商品を造るのであるから、当然、差別化が難く、最終システム製品の価格引き下げ競争になるという大きな問題にぶち当たる。これは、半導体産業にとってのこれからの大きな問題であるが、同時に新しいイノベーションのチャンスでもある。後程更に詳しく見ていくことにする。

多種少量製品の要求への対応

半導体技術の土台と上部構造が乖離して、半導体の開発コストが高騰し、開発時間がますます長くなるという事態になり、また市場がますます多様化して、画一的な商品が大量に売れなくなった。そのために、これまでの半導体の開発の仕方や、メソドロジーという「上部構造」が土台と乖離してきたので、その変革を求められているのである。それに対して「苦肉の策」として、ＡＳＳＰにより、共通な標準製品で複数の顧客に「同じＡＳＳＰ商品を提供する」ことでごまかしてきた。あるいは少量の顧客に単価の高いＦＰＧＡを提供してきた。しかしこれらは本当の解決策ではなく、半導体産業も新しい「上部構造」としての「本格的なFlexible Manufacturingのソリューション」を開発しなければならない段階に来ている。これがこれからの半導体産業の土台と上部構造の矛盾、乖離を克服する「新しいイノベーションの道」であり、これが半導体産業の新しい発展につながることになる。こうした弁証法的な展開が「産業の発展のダイナミズム」というものである。

ところで、日本自動車産業は、多種少量生産という問題には早くから取り組んできた。日本の自動車産業にとっては、国内市場は小さく、外国市場でいろいろな種類の自動車に対応しなければならず、大量生産はもとより、多種少量生産にも細かく対応しなければ生き残れなかったという事情があった。つまりいろいろの市場に合った多くの車種を開発するには、「多種少量生産技術」の確立が必須であった。そのために日本自動車産業はその初期の段階から、「同期化実験」、「カンバン方式」、「ジャストインタイム」、「混流生産方式」、「シングル段取り」、「金型工程数の削減」など、血のにじむような努力をしながら、きめ細かい技術を開発して、これに対応してきた。これが、日本自動車産業が今日でも何とか善戦できている理由の一つである。（参照：『創造的破壊』三輪晴治、中公新書）

ところが何故か日本半導体産業はそうした努力を殆どしてこなかった。しかし半導体産業も、いよいよ本格的な Flexible Manufacturing の技術を開発しなければならないし、これが半導体産業の次のイノベーションの道であることを認識しなければならない。筆者は一九九六年ころから、日本の半導体産業に対して、この多種少量生産方式への取り組みや、「どのようにして造るかではなく、何を創るかにシフトせよ」と訴えてきた。しかし現実には、日本半導体産業はそれに耳を貸さなかったし、悪いことに、前述のように「システムＬＳＩビジネス」の下請け加工を「何を創るか」の答えであると勘違いしてしまった。これは、日本半導体産業のトップの判断の誤りであった。また日本の技術者も、何とか動く半導体を作るのに一生懸命になり、売れる半導体をどう作るかには全く興味を示さなかった。

Flexible Manufacturing の技術を開発しても、日本半導体産業はＡＳＳＰで欧米のファブレス・セミコンダクター企業がやっているように半導体として何を創るかの投資をしなければ、半導体産業としては生き残れない。日本半導体産業が、これからある分野のアプリケーションのシステムの研究開発投資をし、ある分野の強力なＡＳＩＣ、ＡＳＳＰを開発するには半導体の多種少量生産技術が必要となる。そしてそれが成功して販売量が大きくなれば、その時点で製造まで手掛けることも可能性がある。それも現在の台湾のＴＳＭＣ社の持っている同じ製造プロセスではなく、日本半導体産業がやるべきものは、たとえば「新しい三次元半導体（３Ｄ ＩＣ）の製造プロセス」などになるであろう。具体的な策として日本半導体産業が持っている二〇〇ミリの製造プロセスを三次元半導体プロセス（例えばモノリシック構造のもの）に改造して再生する可能性はある。

つまり、ここで日本半導体産業は、自動車産業の経験を学びながら、ムーアの法則の破綻を超えて、新しい Flexible Manufacturing というイノベーションを起こし、再生しなければならない。（ムーアの法則は３Ｄ半導体技術により更に進むとも言える）このソリューションはいろいろと考えられる。アメリカのベンチャーがそれをやり始めている。これが日本半導体産業の生き残り、再生の残された道である。

コモディティ化と複雑化の罠

一九八〇年以降、世界では「デジタル化の波」が起こり始めた。ソニーのウォークマンもテープカセットからデジタルのMDへ、VTRからDVDへ、アナログのレコードからCD-ROMへ、テレビもアナログテレビからデジタルテレビへとどんどんデジタル化が進んでいった。この動きは、製品のアーキテクチャーの変化、産業構造の変化に発展していった。そして「擦りあわせ技術」から「モジュール化」、「垂直統合体制」から「産業の水平分業化」という大きな産業構造の変化をもたらすことになった。

ところが日本半導体産業が世界で優位を占めていた時期は、アナログ製品において、あるいは擦りあわせの分野であり、垂直統合の長所が発揮できた時代であったことに気付く。世の中は、アナログからデジタル化により、擦りあわせの必須であった設計と製造が「インターフェース」の確立により分離され、半導体の設計もシステム設計から、インプリメンテーション（製造）が分離し、設計ツールが共通化されたり、半導体のアーキテクチャーでのバスが標準化され、いろいろの設計ブロックが第三者からIP（半導体回路ブロック）として供給され、比較的容易につながるようになったことにより、かつての日本のこの強みが薄れていった。これにより仕事が水平分業化し、ファブレス・セミコンダクター企業が誕生し、半導体製造のファンドリーが独立してギガファンドリーとして世界の製造を引き受けるようになった。日本半導体産業はもともと「ものづくり、製造」に強く、それに固執してきたが、DRAMに敗退し、システムLSIも勘違いして、下請けのASICに留まり、しかも開発費の暴騰で、ＡＳＩＣのビジネスの減少に見舞われ、製造ファブのチャンスを逃してしまい、「第三の敗戦」となった。

勝利したのは台湾のＴＳＭＣ（台湾積体電路製造）で、日本の垂直統合半導体企業の後退の間隙をついて一挙に製造規模を拡大しギガファンドリーを確立していった。ＴＳＭＣは、二〇一二年の売上高は一六七億ドルに達し、世界の五三％のシェアを占める。ＴＳＭＣの「ギガファンドリー」のコンセプトが正しく理解されていない。つまり単に大規模な半導体製造装置を持っているというのではなく、どんなボリュームの半導体も迅速に製造して供給するという体制をとり、他の企業が自分で半導体製造装置を持とうという気になれないようにするということである。フォックスコンという中国のＥＭＳ（電子製品の加工サービスビジネス）は一〇〇万人に近い従業員を持つ企業であるが、単に大規模な下請け加工会社ではなく、どんな量の製品の加工も、どんな納期の要求にも応じるものでこれも「ギガファクトリー」と言うべき新しいコンセプトである。こうした企業は日本の匠の技のような擦りあわせ技術を科学的に体系化し、属人という制約を脱した生産技術にしようとしている。製造という分野でのイノベーションを台湾、中国にやられてしまったということである。しかし現在の技術と経営のレベルでは利益率は低下しており、それを更に革新しようと懸命に努力している強敵である。

こうした世界の大きな流れの中で、日本半導体産業、電子産業はこのデジタル化の波に積極的に対応してこなかったきらいがある。このデジタル化、モジュール化を前提として、その上で売れる商品を積極的に開発するという姿勢を取ってこなかったことが、日本半導体産業の衰退の原因の一つであると言わなければならない。ルネサス、富士通、パナソニックという企業も未だにファブを中途半端にもった形で、このデジタル化、モジュール化に十分に対応していない。

世界の電子機器産業が苦闘していることは、商品のコモディティ化である。商品のコモディティ化により、誰でも模倣品ができるので競争企業が多くなり、価格の引き下げ競争が激しくなる。結果的に誰も儲からないものになる。この中で、コストを下げるために労働者の賃金が犠牲にされる。これが中間層の所得の減少を招き、商品が売れないという不況への悪循環をもたらす。

その原因の一つが、「モジュール化」と半導体の「SOC」（システム・オン・チップ）である。商品のモジュール化はパソコンのように、インターフェースが確立されているいくつかのモジュールを組み立てると製品ができるので、誰でも参入でき、価格の切り下げ競争に陥るが、そのモジュール化をもたらしているのが、多くの場合エレクトロニクスを詰め込んだ「半導体のSOC」であった。先述のように、半導体製造の微細化が進むと、マスク費用、設計費用という開発費（NRE）が高騰し、半導体ASIC（一企業のためのアプリケーション専用の半導体）を造ることが、ビジネスの採算という点で不可能となり、電子製品のイノベーションを阻んできたことは先に指摘した。これに対して、二つの逃げ道があった。しかし、それにはそれぞれ問題点をはらんでいたのであるが。

第一は、先でも説明したが、一つの特定顧客の専用ASICでは採算が取れないので、複数の顧客の複数のアプリケーションに同じ半導体を適用する特定のアプリケーションの標準製品ASSPというビジネス・モデルである。これが今主流になって、アメリカのASSP企業（ファブレス・セミコンダクター企業）が半導体市場を支配してきた。しかし最近では、これは同じASSPを使う多くの顧客には他の競争者との差別化が困難で、そのために商品はコモディティ化してしまうという問題が浮上してきた。この差別化の要求に対して、新しい市場での新しい商品システムに必要な半導体を供給するには、また新しいASSPを開発しなければならず、まだ量産規模が見えていない段階での膨大な開発費のために、やむなく既存のASSPを使わざるを得ない。つまりこれでは競争を優位にする差別化が困難になる。結果的にここでもイノベーションが阻害されているのである。これが現在の大きな問題である。現在のテレビ製品、携帯電話の競争がそれであり、製品組み立て企業は、誰も儲からないビジネスになっている。

もう一つは、例えばソニー（ウォークマン）、パナソニック（DVD）などが自社のシステム商品のための戦略的専用半導体ASICを開発しても、半導体ASICの開発費が高騰しているためにその部門の利益が出し難く、やむなくその戦略的な自分の専用半導体（ASIC）を外販して、利益を稼ぐということが一九九五年ぐらいから起きている。これにより一時的にその部門の利益は上がるが、多くの競争者が外売りされた戦略的な専用半導体を使って競合するシステム商品を造り、価格切り下げ競争に追いやられることになった。これは日本版ASSPとも言えるが、総体としての日本のシステム商品ビジネスの衰退になり、またその重要なシステム技術の他社への流失を実際に招いた例が多くある。こうしたことがソニー、パナソニックなどで起こり、これがそうした会社の今日の苦戦になってきていると言える。

半導体のSOCは、システムを丸ごと半導体に入れてしまうことができるので、メカニカルでは困難であった商品の「複雑化」を異常なまでに推し進めてしまった。日本の商品はガラパゴス化していると言われているが、このSOCでユーザーの使用できる限度を超えて商品の機能の複雑化が進んだ。これがコストアップになると同時に、事故やサポート、サービスの困難さを生み、商品の価値を逆に落としている要素ともなっている。

つまり商品の「コモディティ化、複雑化」に半導体SOCが加担していたということになる。デジタル化、モジュール化の波の中で、コモディティ化、複雑化になり、価格引き下げ競争に陥ることなく、利益率の高いビジネス・モデルを創りあげなければならないということである。こうしたビジネスでは、インテルのMPUや、クアルコムの携帯電話のエンジンチップのように、インタフェースをオープンにして中身をブラックボックス化する戦略で、そのシステム商品の展開のロードマップを確立して、タイムペーシングにより、真似されないように次々と新商品を投入する力がなければならない。これによりインテルや、クアルコムが利益を独り占めしているのである。

この解決策の本質的なものは、先述のように、半導体産業も開発費を安くするような「多品種少量生産方式」を確立しなければならないということである。「ジャストインタイム・セミコンダクター」を開発することである。と同時に日本半導体産業も戦略的にあるアプリケーションに対して、新しいシステムの研究開発をし、新しい電子機器としてのセット商品を創ると同時に、その中のシステム・

オン・チップを新しい「ジャスインタイム・セミコンダクター」で供給することである。

(注)　筆者の実際のビジネス活動のなかで肌で感じたことからすると、一九九七年、一九九八年ころから、シャープの有名な社長直属の「金バッジプロジェクト」(緊急プロジェクト制度)の新しいニュースが少なくなってき、ソニーの著名な研究者の名前のついた「研究室」の活動が衰えていったという印象を持っている。これは日本の半導体の新しいASICの年々の開発の数が減少してきた動きに連動しているのではないかと思ったことがある。いずれにしても日本の電子産業のイノベーションが、このあたりから衰退してきたと感じている。また日本の鉄鋼産業でも、それ以前は先端鋼炉技術、連続鋳造技術、電気炉技術がいろいろ論じられ、イノベーションが進んだが、一九九五年以降あまり新しい動きは聞かれなくなった。

これからのイノベーションの道

これからの二一世紀の産業・経済の発展には、半導体産業、電子産業は引き続いてますます重要な位置を占めるものであり、半導体は最近ではバイオ産業の分野まで関連してきており、もし日本が半導体産業を手放すと、他のこれからの日本の産業の発展に深刻な影響を招くことになることは言うまでもない。

世界の半導体産業は一九八四年までは年率二六%の成長を遂げてきた。それ以降一九九六年までは平均成長率は年一八%で推移してき、一九九七年以降スローダウンし六%程度になっているが、それでも半導体はGNPよりは高い成長を示している。そんな産業は他ではあまりない。衰退する半導体産業に対して、マスコミは「半導体産業はもはや将来のある産業ではない」と言っているが、半導体産業はますます重要な産業になることは間違いない。

半導体は他の商品と違って、これまでのムーアの法則による微細化によるコスト・メリットを価格に反映して、毎年五％から七％を「原価」として、顧客から価格を下げさせられていることを考えると、実質成長率という概念で見ると、半導体はそれを使う他の産業、商品の拡大に対して極めて大きな貢献をしていると言える。

だが現実の問題としては、半導体産業の世界では、日本産業だけが一人負けしていることである。日本では、「半導体は産業のコメ」というコンセプトで考えてきた。日本は、半導体はネジ、釘という部品のビジネスであるので、アプリケーション、あるいはシステムは自分の考えることではないというスタンスで来た。この日本の考え方が誤りであった。言うまでもなく、半導体はムーアの法則でどんどん集積度を上げてくると、部品で収まらず、システム全体がワンチップに入るようになると、もはや部品ではなくなり、「半導体は産業のコメ」という考えは破綻することになった。だが日本はそれを見ぬふりをし、無視してきたのである。これが日本の大きな躓きであるが、未だに日本ではそうした部品半導体に注力している企業があり、これをまたマスコミが煽っていることに問題がある。ニッチマーケットとしては意義があるが、それではメインのビジネスにはなれない。

そして、先述の通り、日本半導体産業は、半導体をどう造るかにエネルギーを使い、何を創るかには関心を持たなかったが、同時に世界のいろいろな市場で何が求められているのかという情報を獲得する努力を殆どしなかった。特にこれから最も大きな市場となるＢＲＩＣｓなどの新興国にはあまり踏み込まなかった。これはシステムとして何を創るかに関心を持たなかったことによる当然の結果であったが、これが日本と外国の半導体産業の業績の大きな違いをもたらした原因である。

モバイルネットワークの世界でも、エリクソンなどは新興国、発展途上国の通信の基地局製品システムだけではなく、現地でサービス・ビジネス、メンテナンスにまで手を広げて、顧客をロックしているのと同時に、市場の深い情報を得ているので、日本の企業はとても太刀打ちできない。従ってこれに必要な半導体も日本と外国とでは、ビジネスの規模が大きく違う結果になっている。つまり「マーケティング戦略」「ビジネス・モデル戦略」の問題である。

日本の半導体産業のもう一つの問題は、一九九九年のバブル崩壊後の業績悪化で、利益を出すために、せっかく長年かけて築いた海外の製造、技術、営業、サービス拠点を次々に縮小、撤退してしまったことが、今日の日本半導体産業の衰退を招いた大きな要因である。これで海外市場からの重要な情報が途絶えてしまった。

現在、日本の半導体産業で残っているものは、東芝のナンド・フラッシュ、ソニーのイメージセンサー、ルネサスの車載用マイコンぐらいである。特にルネサスのマイコンは、日本半導体産業としても、これからも更に発展させなければならないものである。しかし、残念ながら、それらも、部品に近いもので、このままでは世界半導体市場で、これからも続いて半導体商品のメインストリームとしてドライブできるものとは言い難い。つまりマイコンもこれからＳＯＣとして変貌して行くであろうと言うことである。

しかしそのルネサスのマイコンも、現時点では世界で二七％のシェアを上げていながら、どうして利益の薄いビジネスになっているのであろうか。一部には日本の自動車メーカーが、厳しい品質要求と法外に安い価格を強要しているからだと言われているがそうであろうか。これは、先に指摘し半導体の開発コストのますますの高騰によるＡＳＩＣビジネスの難しさの問題をまともに受けていることになる。

いろいろのインタービューした情報によると、マイコン・ビジネスの不振の原因が明らかにされている。一つは、日本の自動車メーカーの車載用マイコンの要求性能が厳しく、温度条件、湿度条件、耐Ｇ、静電気などで極めて厳しい品質のものが求められてきたことである。しかしこれは一トン以上の重量物としての自動車の安全性から要求されてきていることであるが、二〇年保証、不良ゼロに近い要求を満たす品質が過剰品質であるかどうかは、これから市場が裁定を下すであろう。更に、そのマイコンの価格決定力が顧客の自動車メーカーにあり、これだけの品質の商品にたいして儲けさせてくれないという不満であるが、これはビジネスという意味では、マイコン・サプライヤーとしての交渉力、戦略の問題である。問題と思われる点は、ある報告によると、ルネサスは、顧客が新製品を出すたびにそれに合わせたマイコンを一から開発するという「特注品」を得意としてきたことである。下請け体質が強く、利益を出すビジネスという意思が弱いと言われている。つまり、一番重要な問題は、ルネサスについて言えば、顧客のいろいろの供給を殆ど全部聞き、特注製品をどんどんＡＳＩＣの手法で開発してきたことである。そのために現在の取り扱いのマイコン製品の種類は五万個以上に上ると言う。ちなみにＴＩ社などの他の企業はその半分以下だと言う。とにかくシェアを上げるためにどんな注文でも取ろうとしてきたのであろうが、先述のようにASIC的に多くのマイコンを一から開発していたのでは、しかもそれぞれがそんなに量が多くなければ儲かるビジネスでなくなることは言うまでもない。少なくともASSP的なビジネス・モデルにするか、「プラットホーム的な半導体」の多品種少量生産の技術を確立しなければならない。ここにルネサスにとってのイノベーションによる再発展の道がある筈である。

つまりマイコンはASSPとしてのビジネス・モデルになる有望な市場であったが、ルネサスはこれをASICとして供給してきたために、儲からない事業になってしまった。これにたいして「フレキシブル・マニュファクチュアリング技術」を確立し、「カスタマイザブルASSP」としてやるべきである。しかし日本の車載マイコンには、もっと大きな問題がある。前述のように現在の自動車には六〇から一二〇ぐらいのマイコンとソフトが使われているが、これは技術的に限界にきており、ソフトを含めその複雑さと効率化が問題になり、これからこれらが統合される新しい自動車用のシステムマイコンの開発が進んでいるが、日本はそれが遅れているようである。これをどこが開発するかでマイコンの産業構造が一変する。

更にルネサスの問題は、これまでの複数の企業の統合によって大きくした日本の企業の問題が、ルネサスの利益率の低さをもたらしている。それはルネサスの最近の原価率が六八・八%、販売管理費率が三七・七%で、利益が出ない経営構造になっていることである。このままの体質であれば、如何に日本政府やその他が資金を注入しても、あるいは生き残りのためにルネサス、富士通、パナソニックのシステムLSI部門を切り離して合併させても、このことを改革しなければ、失敗に終わることは目に見えている。今欧米のマイコンメーカーが、東日本大震災によるマイコン供給の障害を契機に、ルネサスのマイコン・ビジネスを奪還しようと動いていることは言うまでもない。至急、多品種少量生産方式の採用、「プラットホームASSP」を確立して付加価値の高いビジネス・モデルの構築をしなければ生き残れない。フレキシブル・マニュファクチュアリング技術を確立して、ビジネスの構えを変えればルネサスの再生はまだ可能性があるが、しかし残された時間はあまりない。

(注)　日本では最近、大きな金を注入して弱い企業をいくつか集めて合併させ、「大きな規模によりに産業を再生させよう」という動きがあるが、必ずしも成功しているとは言い難い。それは「一本の矢は弱いが、三本なら強くなる」という単純な考えのようであるが、そのままの企業の状態で合併させて、重複する人をリストラしても世界でリーダーになることは不可能である。合併と言う前に、「日本産業として、どのような新しいビジネス・モデルで儲かる、しかも世界のトップになれるような企業に仕立てるか」という戦略を立てなければならない。そして「それは単独の企業では不可能か」、「合併するとどのような効果がでるか」を問わなければならない。

日本では、国家が介入するとき、個別企業一社に対しては手を出してはならないというご法度があるようだが、これが間違いである。日本産業として、「世界のリーダーに再生させるには、どういう形態が一番良いか」を考えることである。この問いかけが欠落していることが国家戦略としての合併が旨くゆかない理由である。そのためにも新しい企業組織のビジネスモデルの骨格を明確に描き、それを徹底しなければならない。

日本ではこれまでも多くの企業の合併が起こったが、日本の文化として合併前の自分の企業の人材、技術、文化にこだわり、「新しい合併した企業にとって何がベストか」という発想ができないことが明らかになっている。そのために複数の企業の総合の力が新しい合併した企業の力にならず、逆にマイナスの効果が出ているケースが多々ある。

これまで見てきたように、今ここで、戦略として新しいビジネス・モデルに舵を切らなければ、日本の半導体産業の将来はない。果敢に新しいビジネス・モデルに舵を切れば、まだ日本半導体産業が巻き返す余地はある。グローバル市場の情報を深く掘り下げて理解したうえで、新しい商品を開発し、前述のような「多品種少量生産」の問題を克服するための新しいイノベーションの道があるので、それに対して日本半導体産業は果敢に挑戦することである。グローバル市場でも再度、営業・技術拠点を強化しなければならない。

更にSOCの時代では、日本としてあるアプリケーションのシステムの研究開発投資をして、次世代の商品を創りあげ、その中でのコアになる部分を切り分け、多種少量生産技術を駆使したSOCとしての半導体を創り、ビジネスを展開することである。それが成功したとき、必要があれば「新しい製造装置ライン」（たとえば進んだ3D半導体製造技術と装置）に投資するか、そのようなファブを買収すればよい。日本産業としてはこうした道で進む必要があり、そうすれば日本半導体産業の再発展の道が開けてくる。

最近は、日本半導体産業は、謙虚に外から学ぶことをしていないと言われている。特に日本自動車産業のものづくり力から学ぶことは沢山あり、そしてその自動車産業を超えるという意識でやれば、新しい道が開ける筈である。同時に日本電子産業として強みを持つある分野のアプリケーションのシステムの研究開発に積極的に投資をし、その中の付加価値の高い部分を半導体化するという道である。これを国家戦略として推し進めることである。日本半導体産業は、かつて日米半導体交渉で、アメリカから日本は政府と産業が癒着していると非難され、大敗したが、言うまでもなく、アメリカが一九九〇年以降、半導体産業において巻き返しに成功した裏には、アメリカの「国家戦略」があったのである。一九八五年五月に国防総省と一四の民間半導体企業とで結成したＳＥＭＡＴＥＣＨで日本を迎え撃つ新しい技術を開発し、同時に国家戦略として、日米半導体貿易摩擦を起こして政治的力で日本半導体産業を攻撃した。こうした国家戦略的な動きをしているアメリカの半導体産業は、さらなる多種少量生産へのイノベーションを仕掛けてくるであろう。

日本の産業、政界の要人は、この貿易摩擦交渉の中で、アメリカに恫喝され、戦意を剥奪されてしまい、国家戦略的な動きが全くできなくなってしまった。しかしこれまで見てきたように、日本半導体産業の衰退は、アメリカの攻撃もあったが、日本自身の企業経営の誤りからきているもので、自滅に近いものであったと言わなければならない。日本も、これから国家戦略を正しく定めて、半導体産業のイノベーションを果敢に進めなければならない。

五、日本自動車産業は大丈夫か？

モジュール化の動き

久しく「擦りあわせ」の得意な日本自動車産業は安泰だと言われてきたが、韓国自動車の大躍進や、ヨーロッパの自動車の再拡大、アメリカ自動車の復権のなかで、日本自動車は、円高のハンディをも背負って、安泰ではなくなってきた。

韓国自動車の力はまだたいしたことはないと言う人もいる。韓国は確かにまだ日本と比べると基礎技術のレベルが低い。しかしこれまでの韓国自動車のキャッチアップのスピードを考えると、決して侮れない。韓国の自動車産業は、すでに日本自動車産業を超えたと宣言している。この真偽は別として、ここ数年韓国自動車メーカーは日本自動車に急速にキャッチアップしてきたことは確かであり、その商品は実際に運転してみて、日本車に限りなく迫ってきていると言える。あるいはある面では日本車を超えようとしている。特にいろいろの市場でどんな商品が売れるのかをつかむ力は、残念ながら韓国は日本産業をはるかに超えている。韓国がものづくりに目覚め、本格的に努力をつぎ込み始めてからまだ一二年、一三年である。この間にこれだけの進化を遂げたことを正しく評価しなければ、相手を見誤ることになる。

特にこれから拡大するＢＲＩＣｓ市場でのビジネス展開では、韓国は、すでに日本自動車産業を大きく超えていると言われている。もはや韓国自動車産業との競争のポイントは、商品技術や、生産技術の問題ではない。韓国は、「高度のマーケティング力」で、韓国文化をいろいろの市場に広めながら、国家戦略で、「経済領土の拡張」という言葉で本格的なグロバール・ビジネスの展開を進めていることである。韓国自動車産業のものづくりで、注目すべき点がある。それは韓国が国家戦略として、「これからのものづくりの根幹となるのはＩＴ技術である」と明確に位置づけ、「ＩＴ技術で、日本産業を超える」と宣言し、生産方式にも、管理方式にもＩＴ技術を徹底的に使っている。グループ、協力企業をも情報の共有化、見える化を大胆にし、現場もTVビデオでモニターし、中央から瞬時に問題の解決策を指示するという仕組みをとっている。これは日本のものづくりとは違う新しい道を進んでいるものであると言える。

「この超円高では、理論的には日本でものづくりを続けることはありえない」とトヨタの豊田章男氏は開き直っている。いろいろのところで、日本技術・商品の絶対的優位さが急速に後退してきている。日本自動車産業の強みの一つであった強力な部品産業構造も、自動車生産の海外移転で、解体の動きが出始めていると言う。もはや、日本の自動車部品業界は、生き残りのために「脱クルマ」の動きをし始めているところがでている。そしてここ二年で、日本の多くの部品産業、素材産業が韓国に生産工場を移している。東レをはじめ、旭化成ケミカルズ、三菱レイヨン、JX日鉱日石、住友化学、ADEKA、イビデンなどである。ウオン安と韓国自動車産業、韓国電子産業の輸出力を考えての日本の部品、素材産業の動きである。これは韓国自動車産業、電子産業が輸出を伸ばせば、その分日本からの部品、基本素材の輸入が膨らむというディレンマで、これを解消しようという韓国の国家戦略の実行の結果である。

フォルクスファーゲンなどは、モジュールの精度を一段と高め、そのインターフェースの構造を改革して、自動車をパソコンの様に組み立て始めた。これは、「擦りあわせ」の技術の優位性をのり越え、新しい自動車の生産方式を確立しようとするものである。フォルクスファーゲンでは、これをMQB（Modular Quer Baukasten）と呼ぶ「メガプラットホーム」で「レゴ式」、「モジュール・アーキテクチャー」である。エンジンなどの主要な部品をモジュールとしてさまざまに組み合わせて、組み立て精度と組み立て強度を飛躍的に高めて、大きさや用途、地域に合うような自動車を造ることである。例えば、馬力のいる車も普通の車も、エンジンは別々に開発せず、小型のものでできるだけ済ませ、高出力のものに対してターボチャージャー（過給機）をつけ、小型のエンジンの燃費の良さを生かす。これでハイブリッド車に燃費とコストで対抗できると言う。モジュールのパティション（切り分け）の技術がキーになるが、これにより、自動車の開発費を二〇％程度削減できると報告されている。

これまで電気製品、パソコンなどは「モジュラー方式」で、モジュールを組み立てると簡単に商品となり、参入者が多くなり、価格切り下げ競争に落ちいってきたが、「擦りあわせ」の乗用車生産には簡単に新規参入者は入れないし、産業内でも価格切り下げ競争にはならないと言われてきた。初期の自動車の設計アーキテクチャーでは、クオーターパネル、フードパネル、ドアーなどの寸法を少し変えると、その影響が他のいろいろの部品におよび、他の部品の設計変更を余儀なくされ、プレス金型の製作中に数えきれないくらいの設計変更が続き、大きな無駄をしていた。しかし最近は「擦りあわせ」と言っても、自動車はだんだんモジュール的な塊に分割されてきており、モジュールの中での変更は、外のモジュールに影響しないようになりつつある。つまり「擦りあわせ」といわれた自動車も、だんだんモジュール的な組み立て方式に進化してきている。コックピト・モジュール、フロントエンド・モジュール、シャーシー・モジュール、トランク・モジュールなどである。「擦りあわせ」

ということはむしろ設計段階での、部品間、モジュール間の「擦りあわせ」になっている。そういう意味では、モジュール方式といわれるパソコンも設計段階では、ソフト、ハードを含めての擦りあわせは十分やっている。

擦り合わせのリーダーであった日本自動車産業は、最近設計段階での擦りあわせに問題が出てきているとも言われている。つまり、開発部門と現場の技術とをつなぐ生産技術者の技能が劣化して、肝心の「擦りあわせ力」が弱体化していると報告されている。これは最近の日本自動車のリコール問題が増えていることに現れている。そうした意味で、日本自動車産業はものづくりの基本に再度立ち返り、そこからの進化を考えることが重要になる。こう見てくるとフォルクスワーゲンのＭＱＢ方式、「レゴ式」「モジュール・アーキテクチャー方式」は、これからの一つの方向であるといえ、日本のものづくりもこの点を十分考慮する必要がある。

これまで世界の自動車メーカーは、それぞれ独自の設計方式、生産方式を貫きながら、グローバル市場での競争に挑戦してきたが、二一世紀に入り、それらのいろいろの方式の優劣がビジネスの上で明確に現れてくるのではないかと思われる。機械設備の能力の理論限界に挑戦し、それを中心にいかに効率よく生産するかという道、あるいは人間の働きを中心にしてそれをいかに効率よくして自動車生産を進めるかという違った道があった。また問題解決を作業者全員で絶えず進めるか、あるいは問題解決は中央で集中的に、迅速に行うやり方がある。しかし、一つに収斂するということではないが、これらの方式がこれからいろいろと再編成されることになろう。これもグローバル市場の変化の中で決まるものである。

だがこれからは自動車一般を製造という「ものづくり力」だけで論じてみてもあまり意味がなくなる。グローバル市場時代では、いろいろの市場における自動車商品を再定義し、どんな自動車を造るべきかを主眼にしなければならなくなった。そういう意味で、自動車の駆動システムという意味で、日本が、圧倒的に強いというハイブリッド・エンジンは、これからの決め手になるのだろうかということを客観的に自問してみなければならない。その価値が、市場にとって、どこに存在するのかである。現在の電気自動車の走行距離がまだ短いためということであれば、ハイブリッドの存在価値は低くなる。最近ガソリン・エンジン自体の燃費の向上が著しく、ハイブリッドの特長である燃費に迫ってきている。そうなると高級車は別としたら、普通車、軽自動車ではハイブリッドの商品は存続できなくなるのではないかと言われている。何しろハイブリッドではガソリン・エンジン、トランスミッションと電気モーター、ジェネレーターという二重のものとその複雑なコントロールシステムが必要になる。

電気自動車への道は？

これから燃料電池システムも含めて電気自動車（ＥＶ）の時代になると、モジュール方式はもっと簡単になり、極端に言えば、パソコンと同じような形での激烈な価格競争の世界になり、プレーヤーの交代が起こる。言うまでもなく、まだ世界的にＥＶ産業は立ち上がっていない。この産業が本格的にテイクオフするためには、適切な電池の技術開発とチャージ・システムの社会インフラの構築という大きな課題を解決しなければならない。しかしそのソリューションは各地で開発が進み、準備されてきている。新産業のテイクオフの直前の段階はこういう状態である。もしＥＶがこれから本格的に拡大するという確かさが出てきて、充電スタンドは儲かるものとなるということにでもなれば、あっという間に設置され、ＥＶの普及態勢が整うものである。一九七〇年代のモータリゼーションでガソリンスタンドが一挙に全国に設置されたことを見れば分かる。

この分野で新興国の自動車産業が急速に力をつけて、迫ってくる。あるいは他の産業からの参入も出てくるであろう。ＥＶの充電方式でも、先行していた日本の「チャデモ」にたいして欧米連合が「コンボ」で攻撃してきている。この二つの標準争いは、これまでのやり方では日本勢はまた敗退するであろう。技術の優劣の問題ではない。市場に根ざし、その輪を広げる方策が必要である。

燃料電池システムを含めた電気自動車については、日本では考えが違う二つのグループがある。一つの意見は、インフラから考えると、そして電池の容量その他の課題から考えると、当分は電気自動車の時代は来ない。つまり今慌てて電気自動車開発に力を入れる必要はないという考えである。二〇世紀の初めでもガソリン自動車と電気自動車が競って、電気自動車は敗退したのだからとも言う。もう一つは、ガソリンという資源、内燃機関というエネルギーの無駄、排ガスの問題から、遠からず電気自動車の時代になるであろうという意見である。特に新興国の異常なまでの電気自動車への動きをみると、その時代はすでに起こりつつあるとする見方である。

特に容量の大きい電池技術の開発は「空気電池技術」も含めて、いろいろの技術が開発されてきている。これからのインフラの構築、寿命の長い電池というハードルなどは、主導産業の開発の過程で当然解決されるものである。電気自動車がこれからの方向だという動きがでれば、それは「奔馬」のように急速に整備され、解決されると見た方が良い。これまでも携帯電話、インターネット、ネット販売、クレジットカードなどの普及の猛烈なスピードを考えると、それに対してネガティブな企業はすべてそのビジネスのチャンスを失ったように、これに関してはむやみに反対ではなく、どういうビジネス・モデルにするか、どういう戦略で普及が可能になるかの構想を描いておいたほうが良い。

最も重要なことは、これからの世界経済市場での発展、成長は、これまでの先進国ではなく、途上国、新興国であることを認識することである。そこでは先進国市場のものの考え方と商品、技術は通用しない。途上国、新興国の市場に対して「ゼロベース」で商品を開発しなければならない。その技術、商品はこれまでの先進国の商品、技術の選択とは全く違ったコンセプトが要求される。インフラと文化が全く違うために、これまでの商品の効率性、合理性は通用しないことを認識しなければならない。多くの日本の自動車会社は、ＥＶの時代はなかなか来ないだろうが、万一来た場合にそれに対応できるように技術的な準備だけはしておこうという態度である。この戦略では日本市場、あるいはアメリカ市場ではなんとかビジネスは展開できるかもしれないが、インド、中国市場などで本格的なＥＶの拡大発展の時期になって動き出すのでは、時期を失するのではないかと思われる。

だがもう少し中国、インドなどの市場の実情をよく調べてみると別の世界が見えてくる。電気自動車という意味では、中国では日本とは違った形で、マーケットが造り上げられつつある。つまりかつては中国ではどこの都市も自転車のあふれる街であったが、政府の政策で、最近急にその自転車が姿を消し、電動自転車に変化してきた。日本のような電動アシスト自転車ではない。ペダルをこがない自転車である。つまり鉛の電池を積んでいる完全な電気自転車である。それが更に大きな波となって、ガソリン・エンジン・バイクを押しのけて、電動バイクの群れがものすごい勢いで増えてきている。電動バイクは中国ではすでに年間二、〇〇〇万台生産されている。これは、現在鉛電池を使っているが、いずれリチウム電池に代わるだろう。リチウム電池も、日本勢のソニー、パナソニック、NECを、サムスンSDI（韓国）、BYD（中国）、LG化学（韓国）、BAK（中国）、ATL（中国）、A123Systems（米）が追い上げてきている。

こうした動きは、都市のガソリン・エンジンによる排気ガス問題が悪化しており、国家として燃料電池も含めて電気自動車に拍車をかけていることからきている。中国は基本的には、自動車産業を国にとって最も重要な主導産業として位置付けている。その上で中国は三つの要因でEVにこれからの自動車産業に大きな望みと決意を持っている。一つは、中国が今のペースでガソリン自動車の生産を拡大してゆくと、中国の自動車生産の量が大きいために、世界のガソリンの需要が高まりガソリンの価格が高騰するという自己矛盾に陥っていることを明確に自覚している。次に、今日の中国の大気汚染はますます悪化しており、「重汚染」と呼ばれている状態になり、このままガソリン自動車が増えると都市は大変なことになる。第三は、中国は国家戦略として世界の自動車産業のリーダーになろうとすれば「ガソリン・エンジン車では先進国にはとてもかなわない。しかし電気自動車なら互角に戦える」とみていることである。

重要なのはこの中国の国家戦略である。単なる燃料電池システムを含めた電気自動車とガソリン・エンジン自動車との商品技術の客観的な優劣で電気自動車かガソリン自動車かが決まるわけではなく、歴史的に見て、政治力、産業力に、国家の意思によって方向が決まることを理解しなければ、これからの世界を見誤ることになる。そして、電気自動車は自動車産業における「分岐的イノベーション」ととらえて開発していくことが、その成功の道になる。ガソリン・エンジン自動車がそっくり電気自動車に置き換わるという視角からすると、その実現の道が見えてこないし、これからの方向を見誤るであろう。

参考になるのがインドのゴドレジ・アンド・ボイス・マニュファクチュアリング社の開発した容量四三リットルの冷蔵庫である。これは旧来の冷凍機コンプレッサーを使わないで、ペルチェ効果をもつ半導体のサーモカップル素子を使った半導体素子冷蔵庫をビジネスにしている。効率という点では、先進国の人から見ればペルチェ方式半導体冷却はまだ十分ではないが、インドではこの製造コストは安く、これまで常温で供給していたものを冷たい食品という新しいコンセプトでビジネスを拡大するうえでは、この半導体冷蔵庫は成功している。

中国の国策的な会社のＢＹＤ（比亜迪）は、電気自動車に大きな力を入れているが、もちろんまだいろいろの解決すべき問題を抱えている。しかし中国は底辺からじわじわと中国が唯一戦える場であると思っている「電気自動車市場の環境」を力強く創りつつあるということは留意しなければならない。

インドも、タタ自動車のように独自の設計で作り上げた新しいコンセプトの自動車を最適設計で開発して、ビジネスを推し進めている。これもまだいろいろ解決すべき問題を抱えているが、タタ自動車の「ナノ」設計構想はかなりなものとして評価されており、インドも独自の新しい自動車産業の道を推し進めるであろう。

アメリカもシリコンバレーで次世代の自動車造りに動いている。インテルも自動走行を制御する新しいコンセプトのシステムとその半導体・ソフトの開発を進めており、テスラ・モーターズ社、クーロン・テクノロジー社、ベタープレイスメント社その他ダイナスティ・エレクトリック・カー社、をはじめとする三五社以上のベンチャーが新しいコンセプトの自動車の開発にしのぎを削っている。

燃料電池システムを含めた電気自動車は、後程詳しく述べる「ディスラプティブ・イノベーション」の典型的なケースになる可能性がある。ガソリンエンジン自動車と比して、まだ航続距離が短い、充電装置の整備の不足などから、ビジネスとして劣るものとみられ、これまでのガソリン自動車という主流の企業はそれを無視している。しかし、やがて電気自動車の機能、性能が進化し、そして航続距離が改良されると、「新しい大きな市場を創造する」という可能性があるからである。後に述べる「大型コンピュータ」に対する「パソコン」の関係である。そしてこれを推進するのが中国や、シリコンバレーであるかもしれない。

日本自動車産業も奢らず、世界の市場でこれからどんなコンセプトの自動車商品が求められるかを、地に耳をつけながら、しかも日本自動車産業は「ある思い入れを持った商品」に創造していかなければならない。

自動車商品の再定義

要するに、グローバル市場では、自動車産業を単一の市場、あるいは単一の商品と見ることは誤りであろうことが分かる。電動バイク、軽自動車、普通車、高級車、特殊自動車とカテゴリーとして違う多くのものが存在すると考えた方が良い。そういう意味では、これからのグローバル市場での自動車は、「分岐的イノベーション」のコンセプトでアプローチすることがますます必要になる。

こうした状況のなかで、日本自動車産業は、これから他とは違ったどんな「構え、立ち位置」で戦っていくかの戦略的な新しい行動をとらなければ、単に自動車商品において、技術の優劣、生産性の高さ、コストの安さだけでは、勝負はつかない。つまり、もはや自動車産業はどのようにしたら安くできるか、ムリ、ムダを省いて、どのようにしたらもっと労働生産性を高められるかという段階から、自動車が生まれて一世紀以上たった現在、これからの人間にとって、これからの社会にとって、自動車とはどんな意味を持つべきか、どんな自動車なら人がわくわくして喜んで乗り回してくれるかを、再度考えなおしてみなければならない時代になったのではないかと思う。

これからの新興国でビジネスを拡大するには、その国の発展に寄り添うように寄与する姿勢を持つことである。グローバル市場の中で、再度自動車がその国民にどんな価値、経験的ストーリーを与えるべきかを考えるときにきているようである。重要なことは、ここで人間の「ホモモーベンス」という視角を再度検討し、これからの自動車のコンセプトを再考し、グローバル市場での自動車を再定義する必要がある。

これまでの個性のあるヨーロッパの自動車とか、マスプロの自動車でも、寿命が長く多くの人々から愛されている自動車には、何か職人的な思い入れ、意気込みとアナログ的な感触と雰囲気が、開発された国の文化とともに刷り込まれているような気がする。日本自動車産業は、特長のない平均的なエコノミーカーではなく、そして中国、インドと直接コストで対抗するような自動車ではなく、文化に根差したストーリーを持った、開発者の強い思い、こだわりが伝わるような自動車を開発することである。必要なことは、「自動車のリ・インベンション」である。そして、この場合の新しい自動車の創造は、後ほど詳しく述べる「ディスラプティブ・イノベーション」でやることになる。

(注)　最近のトヨタの社長もこれに気付き、開発途中の試作車を一目見るなり、「ワオを感じない。ワオだよ。ワオ！」と注文をつけたと言う。

日本マクドナルドの最近の同社の業績の低迷の中で、原田社長は、「失敗の最大の要因は我々の想像力が落ち、顧客に驚きを提供できなかったことだろう。消費者が『いいね』と思うくらいの販促や商品ではダメで『グレート！』とか『ワオ！』というインパクトを与えていない」と言っている。

六、再び成長待望が湧き出す

一〇年前ごろから、「くたばれGNP！」「成熟社会への道」「足るを知る社会」などの書がでて、「もう経済の成長を追うことをやめよう」という声があちこちででた。それは高度成長のひずみとしての公害問題、資源問題が深刻になったのを背景としていた。しかしリーマンショック以降の世界経済の落ち込みに対して何とか先進国の経済を支えてくれた中国、インドの経済成長が陰りを見せてから、やはり「経済成長」がなければ、如何にカンフル注射的に金融緩和しても、更に公共投資をしても、また消費税を上げて財政の健全化を図っても、大不況からの脱出はかなわず、ますますデフレに陥ることが分かり、このままでは日本経済は本当に奈落の底に落ちるのではと心配され始めた。そこで再び経済成長を求める悲鳴のような声があちこちでてきた。日本だけではなく、世界の国々の政府もそれに呼応して「成長戦略」の必要性を強調しはじめたが、残念ながらその内容はまだ空虚なものである。これは世間が心変わりしたというのではなく、本書でも述べているように、基本的には資本主義経済の維持、発展には常に「適切な経済の成長、発展」が必須であるということが再認識されたのである。

最近EU諸国の経済の衰退がますます深刻になっている。再び戦争を起こさないという目的でEUを結成したのだが、EUの経済はますます深刻になっている。一つの問題として言えることは、「E

Uとしての新しい産業構造」を打ち立てることをしないで、ただ通貨ユーロの統一に専念してきたことである。通貨ユーロの統一は成し遂げたが、各国では独自の金融政策は自由にできないし、財政は個々で管理しなければならないという矛盾をはじめから持っていた。もっと問題であったことは、最初から肝心のEUとしての「新しい産業構造」をどう確立するかは検討もされなかったことである。EU経済が近年発展したかに見えたのは、ドイツのシュレーダーが賃金を下げる制度を造って、ドイツ商品の価格を下げ、EU内外にどんどん輸出をしたためである。他の国は安いドイツ製品を統一ユーロで借金してどんどん買って消費したことにより、一時EU経済の拡大が賞賛された。しかしそのために今日のようにEUの多くの国が財政破綻をきたしたのである。若者の失業がどんどん拡大し、EUの分裂の危険を抱えて、いまだにその解決策が見えない状況である。現在でも、EUの内部の交渉は、「既存の富の分配をどうするか」を中心に議論されており、これではゼロサム・ゲームで結論は出ず、ますます混迷を極める。EUとしての新しい産業構造を創り、EUにふさわしい新しい産業をどんどん興し、人々に多くの職場を与えなければならないということに目覚めなければ解決しない。

「アラブの春」は、経済成長が続いても国民が人間らしい暮らしができないことに対する不満の爆発であった。人口の急増のもとでの高率の失業、生活環境の悪化がこうした反乱を起こしているのである。これはアラブ諸国だけではなく、アメリカ、日本、アジアでも起こっている。国際通貨基金（IMF）も最近、「マクロ経済指標が良くても、国民が生活の好転を実感できないことが問題である」と総括した。そしてこれからは民主化支援においても、「インクルーシブ・ディベロプメント」という考え方が重要であると指摘している。つまり、多くの国民を疎外せず、すべての階層を内包する経済開発が必要ということである。今日の世界の悲惨なテロリズムは「グローバル社会での富の創造の仕組み」からはじき出され、疎外されたことによるものであり、「グローバル市場と国民国家の関係」を再構築し、「地球ベースの富の創造の仕組み」に再構築されなければならないということである。

これにはあらゆるところで、新しい産業を興し、多くの国民が職場を得て、働く喜びを味わい、生活を向上できる環境にしなければならないということでもある。つまり産業を興し、経済を発展、成長させてしか今日の世界の経済社会を再生させ、存続することはできない。

戦略構想力

日本では、一九九〇年から今日までの約二二年間に、一四人の首相が出てきたという世界でも大変珍しいことが起きている。そのたびに日本経済の再生のための「成長戦略計画」なるものを掲げてきた。一年かそこらの政府ではどんな計画も達成できるものではないが、しかし朝食のメニューのようにどの計画書も代わり映えしなく、その結果は、この二〇年間、日本経済は成長どころが衰退をし続けてきたことは冒頭で見たところである。今や二〇一三年に一五人目の首相を迎えて、この経済の衰退を何としてでも食い止めてほしいという国民の悲鳴のような叫びが聞こえる。インフレ目標を掲げて、日銀に強要して大金融緩和政策を進め、円安政策を宣言し、更なる財政出動をするとの項目が並ぶ。どの「成長戦略計画」も盛り沢山の戦略項目があるが、問題はこれらを実行すると具体的にどのような日本経済の姿になるのか、本当に日本経済は良い形で再生するのかの詰めがなされていないものが多い。

戦略の「構想」とは、先にも述べたように、これを実行すればこの目標を達成できるという扇の要になるものを特定し、その「要」を実現するには何が必要かという思考を手前に遡って順次重ねると、最終目標を確実に達成する筋道が描ける。膨大な数の要素を間違いなく組み合わせて、その整合性を綿密に確認することである。「戦略」を実現できるような「構想力」が日本は弱いと言われている。この思考とプロセスを訓練することである。企業においてもこれが言える。ロケットの打ち上げを成功させるには、数百万という膨大な数の正しい部品を間違いなく組み合わせて、その整合性を綿密に確認することが必須となる。一つでも間違うとロケットの発射は必ず失敗する。経済の発展・成長計画も然りである。しかし多くの場合「経済成長戦略計画」そのものが初めから間違っているか、その通りにやっても成果の出ないものであったりする。その具体的な計画の詰めと整合性が十分検討されていないという欠陥がある。

しかし「本当に望むべき経済の動きとその成果」が何であるかを明確に描き、それを実現するには何をしなければならないか。その何かを実現するには更に具体的に何をしなければならないかと言う「手段とその成果の連鎖」の展開をしなければならない。いきなり手段としてのインフレ誘導をし、円安のために紙幣をどんどん印刷するということではなく、その手段の影響と目標への実現性の整合性をとることである。二％の消費者物価のインフレを起こすにはどれだけの経済成長が何年間必要か?。物価は上がっても働く者の給料が上がらなければ所得格差はもっと悪化し、国民の生活は疲弊する。インフレになれば自動的に給料も上がるということれまでの常識はもはや通用しない。感情で動く人間の渦のなかでどうインフレを制御するのか?。円安はどう産業・経済・社会生活に影響するのか?などの関連と整合性をとらなければならない。

これが「構想力」である。原因と問題を「相関関係がある」というのと「それが直接の原因である」というのは必ずしも一致しない。インフレにしたら何が起こるのか?　円安にしたらどんな影響があるのか?金融緩和したら何が起こるのか?を考えてみなければならない。更に重要なことは、ロケットと違って「経済社会の動き」は人間の感情でも揺れ動くものだということだ。

そして産業における「経営戦略」とは、企業が「利益を上げ社会に貢献する」ためのものである。そのための「戦略構想」は、価格切り下げ競争ではなく、「競争相手と似て非なるもの」を創りだすことである。競争相手と同じ武器で、白兵戦を展開するのではなく、競争相手とは全く違った戦い方をして勝利をあげることである。場合によっては競争相手も最終的に自分の家来か、パートナーにして活動させることである。これは後で述べる「ディスラプティブ・イノベーション」に通ずるものである。こうした「戦略構想力」をつけなければならない。

第三章　何故日本産業は衰退し、転落したのか

一、売れなくなった日本商品

「プロダクトアウト」

先に日本産業の問題として、日本の半導体産業を見てきたが、それでは日本産業が何故衰退しているのかを探ってみる。日本の商品が売れなくなったのは、単に円高とか国内の賃金が高いということだけではない。日本の商品が世界の人にとって魅力がなくなってきたと受け止めなければならない。他人が喜んで買ってくれる商品を生産して販売するというのが資本主義経済の生産の基本であるが、日本の今日の商品はこの要件から外れてきていると言われている。そして「メイドインジャパン」というかつての日本の高いブランド・バリューが急速に下落してきたことである。最も深刻な問題は、日本の経営者、技術者が、これに気づいていないことだ。最近の例では、アメリカのアップルの商品で、あるいは韓国の家電商品、自動車で、このことが鮮明に示されてきた。

日本産業は、グローバル市場の現場と、その顧客を知らないと言われている。そして日本産業はいまだに、日本市場の中で、自分の技術、商品を中心に改良をするだけの「プロダクトアウト」の穴に籠っている。これは経営学の初歩の教科書に書いてあることだが、それができていないという意味で、大変深刻な問題である。言うまでもなく、日本の産業は、一九六〇年頃から「品質管理」「トータルＱＣ」を国民運動のような形で深めてきたので、「プロダクトアウト」ということがいかにご法度であることかは誰でも知っていたのであるが、一度「ものづくり世界一」と言われる座につくと、その基本的な本質を見失うことが起こるものである。これが今日本産業で起こっているのである。つまり重要なことは「造ってしまった商品をどう売るか」ではなく、「売れる商品をどう開発するか」である。誰かが言っていたが、サムスンは「売れる液晶が良い液晶」と言い、シャープは「良い液晶は売れる筈」と言う。

資本主義経済社会における、技術・産業・市場の状況は常に変化している。商品のデジタル化、ＩＴ化・ネットワーク化、グローバル市場化という点において、ここ一〇年で世界の状況は大きく変化してきた。また中国、インドという巨大市場を持つ国が、これまでの先進国の資本主義市場に本格的に組み入れられてきた。中国、インドなどは「後発優位の図」で、先端技術、先端設備を採用して、突如として競争のポジションを変えてくる。本来産業・企業は、その外界の条件、市場の大きな変化の中で、商品、サービスの内容を変化させ、それに適した新しい利益を上げる方策・戦略を常に刷新しながら事業を展開するものである。しかし日本産業は、技術的に先を走っていたために、この急激な状況の変化に適切に対応できなかったということであろう。

重要な問題は、世界のいろいろのマーケットの現場を十分認識せず、自分の持っているこれまでの技術・商品に固執し、売れなければ価格を下げて提供するという悪い態度を変えることができなかった。日本産業は、状況の変化のなかで、どこに儲かるビジネス・モデルがあるかを考えながら、企業の構えを変えるような、「戦略的思考と行動」をとらなかった。経営の基礎的な考えと取組みが間違っていたと言わざるを得ない。

したがって日本産業は、技術開発では世界的に先行していたが、市場が立ち上がるときには、「市場は何を価値があると考えているか」を問わないために、外国の企業に市場を席巻されてしまったという失敗を繰り返してきた。この失敗の例は枚挙にいとまがない。DRAMメモリー、液晶パネル、DVDプレーヤー、太陽光発電、カーナビ、SSD（フラッシュ・メモリー・ドライブ）などはこの例である。

マーケティング戦略力

この日本産業の衰退の原因の一つが、ビジネスをしようとする市場の現場を十分理解し、何が望まれているか、どんなものなら売れるかという「マーケティング戦略」のいろはの基本ができていなかったことである。これも企業経営のいろはであるが、「売れる商品をどう開発するか」である。日本産業は、これまで「日本で売れているものは、どこでも売れるはずだ」ということでやってきたが、今やそれは有効でなくなった。筆者は過去三〇年日本で売れるものを海外に展開し、特にアメリカの半導体、ITの技術をまず日本市場に紹介し、そこで成功すればその技術・商品は世界で売れるということでビジネスをして成功してきたが、ここ五年でそれが無効になってしまったことを経験している。

図3-1　シェア下落のペースが加速

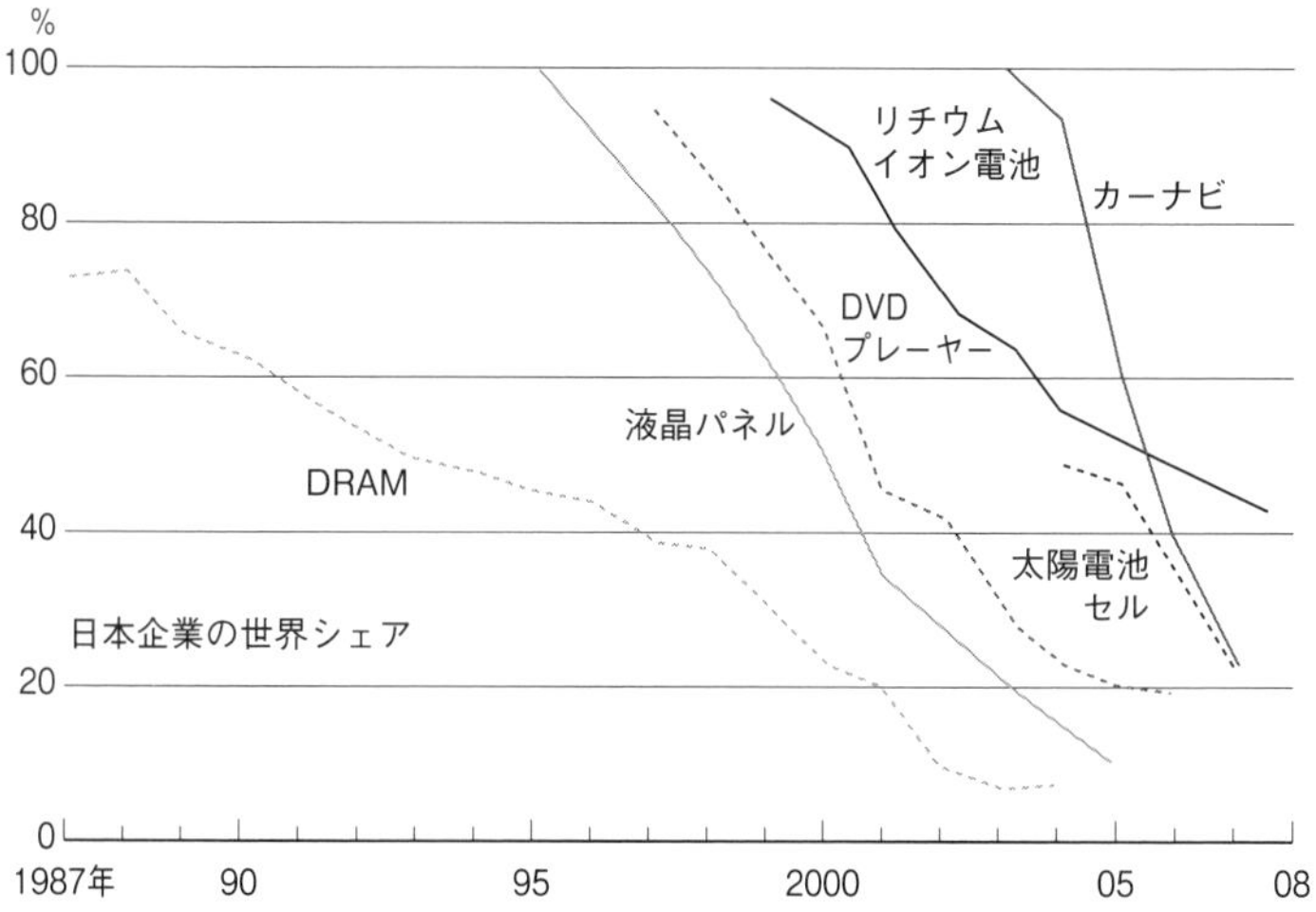

出所：東京大学ものづくり経営研究センター小川紘一・特任研究員。

つまり今日の日本産業の問題は、「マーケティング力」の問題であると言えよう。日本では「マーケティング」という仕事を「市場調査」、あるいは「販売促進」、そのための資料の作成が仕事であると誤解してきた。「良い商品は」売れるものであると考え、「出来た商品を売る」ことに専念してきた。ところが韓国のサムスンは「品質は顧客が決めるものであり、メーカーが勝手に決めるものではない」と言っている。適正品質は、いろいろの国、市場での所得層のレベルによっても異なるものである。

しかも、「ものづくり力」についても、日本電子産業の敗退を見てみると、商品がある市場で売れるために必要なスペックと価格から逆算して、コストを決める製品計画、製造工程計画を立てることになっていなかったという信じられないことが起きていたことが明るみに出た。

図 3-2　デジタル家電の下落率

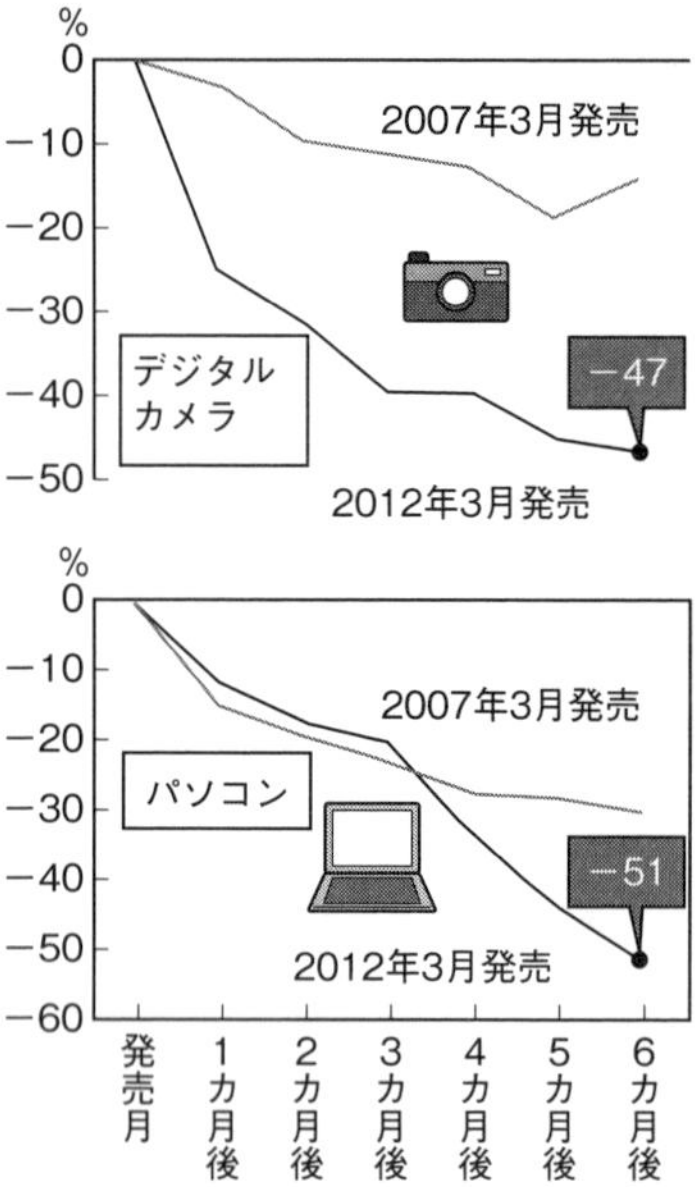

出所：BCN 調べ。発売月の平均単価からの下落率。

日本の半導体ＤＲＡＭのケース、携帯電話、プリンター、ＦＡＸなどという電子機器がガラパゴス化という過剰品質になっているという例は枚挙にいとまがない。これは日本産業の戦後から一九八〇年までの奇跡的な発展による「成功の代償」であるとも言われている。

日本産業の強みとして、これがあるから安泰だとされていた日本の素材産業、部品産業も、今や韓国、台湾、中国から狙い撃ちを受けており、その技術、ノーハウが奪われようとしている。これまでの日本自動車産業、電子産業の強みは、実は日本の素材や部品産業の強さの上に成り立っていたものである。これがバラバラにされ、韓国、中国、台湾に技術を持って行かれると、こうした日本産業の競争力は簡単に破壊されてしまう。

こう見てくると、日本産業の衰退は、経営の基本的なこと、当たり前のことをいつの間にか手抜きしていたということがわかる。必要なことは、ここで基本に立ち返ることである。そしてこれからは「マーケティング力とものづくり力」を統合し、グローバル市場においては、これまでのように「こちらから商品を開発する」のではなく、「あちらがわで商品を開発する」のでなければならない。日本産業はこのポイントの本当の意味を十分理解しなければならない。これを「ディスラプティブ・イノベーション」のところで、更に掘り下げて検討することにする。

二、日本産業の組織構造自体の問題

この日本産業の「経営戦略力の不能」による衰退は、ある部分、日本産業の今日の組織構造そのものからもたらされているものである。外国人からは、日本産業は、技術力はあるが、成功するビジネスのための行動の意思決定がタイムリーにできないし、多くの場合その適切な意思決定がされないで終わっていると見られている。こうした声は日本企業とビジネスをした外国企業の多くのトップが感じているものである。

責任蒸発

その問題の一つは「責任蒸発」と呼ばれているものである。日本の企業組織は、管理の階層が多く、ヒエラルキーの末端は命令に対して思考停止状態になっており、誰も責任をとる者がいなくなっていると言われている。つまり多くの社員は、命令するものが全責任を持っているものと思い込み、自分はその代理人だと考え、その件に関して何も考えることをしない「思考停止状態」に陥る。このことは日本の大企業にたいするいろいろのサーベイで明らかにされている。つまり、経営戦略は事業部門の経営責任者自らが決定するものではないと考える人が多くいるということであり、トップは、戦略目標の指示はだすものの、実際の決定は職能部門の長が責任を持って行うものと思っている。しかもその職能部門の長は、先述のように、トップが全責任を持っているものと思っているということで、「意思決定の真空地帯」が存在するのである。

多くの経営幹部は自分の立場から見て、あるプロジェクトに対して、一応いろいろのリスクがあることをつぶさにあげつらうことはするが、だからそれをやめようとか、実行しようとかいう戦略の決定には関与しない。一応リスクのあることを指摘しておいたということで責任を逃れようとしている。

三品和広氏は「日本型企業モデルにおける戦略不全の構図」（『組織科学』二〇〇二年 Vol.35 No.4）で、日本の代表的な大企業（売上高二兆円強、従業員六万人）の三〇人の事業経営者を対象に直接聞き取り調査をした結果を次のように述べている。「戦略は自ら決めると質問状で自己申告した人は三〇人中の一五人に過ぎない。一一人は自分は指示をだすものの実際の決定は幹部、すなわち職能部門の長にまかせるという。残りの四人に至っては、指示の内容が戦略目標の提示にとどまっているという」、「戦略や方針や事業目標やビジョンに言及したのは四人に一人の割合を下回っている。こういう大事なことはみんなで決めるものという意識をのぞかせる結果である。自ら決めてトップダウンで下達するという意識を持つ人はあくまで少数派にとどまっている」。

企業の多くの幹部が積極的に関与するのは既存事業の売り上げのリニアな拡大の戦術、市場占有率の拡大への方策についてである。しかしこれは企業の大きな発展という「戦略」とは程遠いものである。実際ある大手の日本企業は、本当に成長するかどうか定かでない新しい産業には手を出さないと明言しているものがある。つまり日本産業は、既存の事業のリニアな発展を考えており、リスクを冒して新しいビジネスへ挑戦することを避けている企業が多いことが分かってきた。日本は、リニアな企業活動の拡大をする「操業者的経営者」が大半であるというのが実情のようだ。

合成の誤謬

もう一つは、組織における「合成の誤謬」である。日本企業は、戦後産業の復興、キャッチアップで、最も効率の良い「分業体制、専門家の育成」で組織を作ってきた。それぞれの分割された職務の組織では自分たちの職責を全うするために全力を尽くす。これは日本産業が戦後の復興を効率よく成し遂げる上では最も適切なものであったが、キャッチアップを超えて、更に発展する段階になると、このやり方はバックファイヤーを起こしてきた。

特に日本の技術者は、「仕事での失敗」は恥と同時に自分の命にかかわるものと思ってきた。それゆえに技術者は自分の持てる経験、技能の価値と立場を守るために、そして自分の存在を明確にし、自分の保身のために、無意識的に自分の仕事に対して失敗しないように自分の担当の仕事の「安全係数」を不必要に高める。これが商品を複雑な、高品質なものにしてしまい、結果的に競争力を殺いでしまうという結果になる。

つまり、各モジュールの設計部門は、担当するモジュールにおいて技術的な不具合を起こさないように、そこでの安全係数を余分に入れて設計してしまう傾向がある。また製造部門も製造のプロセスで不具合が起きないように万全を期すために余裕のありすぎる生産工程を計画するように動く。これが過剰品質のものづくりとなり、企業としての競争力を悪化させることになるのは言うまでもない。品質・検査部門も不具合を十分摘出するためのテスト項目、テスト回路を造る。調達の素材で不具合が出ないように素材の要求仕様を厳格にする。すべて各組織の部門は自分の職責を全うし、自分の仕事で不具合を起こさないようにするためにあらゆる努力をする。しかしこうした各部門の努力を総合すると、出来上がった商品は市場で競争力のないものであることが後でわかる。これが「合成の誤謬」である。しかしすべての技術者はこれが企業のためになるものと信じて疑わない。これが問題である。

最近では、日本企業の内部の技術会議で、参加者に「正直に自分の安全係数を申告するよう」に指示している企業があると聞いている。しかし技術者は自分の利害に関係するために、なかなか本音は吐露しないものである。また日本は長年の品質管理運動で、何でも文書化し、マニュアル化してきたが、一旦文書化するとその変更はなかなか困難で、これが改良、イノベーションをしばしば阻んできた。マニュアルは、常に改良してゆく変化の記録として考えるべきで、マニュアルを基準にして仕事を進めると、企業は衰退する。「法令遵守が日本を滅ぼす」と言われたことが社会で現実に起っているのであるが、こうしたことが日本企業で実際に起っているのである。

この問題が起る要因は、日本企業にはものづくりの全体のプロセスを見渡せる人材を十分育てていないことであり、その総合調整をする必要性を感じていないために、そもそもその役目の部署が欠落している場合が多い。これは分業体制、専門家政策という日本の産業の歴史的発展の文化の欠陥である。またこれが日本製品の過剰品質、ガラパゴス化をもたらしている一つの要因である。最近「ガラパゴス化が日本を救う」という天邪鬼な人がいるが、高度な技術、あるいは複雑な製品機能は、その価値が市場で評価され、それが商品として大いに売れる場合に限るものである。日本のＤＲＡＭの敗退はこれに起因していると言える。

また、部分、部品は高度な技術を上手く駆使しているが、全体のシステムとしての商品は、不具合があったり、市場に適さないという問題もでてくる。日本では戦後、基本的にはアメリカの大量生産方式をもとに、「精度と部品の互換性」で、精度の高い良品の部品を造れば、それを組み立てるとそのままで良い品質の全体の製品ができるという考えが染みついている。従ってそこでは全体の調整の必要を感じていない。逆に「全体の調整」は不必要なことで、あってはならないと考えている。しかし商品に電子部品、ソフトウェアが入ってくると、そうしたやり方では求めるような商品はできない。特にソフトウェアの世界では、ソフトウェアの部品としてのモジュールはできても全体としてそれを繋げた時、それがうまく動くかどうかを確認のための高度なシュミレーションの技術が必要になる。これが日本産業はまだ大変弱い。最近の日本の自動車の欠陥で、このような問題があったことはまだ記憶に新しい。つまり日本は、「全体最適」の重要性を認識していないし、従って全体を見渡せる技術者、管理者が不足しているのである。日産自動車にルノーのカルロス・ゴーンが入ってきて、一番最初にやったのは全組織に太い横串を通し、「合成の誤謬」をなくそうとしたことにより成果を上げたことはよく知られている。

低価格商品が不得手

第三は、日本企業は低価格商品が不得手ということである。この問題は、日本の労賃が高いということとは関係のないことである。これから新興国の市場では、その市場の所得水準に合わせた商品の開発、生産が求められるが、日本産業には、これに問題がある。

日本は、戦後アメリカの商品の改良、コストダウンを進めて成功してきたが、日本の技術者は、技術のより良いもの、より高度な商品への改良をすることが「錦の御旗」となり、それを成し遂げるのが自分の価値であり、仕事と思っている。つまり、安い商品、グレードの低い商品を開発するのは技術者として名誉なことではないと思っている。従って一旦高精度、高機能の製品を開発して、それをコスト・ダウンする仕事は別の人が担当するというおかしな組織になっている。多くの場合、コストダウンは購買部門がやるか、あるいは別組織の「原価低減部門」を設けてそれにやらせていることが多い。しかもそのような仕事は名誉のある高級な仕事とはみなされていないことである。

日本では高度な商品を造るのが技術力、ものづくり力と考えているが、「安く造ること」も「立派な技術」であり、「立派なものづくり」であることを忘れている。本書で取り上げる「ディスラプティブ・イノベーション」にも、これは欠かせないものづくり力である。つまり、コストを下げるには当然ながら商品の企画、設計の最初の段階から取り組まなければ不可能であることは世界では常識である。これが弱い日本企業がまだ多く存在する。

現在かなり改良されたが、日本の技術者は先進国市場の商品の開発に従事することに憧れるが、後進国の市場の商品に開発、ビジネスの担当にまわされると降格されたか、左遷されたとみるものが多い。これからのグローバル市場では「ボトム・オブ・ピラミッド」という視角からも、市場の中心は後進国、新興国である。それには、低価格商品か高価格商品かという考えではなく、その市場で売れる適切な商品を開発しなければ企業は生きてゆけないことを銘記すべきである。グローバル市場で、価値のある市場とそうでない市場があるという考えを捨て、日本産業は、外界の変化とともに、その企業文化を変えてゆかなければならない。重要なことは、これから市場が拡大するのは先進国ではなく、新興国であることだ。

「ディスラプティブ・イノベーション」のところで詳しく述べるが、これから市場として伸びるところは、日本、アメリカではない。中国、インドなどのＢＲＩＣｓである。これから世界の資本主義経済市場の中心となる途上国、新興国での商品は、これまでの先進国市場での商品とは全く違う。先進国市場に対する商品とはコンセプトが全く違うものが要求される。これまでのグローバル化では、先進国向けの商品をダウングレードしたものか、古くなり捨ててしまった技術、設備を後進国に提供するというものであったが、もはやそれでは通用しない。開発の中心をこれからの市場に移すことである。「こちら側で造るのではなく、あちら側で造ること」である。そこで「ゼロベース」で全く新しい商品を開発し、場合によってはこれまでよりももっと進んだ先端技術を起用しなければならないものもある。こうした商品がまた逆流して、先進国の市場に新しいイノベーションとして提供されることが起こるということである。そういう意味では、日本産業の「低価格商品の開発が不得手」という欠陥を改めなければならない。

三、日本企業の経営戦略力の不能

経営戦略

外国の企業と比較してみると、日本産業は「経営戦略」ということについて明確な考えがないこと、その施行力が弱いということがわかる。「戦略」とは、経済・産業環境の変化の中で、企業全体として、目標の収益を上げるために、発想を変え、勝てる「新しい立ち位置」、「新しい構え」を構想し、それに大きく舵を切ることである。製品の改良、改善、生産技術の革新という戦術的な次元のことではない。また戦略とは、既存事業の業績のリニアな改良のためのものではないことは言うまでもない。

「戦略」を理解するうえで、面白い二つの例がある。それはアメリカの「インテル」と日本の「セブン・イレブン」である。

インテルは、もともとメモリーのＤＲＡＭの最大手企業であったが、日本半導体メーカーがＤＲＡＭの性能、品質の改良、コストの削減を推し進め、そのシェアを食っていったために、経営難に陥り、倒産寸前になった。そこでＤＲＡＭのビジネスから撤退して、日本のビジコン社からアイディアをもらった「ＭＰＵ」（マイクロプロセッサー）に社運を賭け、次の発展への道に舵を切るという苦渋の決断をした。折しもＤＲＡＭの主たる市場がメインフレーム・コンピュータ（ＭＦＣ）からパーソナル・コンピュータ（パソコン）に移行し始めた時で、インテルはこれから伸びるであろうパソコンの中心的なコアである「ＭＰＵ」を自分の商品として開発し、ビジネスを展開した。インテルは、ＭＰＵの中身をブラックボックスにして、そのインターフェースをオープンにし、周辺のチップ、ボードの企業を巻き込んでそれを造らせ、急速に成長し、膨大な利益を上げた。これによりＭＰＵの独占的な地位を築き、世界のパソコンのビジネスの八〇％の利益をインテルとマイクロソフトが支配していると言われるまでになった。すなわちＤＲＡＭ事業から撤退し、全く新しいＭＰＵのビジネスに果敢に転身し、大成功した。つまりインテルは、生死をかけて企業の「立ち位置」を大きく変え、収益力を伸ばすための「変化を起こす」ことを果敢にやったのである。「変化を起こす」とは、これまでとは全く違った新しいマーケットを創造して、「企業の立ち位置」を変えることである。これが「経営戦略的な意思決定と行為」である。

企業が持続して発展するのは、市場環境、経営環境の変化の中で、ビジネスの立ち位置、構えを果敢に変えながら進むことができるかどうかである。インテルのように一時世界のＤＲＡＭを支配していた企業が、業績が悪化してきたということで、その柱であるＤＲＡＭのビジネスを中止することは簡単にはできない意思決定である。日本の企業であれば、ＤＲＡＭのビジネスの挽回のために労務費を削るなどをして、価格切り下げの泥沼競争をするのであろう。インテルはその成功の可能性を冷徹に判断し、ＤＲＡＭビジネスを断念した。これが戦略的な行為である。

インテルの凄いのは、パソコンの性能の発展の「ロードマップ」を創り、それにそってＭＰＵの「性能の向上ロードマップ」を公表して、パソコン市場の発展の「ペースメーカー」のポジションを確立して、パソコン市場を牽引してきた。そのための技術的な基盤としての「ムーアの法則」によって、自ら半導体の微細加工の進展をリードしてきたのである。つまり戦略として半導体産業の「ビジネス・アーキテクチャー」をリードしたのがインテルである。

もう一つは、セブン・イレブンのケースである。これは、イトーヨーカドーがゴールドマンサックスの所有していたアメリカのコンビニエンス・ストアであるセブン・イレブンを買収し、日本でそのビジネスを展開したものである。もちろん日本のセブン・イレブンは、アメリカの経営方式をそのまま導入したのではなかった。いやむしろアメリカのものを換骨奪胎して、新しい経営システムに仕上げた。この会社がいろいろの失敗を通じて学んだことは、「将来あるいは明日コンビニで売れる商品を人間が予測することなどできない」として、ＰＯＳなどのＩＴを駆使して、日々売れるものをリアルタイムで把握し、その刻々の「変化に即応する態勢」をとった。つまりものが売れるという「実際の販売の実績の変化にリアルタイムに即応すること」であった。下手に人間が推測して予想をすることをやめることにしたのである。

こうしてセブン・イレブンはコンビニのビジネスの新しいモデルを創り、世界的な企業に成長した。「変化を起こす」のではなく、「変化に即応する」という考えである。グローバル社会の進展の中で生き残るには、経営哲学として、外界の「変化に対して即応する」ことも大切であるが、また自分の立ち位置、構えを変えるという「変化を起こす」という姿勢も重要になる。

インテルもセブン・イレブンも、どちらもビジネスとしては成功しているが、セブン・イレブンが現在のコンビニがビジネスとして衰退してきたとき、次の新しい「ビジネスの構え」を果敢に構築できるかとなると、セブン・イレブンはまだその点では未知数である。もちろん巨大企業になったインテルがＭＰＵをやめて新しいビジネスに乗り移る果敢な変化を起こせるかどうかはまだわからないが。しかしこの二つは、これからのグローバル社会でのビジネスにとって極めて重要なヒントをわれわれに与えてくれている。

アメリカのGE（General Electric）は、儲かる事業に常に「立ち位置」を移し続けている優良企業である。日本産業に家電商品を襲撃されて、それを果敢に捨て、金融ビジネスにシフトしたが、リーマンショック以後それから資源国への投資を拡大している。またGEのCEOのジェフリー・イメルトは最近、ものづくりをアメリカに回帰させると宣言している。アメリカのフェデックス社も今や空輸から陸送に立ち位置を変えようとしている。こういう大きな「ビジネスの構え」を常時、果敢にシフトできる経営力がこれから必要になる。これが「戦略力」である。

経営の構え・立ち位置の刷新

殆どの日本の企業のトップマネジメントのレベルでは、企業の柱になる事業の大きな転換という「戦略」ではなく、既存の商品、技術の延長での改良、改善という「戦術」をどうするかに終始していると言われている。五年先、一〇年先のための新しい市場の開拓、新しいビジネス・アーキテクチャーを求めて、勝てる新しい「立ち位置」、「構え」に大きく変える思考と実行の動きがない。こうした日本産業の経営戦略能力のなさが、企業を利益の出ない体質にしているのであり、これでは次の発展のための効果的な戦略投資ができない。これには、別のところで述べるように、「科学」と「技術」を峻別することで対応し、既存の「技術」の延長線ではなく、常に「新しいパラダイム・シフト」による企業の構えを追い求めるという企業文化が必要になる。

企業経営の基本は、「他社とは異なるビジネス・モデル」で、しかも「市場を喜ばせるものを提供する」ことである。シュンペーターのイノベーションのコンセプトも「これまでとは違ったやり方でものごとを行うこと」であり「いろいろの要素の新しい結合」である。「市場、社会を喜ばせる」ので利益が出る。しかしそれを「他社とは違ったやり方」でビジネスを行うことが肝要となる。この二つが満足されているかを常に自分に問いかけ、そうでなければその必要な方向に経営の「立ち位置」、「構え」を変えることである。

残念ながら日本の普通の経営者は「同業他社と同じやり方」でなければ失敗するという呪文に取りつかれている。競合他社が新しい技術の開発に手を染めたという情報が入ると、日本の会社のトップは「後れを取っては大変なことになる。我が社も直ちに開発に着手せよ」と命令を出す。日本の普通の経営者が明確な指示を出すのはこの場合だけである。

先ほど日本半導体産業の問題点について見てきたが、日本のＤＲＡＭの敗戦も、対象のアプリケーションがメインフレームコンピュータ（ＭＦＣ）からパソコンにシフトしたとき、果敢にＤＲＡＭの設計機能アーキテクチャー、製品アーキテクチャーをＭＦＣからパソコンに刷新しなければならなかったが、日本半導体はそれが技術的にも、経営の決断でも大変弱かったということである。つまり外界の変化、戦略の変化により果敢に「立ち位置」「構え」を変えなければならず、商品においても設計アーキテクチャーを果敢に変更し、市場に打って出なければならないということである。

新しい企業の立ち位置、新しい構えをいつ構築すべきかは、その企業の収益の内容と経済環境の変化から長期的な視点で判断されるものであるが、ある新しい「立ち位置」「構え」を実際に構築しようとしても、それを実施する戦略的アプローチが日本産業は大変弱いと言わなければならない。あるべき姿を実現させようと目的を設定したいとき、まずそれが成功するための大きな筋道を描くことである。この目標の実現のための大きな筋道を立てることが日本企業は大変弱い。目的を設定して、それを念仏のように唱えているとそれが実現できるものと勘違いしている。

目的を実行することにからむ必要な諸要因のうちから、これができれば目的が実現できるというものをまず特定する。特定したその扇の要のような要因を実現することを「逆算で」実行にむけて「手段―目的の連鎖」の筋道を創り、これを繰り返す。そうした構想の一連の筋道を実行し、目的を達成する。こうしたアプローチが日本企業は一般的に弱い。だからアイディアはあっても、日本産業がそれを効果的にビジネスとして実現、確立したものは、残念ながら極めてすくない。今日の日本政府の成長戦略計画もこの問題をはらんでいる。

これからの、グローバル・ビジネスでは、「新しいビジネス・アーキテクチャーの仕掛け合い競争」が常態となる。例えば二〇一二年六月に、フラット・ディスプレーパネルで液晶や、プラズマで先行していた日本勢は、韓国のサムスン、ＬＧにやられてしまい、今度はソニーとパナソニックが手を結んで有機ＥＬ（エレクトロ・ルミネッセンス）での大型パネルで挑戦しようとしている。しかし問題は、テレビで大敗した日本産業が、フラット・ディスプレーパネルの市場で、この「日本丸連合」のような「ソニー・パナソニック連合」が本当に、戦略という意味で新しい有効な「構え」と言えるかどうか、またその連合が世界をリードする企業となって成功する見通しとそのビジネス・モデルおよび構想があるかである。つまりこの日本丸連合が「戦略的な挑戦」と言えるかどうかであるが、どうもそれが定かでない。

最近NHK、パナソニックなどが、二〇二〇年以降の実用化に向け開発している次世代テレビ技術がある。現行のハイビジョン放送の一六倍の高精細映像を目指しているが、高精細になったとして、これを市場が喜んで採用する価値になるのかどうかである。また戦略としての「ビジネスモデル」をどう展開するのかも極めて重要となる。技術は先行したが、ビジネスの展開の時点で外国勢に持って行かれないようにしなければならない。

日本産業がやるべきことは、この分野で「弱者連合」によりまた敗退するのではなく、「次世代のテレビ」、「スマートテレビ」、「ホームサーバー」などの新しいコンセプトをいかに開発していくかに力を入れなければならない。特にスティーブ・ジョブズが遺言で残したように、これからテレビを「リ・インベンション」をすることである。これは日本産業がなすべき仕事であろう。これをやらない、儲からないからといってどんどん撤退するのでは、新しい産業の開発に繋がらない。このテレビの「リ・インベンション」が、本書で説く「ディスラプティブ・イノベーション」であることは、後で詳しく説明する。

二〇一二年のロンドン・オリンピックの結果を見ても、金メダルに輝いた競技には、新しく競技スタイルを進化させたものが多くあったと言われている。単に精神的な頑張りでは金メダルはとれないということである。日本男子柔道も、そろそろその競技スタイル「構え」の進化を図らなければならない時であろう。

ウオーレン・バフェットという投資家がいる。数少ない投資先を選んで、それを長期間持ち、その投資資産の上昇を獲得しているものである。バフェットの凄さは、一九六二年にスタートし投資した平均株価六ドルが、二〇一二年には一二四、九四五ドルに成長した。五〇年間でその倍率は約二万倍である。しかしただ最初に投資したものが運よく成長したということではないようだ。彼の偉いのは、投資先が時代の変化のなかで、常に適切に「構え」、「立ち位置」を変え続けているかを意識してみてきており、その時々で建設的ないろいろの助言、プレッシャーをかけてきたことである。最近良い意味での「物言う株主」がアメリカで現れている。経営の刷新を迫るもので、これが強欲な金融資本のための短期的な要求ではなく、社会的な存在としての企業の「構え」「立ち位置」を適切に変える力を助けるものであれば、望ましいものである。企業は、自分の力でも、そういう意味での戦略的な動きを常時し続けなければならないということである。

四、日本のものづくり力の問題

経営力の問題だ

これまで見てきたように、今日の日本産業の本当の問題は、「ものづくり力」や「技術力」ではない。「経営力」の問題である。つまり単純な技術力の問題ではなく、「経営力」としての「マーケティング戦略」、「経営戦略」、「ビジネスの立ち位置」の問題になる。日本企業は、シェアを上げるとか、コストダウンをするとか、リニアにものごとを改良することには大変長けている。しかし企業の方向を適切に転換する力が大変弱いということが最近ますます明らかになってきている。

産業の盛衰、経営技術の変遷について考えておかなければならないことがある。先にも述べたことであるが、それは社会経済の発展における「土台と上部構造の整合性と乖離」という見方である。この見方はヘーゲル、マルクスなどによって打ち立てられたものであるが、社会経済構造は、技術的、経済的な仕組みが「土台」となり、その「土台」に規定され、それに合った社会のシステムが「上部構造」として組みあがり、社会経済のさらなる発展が進むことになる。

実際には「土台」の技術、経済の仕組みが常に変化し、進化するので、変化の前に出来上がった「上部構造」が「新しい土台」と整合性が取れなくなり、乖離し、矛盾を起こすことになる。これが経済社会の混乱として現れる。そこで新しい変化した「土台」に適合するような「新しい上部構造」が構築されることになり、これにより経済社会は更に発展することになる。これが産業、社会のイノベーションとして起こることになる。従って経済社会は常に「土台」と「上部構造」の整合性、乖離、整合性という弁証法的な動きを繰り返しながら、イノベーションによって発展することになる。「土台」と「上部構造」が乖離し始めたとき、古くなった「上部構造」としての法令、規則を厳重に守ろうとすると、その経済社会はますます混乱する。「法令遵守が日本を滅ぼす」と言われたことがあるが、そうしたことが起こるのであり、構造改革として新しい時代に照応した新しい制度、法令を創らなければならない。

だが日本産業が「技術で勝ちながら、ビジネスで負ける」と言われているのは、この「新しい上部構造」を構築するとき、日本は「新しい社会の仕組み」、「新しいビジネスのルール」を創ることに弱いためである。この新しいルールを創ることはこれまでの社会の仕組み、ビジネスのやり方を否定しなければならないが、それに挑戦する必要があることを日本産業は十分理解していない。これがアップルの iPhone, Smart Phone にやられ、多くの業界標準を外国の企業に握られ、このままではこれから産業として展開される「ロボット」も日本は欧米に出し抜かれることになる。

従って、新しく作り上げられた「上部構造」は社会システムとしてうまく作用し、展開することになるが、「土台」がさらに変化、進化するとそれが適切に機能しなくなる。よく最近の日本産業の不振を前にして、「かつて世界一を誇った日本的経営とは何であったんだろうか」という声がで、「それはそもそも誤りであったのではないか」という意見まで出ているが、そうではない。

「土台」と整合性が取れていた間はその「上部構造」にはポジティブな意味があり、適正なものであったと認識しなければ、経済社会の本当の弁証的な発展の姿が理解できなくなる。「上部構造」としての経営手法は、ある技術、経済の「土台」に適合したものとしてあみだされ、採用されて成果を上げたものである。こうした視角で、社会経済の発展を見ていくと、あるイノベーションが役目を終え、次にどのようなイノベーションのチャンスがあるのかが見えてくる。そうすると以前のイノベーションに貢献した者も、「土台」の変化により、そのイノベーションの役目が終了しても、そのイノベーションが間違ったものではなく、立派なものであったと理解でき、次のイノベーションにたいしてより積極的に挑戦できる。このことは、企業の中では、意外に重要なことである。

日本の評論家は、以前成功し、企業に貢献した人を「土台」の変化で、事業が不振に陥るとその人を糾弾して、舞台から引きずり落とす。日本では一度失敗のレッテルを張られると二度と活躍の場が与えられない。そうではなく、その人を新しい土台と上部構造の乖離を解決する新しいイノベーションに挑戦させなければならない。アメリカは良い失敗をした人を大変評価する風土がある。大きな違いである。

そういう意味では、日本産業は、これまで世界一と思ってきた「ものづくり力」を一旦脱ぎ捨てて、これからのそれぞれの新しい市場にあった「ものづくり力」に構築していかなければならない。ここで誤解のないように明確にしておくが、これまでの日本の築いた技術力、経験、ノーハウを捨て去るということではなく、ものづくり力を、失敗の経験も含めた膨大なアーカイブとしてきちんと整理、蓄積したうえで、それをベースにして、新しい商品、新しい市場に対して適切な商品設計技術、生産工程技術、総合的なものづくりを迅速に構築するということである。日本産業の悪いところは、ある時点で躓くと、それまでの技術、努力、データが間違っていたと勘違いして、それを消したり、破棄してしまうことである。これはものづくりの世界だけではなく、日本ではお役所の世界でも起こっていることである。

失敗は技術者自身の価値を社会的に抹殺してしまうと思い込み、失敗のデータを消してしまうが、失敗のデータは次の開発の極めて重要な宝庫であることを忘れている。これは単にデータとして保管しておくということではなく、そうした技術についての暗黙知を持っている人材の保存、育成を含めて、日本産業は、その仕組みを創らなければならない。つまりものづくり力のすべてのデータ、情報、知識を「構造化された知識データのアーカイブ」として整理・構築されなければならない。各企業と国がこれを検索技術とともに創りあげなければならない。

先にも触れたように、日本産業が一九六〇年から一九七五年にかけて高度成長したのをよく分析してみると、「創業者経営者」が率いる企業が大発展し、大きく貢献したためであることがわかる。ソニー、パナソニック、ホンダ、京セラ、トヨタ、シャープなどはそういう企業であった。ところが創業者が退任し、サラリーマン経営者になるとそれらの企業は混乱し、衰退している。これをどう解釈すべきであろうか。ある人は、サラリーマン経営者を「操業者経営者」と呼んで、残念ながら大きな発展のためのイノベーションができない経営者であるとしている。つまり、市場のいろいろの条件の変化に応じて、企業の戦略的な動きとして、企業の「構え」、「立ち位置」を変えなければならないのだが、それができない。日本企業では、多くの場合、社員、管理職がそのまま経営職になるので、既存の事業のそのままの改良、拡張に終始し、寿命に近づいた事業の延命に専念し、不毛な努力を続ける傾向がある。新しい事業が出てきても管理職の延長で昇進した経営者では、その事業の変換ができないというのが実情である。つまり経営者としての社長は、「一般に言われる社長職務」を担当する「担当者」ではない。事業としての企業の活動を丸ごと動かすことのできる人である。また企業の活動を丸ごと動かす意思を持っている人である。これが「創業者的経営者」であり、「操業者経営者」とは天地の差があるものである。

この問題を欧米の企業との比較で考えると、日本と欧米とではある文化の質が違うことに気づくことがある。それはその社会の人間の意識の中に「神」が存在しているか否かである。「神」というコンセプトは、この世には人間にとっての「究極の理想的な世界、ソリューションが必ず存在する」と信じるもので、この理想的なものに限りなく迫り、近づこうとするエネルギーが、「サイエンス」を生む力となっている。そういう社会では、あるリーダーが「神の名のもとに、みんなのために、あることを行う」と言えば、人々はそれを心から信じて、ついて行く。これが欧米でのリーダーシップの力が発揮できる基盤である。

ところが、日本人は、神も仏も捨ててしまったような状態で、あるいは日本人は「よろずの神」を信じて、絶対的に信じるものを持たない。従って普通の人がリーダーになり、引っ張っていこうとしても、誰も心底からそれを信じていないので、効果的な動きにならない。この西欧の一神教と日本、東洋の多神教には、それぞれ得失があることは言うまでもない。しかし、日本では、大きな組織を引っ張っていくには、特別な使命をもった強力なリーダーが必要となる。これまでの日本の経営の歴史を見ると、単純な生え抜きの経営者では、大きな戦略を実行するリーダーにはなれないということがわかる。筆者の経験でも、ある新しい技術開発が必ず成功するものであると開発技術者に暗示を与えると必ず成功するものである。トップの仕事は、企業の活動を丸ごと動かし、部下にその成功の暗示を如何に旨く与えるかである。

これが日本の大企業が戦略的な動きをスピーディにすることが困難であることの理由である。こういう風土の日本では、これまでは聡明で、カリスマ性のある「創業者経営者」のみが、企業のリーダーとしてイノベーションを成し遂げることができたと言っても良い。従って日本では経営戦略を志向する場合には、よほどの覚悟を持ってやらなければならない。それ故に日本は「創業者的な経営者」を育成するために、「経営者革命」運動のようなものを新しく起こす必要がある。今日の日本産業の課題は、「ものづくり力」ではなく、「経営力の問題」である。

アナログからデジタルへの大きな波に乗り遅れた

日本産業の一九八五年までの快進撃は、多くの場合技術商品がアナログで、擦りあわせが主体のものであった時代であった。インテグラル、擦りあわせが主体である限り日本産業は安泰であると言われてきた。これは正しい見方であった。だがこのことは、日本産業には、世界はなかなかアナログからデジタルには移行しないであろうという甘い見方が根底にあったということである。しかし現実には、半導体、ソフトの急速な進歩により、アナログ、稼働部品があるメカトロニクスなどに必要なチューニングや、物理的な擦りあわせという日本の特技が不要になっていった。ＴＶの人間の手による色合わせ作業もデジタル半導体に置き換わり、ＨＤＤも駆動部分のないＳＳＤにとって代わられようとしているし、ソニーのウォークマンも最初はカセットテープを使っていたが、やがてデジタル型のＭＤ（ミニディスク）に代わり、最近のアップルのiPodもすべてフラッシュメモリーなどの半導体モジュールで可動部分は一切なく、組み立ては、モジュールの組み合わせにより、擦りあわせなしで、中国などで簡単に行われることになる。これだと擦りあわせを得意としていた日本産業がなかなか太刀打ちできなくなってきた。

ところがこのデジタル化、モジュール化は、商品の構造・形態だけではなく、産業構造をも大きく変えてきている。これまでの設計開発・生産という一貫垂直産業構造はインターフェースの標準化により、産業もモジュール化し、水平分業化してゆく。しかし日本産業はこの大きな波に旨く乗り損ねている。商品開発も、すべて自前でやる必要はなく、オープン・イノベーションでグローバル市場において入手できる最適なものをセレクトし、組み合わせて、新しい商品のコンセプトとアーキテクチャーを創りあげる「プロデューサー」になると考えなければならない。

特に日本電子産業はこれまで垂直統合、自前主義で技術を囲い込む癖がある。しかし一旦囲いこむとそれに縛られ、技術の進歩がなくなり、敗退してしまう。マイクロプロセッサも当初はＮＥＣのＰＣ-９８０１が技術として世界をリードしていたが、それを自分のパソコンに囲い込んだために、進歩が制約され敗退した。インテルは全体のパソコンを開発し、造る技術力を持つが、自分ではパソコンを造らず、マイクロプロセッサを業界標準として誰にも販売するということで、それを自分のペースで進化させて世界を制覇した。半導体自動設計ソフトツール（ＥＤＡツール）も日本の電子企業は自分でソフトを開発し、それを囲い込んだ。当初は日本のＥＤＡソフトツールは世界の先端を行っていたが、アメリカのナショナルセミコンダクタ社のＥＤＡソフト部門がスピンアウトし、それが専門会社としてＥＤＡソフトツールを進化させ、世界を制覇し、日本のソフトツールは消えていった。業界の水平分業化、専門化、モジュール化の大きな流れに日本の電子産業は追従できなかった。

これからの電子産業の商品開発は、当初は半導体にエレクトロメカニカルの組み合わせでスタートして、やがてそのエレクトロメカニカルな部分を半導体とソフトに転換して、デジタル化し、モジュール化してしまう。この繰り返しで技術とイノベーションが進むと考えられる。したがって日本産業はデジタル化、モジュール化をあまり軽視し、擦りあわせにこだわり続けていると、業界の水平分業化、専門化、モジュール化の世界から取り残されることになる。自動車産業もモジュール化になる可能性のあることを十分覚悟しておく方が良い。

日本技術者の特質

日本の技術者は、ある限られた範囲の中での究極の技術を極める特殊な力をもっている。日本の盆栽の技術に似て、ある限られた範囲での技術、製品を極限まで改良、洗練する力を日本人は持っている。日本のテレビメーカーの画面の美しさの究極的な追求、フラットパネルの薄さの極限にむかって挑戦したり、かつての日本の携帯電話機の軽量化の「グラム競争」などは、世界がこれに脱帽した。日本の技術者は、こうした努力に生きがいをもって寝食を忘れて励んできた。日本の誇るカンバン方式も、やむことなき「改善、改良の連続」を特長としている。

だが、外界が変化してきているなかで、グローバル市場での消費者が、そうした極限まで技術を磨き上げる日本の商品に対して、本当に金を払ってくれるとは限らなくなってきた。日本の技術者は、その変化に気が付いていない。同時にその既存の分野の商品にこだわるあまり、新しい次元、別の視角による新しい市場に目を向けることをしない。あるいは市場の価値観の変化に適合した商品を探求することをしないことが日本の技術者の欠点となって表れてきている。決まった「盆栽」をただ丹精込めて素晴らしいものにするだけでは、これからの経済、産業の発展には繋がらないということで、それでは「凡才」になってしまう。つまり「アウト・オブ・ボックス」的な、広い視野で物事を考えることに日本の技術者はなれていないということだ。これは日本の企業と一緒に仕事をしたことのある多くのアメリカ人の意見でもある。

日本産業の問題の一つが、いろいろの組織を造るとき同質の人間を集めるくせがあることであり、組織を乱すような異質の人を排する傾向が強いことである。こうした日本の組織では、お互いに相手の立場が分かりすぎてしまい、相互に踏み込んで、新しいソリューションを探すことが大変困難になる。「擦りあわせ」という行為と文化にはそうした落とし穴があり、相手のものを前提にして、それに合うように自分のものを適応させるということで、新しい飛躍ができ難いという弱点がある。新しいイノベーションは、異文化、異質の人の集まりの中で生まれるものであることを認識していない。企業経営は、今や単純な論理的なものの積み重ねではなく、アートであり、フィロソフィーである。そこには多様性を統合することができる、最終的に異質の人を動かしてある方向に皆を動員する力をもったリーダーとトップが必要になる。日本の産業は特に業績が悪くなると、ますます萎縮して、異質の人を排して、波を起こさないようにする。こうしたやり方からは大きなイノベーションは出てくる筈はない。

その日本のものづくり力も、リーマンショック以来、経済の停滞のなかで各企業は利益追求のために労働者のリストラを繰り返しており、ものづくり力の暗黙知をもった技術者も削減され、その結果人員削減による仕事があふれ、品質管理、改善作業ができなくなり、急速にものづくり力が衰えてきていると報告されている。更に、「品質管理、改善作業の運動」が進んで行くと、ある段階になるとマンネリになり形骸化してき、これまで効果を上げてきたＴＱＭ、ＴＰＳ、等のカイゼン運動の目的が歪んでしまったと言われている。

最近スーパーコンピュータ開発競争が繰り広げられて、二〇一一年、国家プロジェクトとして一、一二〇億円を投じて開発された理化学研究所のスーパーコンピュータ「京」が瞬間的に世界一位になった。しかし実はこれはＩＢＭのお家の事情で彼らの商品の開発が遅れたために、日本が一位になったのであった。

そのスーパーコンピュータの開発プロジェクトの国の予算に対して、「事業仕分け」で蓮舫さんという大臣が「二位ではダメなのですか」と言ったことが話題になったが、これでスパコンの開発予算が凍結された。そのためか翌年すぐアメリカのＩＢＭに一位の座を取られてしまった。しかしそれは蓮舫さんのせいではない。二〇一二年六月のランキングで一位になったＩＢＭは、「新しいアーキテクチャーの開発」に挑み、処理速度のみならず、電気消費量もサイズも格段に改良されていると言う。六月に一位になったＩＢＭのものは、計算速度は「京」の一・五倍で、設置面積も「京」の五分の一であった。日本はとにかくスピードで一位になりたい一心で、新しいアーキテクチャーには挑戦しなかったと言われている。日本は、誰もやっていない「アウト・オブ・ボックス的な新しいアーキテクチャー」に挑戦することが苦手である。何でも世界ナンバーワンになるという気持ちでなければ、世界を制覇できる商品は開発できない。しかし、ただ計算スピードを競うだけではあまり意味がない。スーパーコンピュータをどのように使って、何をするかを考えた優れた商品でなければならない。これでは「技術で先行していたが、実際の普及段階では、欧米のものに負けてしまう」ということになりかねない。

現在でもスーパーコンピュータの適用ビジネスではアメリカ勢が世界市場の六〇％以上を支配している。これからは適用分野を見据えてのスーパーコンピュータのアーキテクチャーを決め、日本製の市場での存在感を高めなければならない。蓮舫さんに文句を言うことはできない。

二〇一一年の東日本大震災で東京電力の福島原子力発電の大事故が発生してから、分かったことであるが、日本は、原子力村をつくり、同じ意見の人間を集めて仕事をしてきた。日本では、原子力エネルギーの科学的研究にたずさわる人が大変少なく、原子力発電設備の板金加工、配管加工の職人、そして発電装置の運転技術者が中心で動いていたことになる。もちろんこうした技術は大変重要であるが、これだけでは十分でない。また土台と上部構造という観点よりみると、日本の地震大国という

「土台」では、アメリカの発電装置という「上部構造」とは違った構造にならなければならなかったが、日本は欧米のものを導入してきた。

かつては日本の各大学には、「原子力」という学科があったが、いつの間にかほとんどがその看板を外し、それをサイエンス的に究明するものが少なくなった。核兵器になる可能性があるというので、敬遠したのかもしれない。あるいはこれも「技術」としての職人的な改善に終始する風土によるものかもしれない。ウラン原子力発電を中止するのか、継続するのかは別として、日本でも、サイエンスとしての「原子力」を科学、技術として研究することは大変重要なことである。

今度の東日本大震災と東電の福島原子力発電の問題で報じられたことであるが、ヨーロッパでは各国に科学者としての「首席科学顧問」（チーフサイエンスアドバイザー）がいて、ヨーロッパ各国の首席科学顧問がネットワークを造り、いろいろの事柄についての意見交換をしていると言う。福島原発の事故で日本に住んでいるヨーロッパの人達が避難すべきかどうかを決定するために、その首席科学顧問達が討議をしたが、その時、困ったのは、日本には首席科学顧問というものがいなく、肝心の日本の科学者と相談できなかったことであったと言う。

日本は、生産技術で世界一を誇った時代があるので、一九八〇年以降、多くの日本人はもはや外国企業から学ぶべきものはないという態度と行為を示してきた。外国人の目から、日本人は自分が技術的に上とみると相手を過小評価し、馬鹿にするが、負け始めると、もうかなわないとあきらめてしまうと見られている。一番の問題は、最近日本人は謙虚に外の人から学ぼうとしないことである。良いところはどんな相手からでもそれを学び、悪いところは捨てるという態度が重要である。これが失われると日本の技術は本当に衰退してしまう。

ある革新的な「ものづくりの仕組み」「生産技術システム」、TQM、TPSなどの効果が、ある時期突然出なくなり、衰退することが起こるが、その原因は二つある。一つは、「土台と上部構造の整合性と乖離」という意味で、それまでの土台が変化すると、上部構造としての「ものづくりの仕組み」が矛盾、乖離し、効力を失うことがある。その場合、変化した土台に合った「上部構造」としての新しいものづくりの仕組みを作り上げることである。これが次のイノベーションとなり、新しい発展がもたらされることになる。もう一つは、同じ「ものづくりの仕組み」を長く続けているとマンネリになり、形骸化してしまい、作業者の意欲が減退する。時々同じ「ものづくりの仕組み」あるいはQC、TQM、TPSでも新しい革袋に包まなければ、廃れてしまう。常にものづくりの仕組みという「上部構造」を革新し、リニューアルしなければならない。

科学と技術の峻別

日本は、明治維新以来「文明開化」を推し進め、西欧の文化、技術、科学の導入をしてきた。しかし日本では「科学」と「技術」の概念が正確に理解されていなく、「科学技術」と一括りにして呼ばれ、理解されてきた。「科学」は「自然界、大宇宙の法則、摂理を理解すること」であり、「技術」は「人間の都合の良いように自然界を改変するもの」である。総体的に見て、日本では、「科学技術」という場合、「科学」というよりも「技術」に中心を置くようになってきた。これが、これまでも述べてきたように、日本では大きな、パラダイム・シフト的なイノベーションができない理由の一つである。

つまり、アメリカ人がよく言う「アウト・オブ・ボックス」という発想が日本人には苦手である。日本人は、常に発想、議論がその時の主題を、ある範囲の中で、深く掘り下げ、あるは細部にわたり論ずる。しかし時々この主題を高所から見て、新しいスペース、新しい次元に飛躍させることが、日本人は苦手である。

松下幸之助氏が言ったという有名な言葉がある。「工場では毎年毎年合理化してきている。更に原価の三％を合理化するのは大変難しいことだと思う。しかし三〇％、四〇％の合理化をするのはそんなに難しくない」と言うのである。三％の合理化であれば、「その三％レベルの合理化の種」を探す。しかしこれは何年もやってきているのであろうから、簡単には合理化のよい種は見つからない。しかし今の原価の三〇％、四〇％の合理化をしようと思ったら、三％合理化のレベルの種ではどうしようもない。根本から考え直さなければならない。ところが三〇％、四〇％の合理化のソリューションという見方で考えると、意外に簡単にいろいろの解決策が出てくるものである。これが「アウト・オブ・ボックス」「パラダイム・シフト的」な発想である。こうした実例は、これまでの日本の産業活動のなかでも、数は少ないが、大胆な合理化目標を掲げ推進した企業で成果を上げている。こうした「パラダイム・シフト的」なアプローチを日本で本格的に推し進めなければならない。

外国人が感じていることだが、日本の技術者は、ある課題、問題が出ると、それを簡単に検討して、すぐ仕事としてのある境界線を引いてしまう癖がある。秀才と言われる人ほどそのような動きをする。つまり秀才だから、即座に問題点の内容がわかり、その仕事の落としどころを簡単に決めてしまう。そしてその範囲内でとどまり、その中で仕事をするので、中途半端なものとなり、よい成果にはならない。イノベーションは、困難にぶち当たり、悪戦苦闘して、のたうちまわりながら、限界をのり越えて、新しい発見をするものである。これにより良い成果が得られるのだが、日本人はそれをやらない。

困難にぶち当たり、のたうちまわりながら「サイエンス・マインド」で飛躍して、新しいイノベーションをやり遂げることになる。この「サイエンス・マインド」がきわめて大切で、これがなければ、次の発展としての大きなイノベーションがドライブできないし、これが日本産業のこれからの再発展に重要なこととなる。従って日本人は、この「科学」と「技術」を峻別することから始めなければならない。

そして技術だけではなく「イマジネーション力」を養わなければならない。日本のものづくりは「現場」「現地」「現物」を重視しているが、これではえてして想像する力、イマジネーション力にはならず、現状のあるものに拘泥し、イノベーションとしての新しい展開にならないことが多い。アインシュタインの言葉に「知識には限界があるが、想像力は世界を包みこむ」と言うものがある。技術中心では限界がある。理想を追い求める、イマジネーションが必要である。

日本の現場の人はよく「ごたごた言う前に、とにかく形になるモノをまず作ってみよ。それからいろいろ改良を加えていけばよい」と言ってきた。こうしたやり方では良く考えないで造ったモノにしばられベストの技術アーキテクチャーをもつ商品はできない。日本産業のこのスタンスがイノベーションを阻むのである。

日本の技術開発には、欧米のものに比較して、あるドメインの技術からの飛躍がないと言われる。日本人は、理想、夢を追う精神が弱いのではないかと思われる。日本の現場では、「理想はそうだが、現実を直視せよ」と言われるが、これがイノベーションを阻んでいる。「戦略」という動きをするうえでも、サイエンス的な「相変化」、「パラダイム・シフト」というコンセプトを入れなければ、強力なものにはならない。これがなければ儲かる新しいビジネス・アーキテクチャーは描き出せない。日本産業は、ある技術の開発の段階で他の国より先行して走るが、多くの場合、その商品、産業が市場としてテイクオフするとき、欧米の企業に、新しいビジネス・アーキテクチャーにより、その新しい市場を席巻されてしまうのはこのためである。

日本のこれからのものづくりの道は、基本的には競争相手のモノとは違ったものを創るという考えを持たなければならない。日本産業のこれまでの動きは、競合他社がやっている商品開発は直ちに手を付けるが、誰もやっていない商品の開発はリスクが高いと見て、全く手を付けない。しかしこれからは国際分業という意味でも、「他がやらないものを開発する」という考えにならなければなかなか利益の上がるビジネスにはならない。スマートフォンでアップルとサムスンにやられた日本勢は最近やっとクアルコムやエヌビディアの新鋭CPUを採用して新しい和製スマートフォンを開発して、二〇一三年一月に発表した。NTTドコモは「やっと優劣つけがたい性能の商品ができた」と誇らしげに発表したが、後から出すものはアップルのiPhone、サムスンのギャラクシー3Sを大きく超えるものでなければならない。日本勢の新興国市場での販売力の弱さをカバーする強力なものでなければ、またクアルコムやエヌビディアだけが儲かるビジネスになる恐れがある。

大変不幸なことは、日本は「イノベーション」を「技術革新」と誤訳してしまい、「技術の革新」を中心にイノベーションを考えてきたことである。言うまでもなく「イノベーション」は「これまでとは違ったやり方でものごとを行うこと」である。従って技術だけではなく、他のいろいろの要素の「新結合」がイノベーションとなるのである。だから日本は技術開発では先行していても、ビジネスが立ち上がるときは他の国の企業に支配されてしまうことがしばしば起こっている。

中国は、ヨーロッパのルネッサンスが開花する以前の一四、一五世紀ころは、世界一の経済と文化を誇っていた。そのころ中国は世界で最も進んだ「技術」として羅針盤、印刷技術、天文学、火薬などを持って世界を圧倒していた。だが中国の天文学は、天体の運動の状態を数学的に計算して理解することが主体であった。つまり物事を全体としてとらえての「状態の観察」であって、天体がどのような構造であって、どういう仕組みで生成し、どういう原理で動いているのかという「サイエンス的なアプローチ」はしなかった。言ってみれば中国は「技術」の世界にとどまり、職人の仕事にとどまった。従って中国の技術は近代科学に基づく近代工業としての大量生産システムには発展しなかった。ところが一七世紀ごろから西欧で起こったルネ・デカルトなどによる「分析的、要素還元的哲学」が出てきて、宇宙のすべてのものの構造の究明、運動原理の究明という「サイエンスのアプローチ」がでてから、西欧は近代科学の発達を推し進め、近代工業社会を打ち立て、中国はこの西欧近代科学により敗退し、植民地になったことは言うまでもない。

考えてみれば、日本の文化は、その昔中国から伝わってきたいろいろの文化をもとにしているものが多く、今日の日本人の文化、行動もそれに未だに影響されているのは仕方のないことではある。日本が基本的に「技術」に安住しているのはこのためであろう。

しかし大変興味あることは、二〇〇七年一〇月の北京で開かれた第一七回中国共産党大会で、胡錦濤総書記は大会の冒頭での活動報告の中で「小康社会での全面的建設」のための「科学的発展観」という思想の徹底を訴えた。中国は自分の歴史を十分理解しているのである。

日本産業が二一世紀のグローバル市場で、苦戦をしているのは、与えられた技術、商品の改良、リファインには大変強いが、その商品の次世代商品のパラダイム・シフト的な新しいコンセプトづくりに弱いことからきていると言える。それは筆者が関係している半導体のいろいろな新しい技術の開発とそのビジネス展開においても、日本とアメリカで、こうした差がはっきり出ていると身を持って感じている。しかしこれから日本産業が再発展するには、頭脳の中で仮説を立て、違った新しい世界を創りだすサイエンス・マインドによる思考と行動が必要である。これからのイノベーションにはパラダイム・シフト的な飛躍が必要である。

ノーベル賞を受賞することは大変なことであるが、最近のノーベル賞受賞者に言えることだが、世界的に見て、どちらかと言えば、自然現象を辛抱強く観察するか、あるいはある実験で間違って触媒を多く入れすぎたことなどにより予期しないものができたことから、新しい発見をしたというものが目立ってきた。特に最近の日本のノーベル賞受賞者でもそのことが言える。もちろんこうした新しい発見、発明はノーベル賞にふさわしく、産業界、自然界に実質的に大きな貢献をしているのであるが、その性格として、ここで言っている「技術」に近い発明であるということである。一九七〇年以降のイノベーションの停滞に関係があるのかどうかわからないが、頭脳の中で仮説を立て、サイエンス的に飛躍的な新しいアイディア、違った新しい世界を創り出すことも必要である。

(注)「アジア諸国、特に中国は科学の振興をめざすことを言明している。科学振興は実際、鄧小平の中国近代化四大戦略のひとつだった。ところが科学は、権威に従うのではなく挑むことで進展する。今のところ非西洋では随一の技術大国である日本でさえ、本格的な基礎科学の研究は立ち遅れている。日本人研究者で科学部門のノーベル賞を受賞したのはわずか一五人。それは、例えばオーストリアの受賞者数よりひとり多いだけ—オーストリアの人口は日本の七パーセント以下—で、その理由のひとつとして、日本の若手科学者が先達の理論に迎合しがちなことがしばしば挙げられる。これに対して欧米では、旧来の理論を否定することでキャリアが築かれる。」(『2050年の世界』英『エコノミスト』編集部、文藝春秋、三四六頁)

複雑化の罠

最近の商品のソフト化、半導体化の進行の中でシステムとして、製品アーキテクチャーとしての「複雑化」が急速に進行している。特に一九八〇年代から日本が省エネというコンセプトで電子技術を入れた「メカトロニクス」を進めてきたことから、一気に進んだ。更に、いろいろの商品が個別の、スタンドアローンのものから、ネットワークで互いに繋がってきており、全体としての複雑さが幾何級数的に進んでいる。このために近年は商品の欠陥事故、不具合が増加しており、その上コストアップを起こしている。同時に使用者の商品の機能を使用できる範囲と商品の機能との乖離が起きてきている。日本の技術者の性格から、商品を複雑化し、進化させるのは得意中の得意で、管理しなければ暴走する。日本はものづくり力として、その複雑な商品を何とか生産性を上げてコストダウンしようと大変な努力をしているが、果たしてそれでよいのであろうかを自分に問うてみなければならない。

一つの問題点は、商品に半導体、ソフトが入り、しかもモジュール化してくると、全体をシステムとして動かすことはなかなか大変なことになる。単体の商品化、複雑度の低い「予測可能なシステム」(Deterministic) では、あまり問題、故障は起こらないが、複雑度が高じて「予測困難なシステム」(Stocastic) になると、システマティックな、システミックな事故という大きな問題が起こる。

複雑な電子化した自動車などではそれが起きる可能性が出てきているし、これがネットワークに繋がれてくると更にひどくなる。金融システムとか通信システムではこの危険性が出て、すでにいろいろの事故になっている。特に金融、証券の取引システムはますます複雑化、高速化の道を驀進しており、人間のコントロールできる範囲を超え、破綻の壁に近づきつつあると言われている。

自動車の例で見てみると、一般的に現在の自動車には、コミュニケーション・バックボーン・アーキテクチャーとして、(1) Power Train, (2) Telematics, (3) Body, (4) Functions, Driving Function があり、そのそれぞれには (1) Transmission, Engine (ECU), (2) DAB, Internet Access, Mobile Phone, Navigation, (3) Climate Control, Theft Warning, Door Locks, Sunroof, (4) Shift by wire, Steer by wire, Brake by wire というサブシステムがある。これらを動かすために複雑なソフトとともに作動する六〇から一〇〇個のCPUがあり、多くのセンサーがいろいろのCPUにいろいろの情報を伝え、それぞれのサブシステムをコントロールし、全体の自動車を動かすことになる。こうした複雑な多くのサブシステムからなる仕組みが自動車に内蔵されており、これが年々ますます複雑度を増している。

車の走行中に車の安全性を維持する「EUC（Engine Unit Control）」とブレーキを制御する「ECU（Electronics Control Unit）」が違った判断をして反発しあうことがある。ソフトウェアが互いに反発する。こうした「干渉」が起らないように、システムに横串をさした総合的な制御システムが必要であるがそれがまだ十分確立されていない。つまり想定外、例外的なことが起るが、これを事前に解析して解決するというメソドロジーがまだ確立されていない。

このソフト、半導体を入れた商品システム、またネットワークシステムの適切な設計技術、検証技術をさらに進化させなければならない。部品点数が自動車程度の三〇、〇〇〇点数の単体商品であれば何とかマネージしてきたが、これがネットワーキングでつながり、社会的なシステムになり、ロケットのような二〇〇、〇〇〇点数以上になると、大変難しいものになる。

一般的に言って、技術の進化は、その性能アップにより複雑化が進むが、それを時々「簡素化」することで、そのアーキテクチャーの進化を遂げて進むものである。それがまた複雑化してくると、これを「簡素化、縮退化」するというような、複雑化と簡素化を交互に繰り返しながら発展する生態をもつものである。これをこれから複雑化しすぎた技術、商品にたいして進めなければならない。複雑化の罠に嵌ったものを、簡素化、縮退化で再び新しいイノベーションが起こるであろう。

こうした日本の商品は、ガラパゴス化したと言われてきたが、メカニカル的にも、エレクトロニクス化という点でも日本の製品は、外国のものと比して、大変複雑化しており、商品として別カテゴリーのものになりつつある。顧客がその価値を認め、それを十分使用してくれるものであれば良いが、そうでないものが多くある。日本商品の自動販売機、冷房機、冷凍装置、暖房機、自動車、プリンター、ファックスマシン、電話器などは、その複雑化の傾向がある。同時にそうした日本の商品は、あるものはそれが世界標準になるモノもあるが、多くのものは、特殊な高価格商品のカテゴリーに陥ってしまっている。日本の自動車のハイブリッド車などはそろそろその複雑化を新しい次元で簡素化するというイノベーションを遂げる時期かもしれない。ドイツの自動車はその方向を目指しているようだ。この点について言えば、後程述べる「ディスラプティブ・イノベーション」で、新しい市場に分岐するような発展が求められている。

これからの日本のものづくりの方向

これまでの「ものづくり」は狭義のもので、ハードなものの設計、生産のプロセスを意味していた。しかしこれからの「ものづくり」は広義のものになってきた。今日の産業活動は、グローバル市場のなかで、対象は、ハードはもとより、ソフト、サービスまでをカバーし、そのものづくりとして構想、設計、開発、製造、流通、サポート、消費までが繋がったものになってきているからである。あるいは筆者が提唱してきている「バーチャル・バーチカル・インテグレーション」という様相を呈してきていると言える。そうした全体のプロセスの中で、各企業はそのなかの自分にとって価値のあるものを切り出し、商品にするのである。そのものづくりは、従って、ベースはそうしたスコープで繋がったものとして理解しなければならない。（参考：「新しいものづくりの競争力構造」三輪晴治『四国大学経営情報研究所年報』一〇号）

アップルは「ものづくり」を自分の手ではやらない企業と思われているが、そうではない。スティーブ・ジョブズのこだわりである「スマートフォン」の手で持った感触、重さ、外観を決めるハードはソフトと同じように大変大きな位置を占める。その製造は殆ど外部の企業に頼っている。日本、韓国、台湾の企業がその製造に、部品供給に血眼になって競争している。しかしその外注はこれまでの下請け加工、部品供給とは様相が全く異なる。製品の加工、部品の製造を担当する企業に単純に任せるのではなく、アップルの技術陣があたかも自分の工場のように管理・指導する。場合によっては外部の企業に膨大な資金を投じて特別な生産設備を貸し与える。ネットワークにより外部の企業の生産のプロセスをリアルタイムにつかみ、管理する。つまり、アップルはハードのものづくりの奥まであたかも自分の工場のように徹底的に管理しているのである。まさに筆者の言う「バーチャル・

バーチカル・インテグレーション」をアップルは実施しているのである。

これが二一世紀の「グローバル・サプライ・チェーン」を形づくっているが、しかし二〇世紀の「商品単位の国際分業」を超えて「生産工程を分断しての国際分業」になってきており、これが新しい問題を国民経済にもたらしていることを指摘しておく。日本は部品産業、素材産業が強いので安心だという声があったが、こうしたアップルのような企業がそれを取り込んでゆくと、日本独自の力をどこまで維持できるかが心配になってきている。日本産業、日本経済としてグローバル市場での「バーチャル・バーチカル・インテグレーション」の企業構造、産業構造を確立、強化する必要がある。（参考：『日本製造業を立て直す「超ものづくり経営」』中村昌弘・越前行夫・松田龍太郎、日経BP）

「ものづくり」というとき、最も大切なことは、「ものづくり」は「もの」と「つくる」の二つからなるものであるということを理解することである。何をどうして造るかであるが、多くの「ものづくり」を自認している日本人は、「何か造りたいものがあったら持ってきなさい。それを造ってあげます」というスタンスである。それは下請け加工業になる。「ものづくり」のスタートは、何を創るかでなければならない。しかもそれが「プロダクトアウト」ではなく、顧客、市場が喜んで買ってくれる「もの」でなければならない。

そして、その基本は、これまでいろいろ指摘したように、これからのものづくりは、経営戦略を前提にして、商品設計、機能アーキテクチャー設計、製品アーキテクチャー設計、製造工程設計などの基本を忠実に実行することである。そうしたものづくりの基本の技術要素は日本ではほぼ確立されている。それを個々の商品に対して、体系的にどう活用するかである。日本は、それぞれの要素技術は十分持っているので、それを正しく組み合わせる組織能力を構築することである。そういう意味では、必要なことは「ものづくり力の再構築」である。

しかし最も重要な点は、言うまでもなく「どのような商品を創るか」である。日本産業は、これから中国やインドの企業とダイレクトにコストで競争しても勝ち目はなく、別のフィールドで違ったビジネスを展開しなければならない。これまでの経験からすると、売れる商品は、ある地域の文化に根差し、しかもある企業家、あるいはある技術者の「熱い思いを入れ込んだ商品」である。この開発者の思いが、そして哲学が、性能、機能だけではなく、商品の形の中にも表れるものである。アップルのiPad、スマートフォンなどがその例であり、これはスティーブ・ジョブズのこだわりであったと言える。自動車商品でも、シートに座り、運転しはじめるとこれを造った人の思い入れ、こだわりが伝わってくるような自動車である。いろいろの欧州自動車、日産のフェアレディ、スカイライン、トヨタのカローラ、レクサス、フォードのマスタング、トーラス、GMのビュイック、シボレー、カマーロなどである。こうした商品には、開発者のこだわり、強い思い入れがあったように思える。

コストが安く、燃費が良いだけの平均的な、デジタル的な自動車は、日本産業がこれから取り組むべき自動車ではないのではないか。商品には「パフォーマンス・クオリティ」と「コンフォーマンス・クオリティ」があると言う。前者は商品として性能、機能の点で、顧客の期待を上回るもので、後者は、より良くもないが、顧客の期待を裏切らないものである。これまで日本の商品のほとんどが「コンフォーマンス・クオリティ」の商品であったと見られている。と同時に、日本産業をリードしてきたのは、数少ないが「パフォーマンス・クオリティ」の商品であった。

いろいろな製品の中に入る半導体でも、設計技術者の美術的アーキテクチャーのセンスでトランジスタの配置・配線をしたものは、性能も高く、無理のない、良い半導体になり、売れる商品になっている。設計者の思い入れ、妥協しない職人的なこだわりが半導体商品の価値を高め、これが消費者に伝わり、売れる商品になる。従ってこれからのものづくりはこうした思いをもった人間、トヨタの重量級の主査のような人を養成するか、起用しなければならない。これが日本産業のこれからの大きな課題である。こうした人間は、ある意味では、ある技術、商品、仕事に対して情熱をもった、狂人のようなふるまいをする人物である。自分はこれを創りたいという強い思いを持っている人である。日本にもこうした人物は沢山いたが、日本の企業組織体が、こういう人をこれまで組織から排除してきた。これは単に狭い「ものづくり」という製造業での話ではなく、サービス産業、あるいは政府、公共の仕事でも言えることである。

このようなこだわりの商品は、二〇年前であると、あまり大きなマーケットではなかったが、今日のグローバル市場を対象にすれば、ビジネスのクリティカルマスとして十分大きな量になり、立派な主導産業になる。

しかも、先ほど述べたように、これからは「広義ものづくり力」となるので、単に工場に籠ってものを創るだけでなく、初めから企業の経営戦略的なものとの統合がなされるようなものづくり力の構築組織をもたなければならない。「現場はうまくやっているのだが、営業や本社戦略力がないので利益がでない」というようなことが起こらないようにしなければならない。これもトータルとしての経営力の問題になる。

こうした「パフォーマンス・クオリティ」商品を開発するうえで、日本を、そうした新商品開発、新技術開発の「世界のプラットホーム」にすべきだと考える。先に指摘したように、これまで日本は新しい商品の開発で多くの場合先行してきた。しかし、市場がテイクオフするとき外国の企業にビジネスを持って行かれるということが多いので、これを含めて日本を商品開発の基地、プラットホームにすることは意義があるものと思う。ものづくりという点での技術としては、世界的に見ても、幅広い、最も優れたものを日本は持っている。そうしたものづくりの人材も豊富である。必要なことは、ビジネス・モデルの創造にたけたマーケティング力とサイエンス・マインドを持った人の養成である。

五、儲かるビジネス・モデルを創造する力（ビジネス・アーキテクチャー力）

日本の多くの技術者をインタービューしてみると、感じとして六〇％以上の技術者は「金儲け」という言葉に抵抗感を持っていることがわかる。また自分の与えられた技術的な仕事で、それが会社としてどう儲かるのかということはあまり考えたことがないと答えた人が多い。あるいは利益ということについては「本社の経理部門、管理部門がうるさく言うので」という表現を使う。これは最近のいろいろの調査でもそうしたことが指摘されている。

日本の技術者は「品質の良い製品のものづくり」が唯一つの自分の仕事と考えてきているし、ある分野の技術のあくなき改良、改善が自分に与えられたミッションであり、その力が自分の価値であると思っている。半導体の例でいえば、日本ではこんなことが起こっていたと言う。日本の半導体の技術者は「性能のことしか考えたことがなかったのである。より高性能なトランジスタを作るように最善を尽くす。例えば、トランジスタの出来栄えとして、六〇点で売り物になり、八〇点で優秀と言えるような状況で、日本の技術者たちは、一二〇点を目指すのである。その際、コストに関する考慮はまったくない」(前掲『日本「半導体」敗戦』湯之上隆、六二頁)

逆に言えば、日本の技術者は、どんな商品を顧客は喜んで買い求めるかということは余り考えない。与えられたスペックに対して最も品質の高いものに設計する。高度成長時代に日本商品がどんどん売れたのはたまたまその日本の商品が市場の求めるものに合致していたということである。逆に言えば、この二〇年、日本の商品がだんだん売れなくなってきたのは、日本の商品が市場の要求するものと合わなくなってきたと考えなくてはならない。常に商品が性能、価格についての市場の要求に合致しているかを確かめることは経営のいろはである。その上でさらに人々をわくわくさせる商品は何であるかを考えなければならない。「ストーリーを創る」あるいは「新しい文化を創る」のがものづくりとさえ言われている。これがこれからのものづくりの道である。単に既存の商品の品質を改良し、あるいは価格を下げればよいというのではない。

ビジネス・アーキテクチャーの仕掛け合い

二一世紀のグローバル市場では、いろいろの国において売れる新しい商品を創造することに注力する必要があるが、この点アメリカの過去五〇年の産業の動き、そのイノベーション力を見ても、新しい売れる商品、有利なビジネスをあぶりだす力とその果敢な行動力で、アメリカは他を抜きんでている。つまり、アメリカは、日本などとの産業戦争では、相手とは決して同じ武器や同じ戦術では戦わない。上空からよりすぐれた新しいビジネス・アーキテクチャーを仕掛けて襲撃してくる。

筆者もかつて以下のように指摘したことがある。「挑戦者は水平線からではなく、上空から突如として現れ、それまで無敵を誇った強みを一瞬にして弱みに変えてしまうのである。・・・戦国時代の槍、弓矢、火縄銃程度での戦いの中で、いきなりヘリコプターか戦闘機で逆襲されるようなことが起こるのである。・・・従来のコンセプトと全く違った仕掛け、アーキテクチャーを作り出して、これまでの仕組みを瞬時に破壊して、新しいビジネスを構築することである」(『日本の半導体・自動車産業は復権するか』三輪晴治、工業調査会、三五頁)

日本の家電産業が苦労しているが、その問題の一つがこれまでの自分の販売店網が「家電量販店」

に駆逐され、価格支配の主導権を奪われ、価格切り下げ競争に陥り、衰退しているのであるが、その日本の家電量販店は、今やアマゾンに攻撃をかけられている。「ネット・ビジネス」が襲撃してきている。まさに新しいビジネス・アーキテクチャーの仕掛け合いが繰り広げられているのである。

アメリカ産業は、他から安い賃金による商品の価格切り下げ競争を挑まれ、それに負けるとみると簡単に撤退してしまう。特に一九七〇年代まで日本の家電産業の安い商品の攻勢で大敗したときは、アメリカ産業は同じ家電産業での巻き返しはしてこなかった。あっさりこの分野から撤退してしまった。これによりアメリカのものづくりが後退したということで、これがアメリカの欠点といえば言える。しかし同じレベルでも勝ち目がある巻き返しはよいが、勝ち目のない巻き返しはしてはならない。アメリカは、違った次元から新しい武器で襲撃して大勝利を遂げるが、負けそうな戦争からはさっと手を引く。日本は勝ち目がないのに白兵戦で全滅するまで戦う。死を待つより、八方破れで突っ込んで行き、玉砕するのが日本産業である。どちらが利巧であるかは言うまでもない。

アメリカのシリコンバレーでは、新しいベンチャー誕生が少しスローダウンしているとは言え、いまだに続いて出てきているが、彼らの成功の原因の一つは、新しい技術を創造するとき、現実の市場に何が問題であり、顧客が何に困り、どんなものがあれば良いと考えているかをよく理解していることである。つまり「問題の設定」が大変旨い。そして多くの場合、その「問題を解決する」新しい技術商品が開発されたらそれを購入して、採用するという顧客をすでにあらかじめ彼らは持っていることである。日本のベンチャーは、技術だけを夢中になって開発しているが、そのできた商品を誰が喜んで本当に買ってくれるかを初めの段階では考えない。

日本のトップは、新しいプロジェクトにおいて、それが造りやすく実現可能なものに価値があると見る癖がある。そのプロジェクトにたいして、造りやすさというよりも、「こんなことができれば素晴らしいことになる」という発想がなければならない。つまり日本は「問題の設定力」が欠落している。日本とシリコンバレーとでは大変大きな違いがある。

筆者が新規事業の開発を手掛け、新しい技術、ソリューションが顧客にとって大きな価値があるかどうかを確認するとき、多くの場合技術的にあまり詳しくない産業界の人に聞いて見ることにしている。その分野の専門技術者は少しの特長でも即座に反応してくるが、素人であると大きな特長がなければ興味を示さない。この判定が新しい事業を開始するとき大変助けになる。つまりあまり特長のないビジネス・アーキテクチャーであれば中止するか、再考しなければ成功しない。勝てるビジネス・アーキテクチャー、儲かるビジネス・アーキテクチャーを創ることである。

新しいイノベーションへの決意

日米の産業競争の歴史を見てみると、画期的なイノベーションを遂げるための大きな契機になるものは、競争相手の動きと、自己の行動、力を厳しく、冷酷に見て、どこが悪いのかを明らかにして、新しいイノベーションを起こそうとすることである。日本人は、えてしてお互いの傷を舐めあい、自分のポジションと行動を甘く見る癖がある。これでは競争相手に勝てるイノベーションは起こらない。ある意味では、競争相手の動きを過大評価するときに、相手を大きく超えるイノベーションを成し遂げるものである。日本半導体産業が一気にアメリカを超えたのは、「ＩＢＭのフューチャプラン」という幻の情報が出たときであった。日本はそれに驚愕し、直ちに国家戦略として一九七六年「超ＬＳＩ技術研究組合」を設立し、八〇〇億円を投じて微細加工技術を開発した。これにより、アメリカの支配していたＤＲＡＭ市場を日本半導体産業は制覇したのであった。実は「ＩＢＭのフューチャプラン」は幻で、実際には存在しなかったということが後でわかった。

一九八五年から一九九〇年ころに、アメリカ産業を陥れた日本産業の力、日本経済の奇跡的発展の理由は何であったかを、多くのアメリカの学者、評論家が分析、解釈し、多くのリポートが作成された。その内容を見てみると、アメリカによる大変な日本産業の力の買い被りであったと言える。今ではそうしたアメリカの学者の日本産業力の分析は間違っていたのではという議論が出ているほどである。「ジャパン・アズ・ナンバーワン」もその類のものであることは、つとに分かっていた。これで日本産業が煽てられて、奢ってしまった。アメリカは、日本産業を逆襲すべく、これまでのアメリカのやり方を変え、政治力も含めた国家戦略で、新しいイノベーションを進めて、日本産業を追い落としてしまったことは先に述べた。従って最も良くないことは、日本人自身で、日本の力を過大評価することである。アメリカの学者が日本産業の力をわざと過大評価したのは、あるいはアメリカ国家のもともとの戦略であったのかもしれない。必要なことは、謙虚に競争相手から学ぶという態度である。

ところが今の日本産業は「日本産業の衰退」という厳しい立場に置かれているにもかかわらず、国を挙げての大改革の動きにならない。日本の経営者は、日本のものづくり環境の「六重苦」があるからどうしようもないと、人のせいにして諦めている。自己を厳しく見て、相手の力を少し過大評価してでも、競争相手を大きくのり越えて、日本産業を再び世界一にするために、大革命を起こそうとする「強い決断と気力」が見えないのは大変悲しいことである。

六、日本半導体・電子産業の衰退から学ぶべきこと

以上日本半導体・電子産業の一九八五年以降からの衰退を見てき、ものづくり力の再構築の必要性を考察してきたが、そこから日本が学ぶべきことをまとめてみる。

第一は、日本産業は、商品がアナログ、擦りあわせ技術があるから安泰だとしてきたが、そのポジションを大きく変えてしまう「デジタル化」、「モジュール化」の波は予想を超えて急速に進んできたということである。同時にこのデジタル化、モジュール化により産業構造が変わり、「水平分業」、「オープン・イノベーション」が主流になってきていることで、これに日本産業は乗り遅れてしまった。

日本産業はこうしたデジタル化の波に後手ごてで対応してきたために、このような衰退を招いたと言える。これからの道は、日本は積極的に新しい商品としてアナログ的なメカトロニクス技術を開発

して商品をだし、それがやがてデジタル化され、モジュール化されて、世界に普及すると、また日本が新しいメカトロニクスを開発するというイノベーションのサイクル的な波を興すことが重要になると考えた方が良い。自動車産業も例外ではないであろう。デジタル化、モジュール化の波を前提にして、これらをポジティブに利用して次の発展を展開しなければ日本産業の再生はない。

第二は、日本産業は、過去半世紀にわたり世界のものづくりをリードしてきた「ものづくりの基本」に再度立ち返る必要がある。市場、顧客の欲しいと思う商品を開発し、市場が買えるコストでものを創るという日本のものづくりの基本を最近の日本産業は逸脱してしまった。「プロダクトアウトではなくマーケットイン」というのは日本のものづくりの初期の段階の鉄則であった。日本産業はこの基本に戻ることである。これはシンプルで、至極当たり前の話であるが、産業の経営トップが本気で「基本に立ち返る」決意をしなければ、このままずるずると流れ、日本産業は沈没する。

最近、パナソニックの津賀社長は「メーカー視点の技術開発に走り、顧客目線を忘れていた」と告白し、シャープの奥田社長も「良い技術があっても、マーケットに受け入れられるかどうかという取り組みが不十分だった」と反省している。遅きに失したということである。

第三に、日本産業がこれからも発展するには、その利益構造を変えなければならない。連続的にイノベーションを進めるには、研究開発費を投入しなければならない。そのためには日本産業は利益率を更に高めなければならない。そうしなければ、商品を買ってくれる労働者に適切な所得をもたらすことができない。そのためには、価格切り下げ競争ではなく、市場がワクワクするような新しい商品を常に開発し、供給しなければならない。これには企業の立ち位置、構えを革新しなければならない。これは決して単なる円高の問題、高い法人税の問題ではない。

新しい商品は必ずしも先端技術を基にする必要はない。新しいビジネスモデルで、これまでとは違ったやり方でビジネスをすることである。日本はイノベーションを「技術革新」と翻訳したために、先端技術の開発を想定しているが、そんなものは簡単にできるものではなく、そのために日本では新しいビジネスモデルとしてのイノベーションがでてこないのである。

(注) 筆者の経験した米国半導体自動設計ソフト企業（ＥＤＡ）のケイデンスでの、新しいビジネスモデルの提供の例がある。一九九五年から二〇〇〇年にかけて、同社は半導体の自動設計の工程の個別の自動設計ソフトを開発して販売していた。しかし顧客がその個別のソフトをどう使って効率よく設計しているかは関知していなかった。そこでより効率的な設計フローと手法を編み出すためのコンサルタントビジネスをしながら日本の顧客と一緒に開発するという「新しいビジネスモデル」を創りあげた。これにより顧客の半導体設計生産性は飛躍的に上がり、新しい適切な設計ソフトも開発し、同社の売り上げも五年間で二・五倍に成長し、一、〇〇〇億円企業になった。

第四に、これから世界市場において拡大する市場は、日本、アメリカ、ＥＵなどの先進国市場ではなく、中国、インドなどのＢＲＩＣｓである。これらのこれから拡大する市場でビジネスの展開をするには、先進国商品のダウンサイジングではなく、「ゼロベース」で、現地でそこで売れる商品を開発し、ビジネスの橋頭堡を築かなければならない。それぞれの地の文化、習慣、歴史により同じカテゴリーのものでも商品は違ってくる。しかもグローバルな水平分業の展開がベースとなる。新興国向けの商品開発の中心拠点を思い切って現地に移すことである。これまで先進国への販売に限定された日本産業のビジネス基盤を全面的に変えなければならない。ここで開発された新しい商品が逆に先進国に入ってくるものがでる。これも「ディスラプティブ・イノベーション」である。

第五に、日本の半導体産業が、特に半導体の開発費の高騰によりＡＳＩＣ新製品の開発が阻まれていることに対する克服策としてのソリューションを見つけ出すことができず、衰退していることを見てきたが、これからグローバル市場はますます多品種少量生産化し、そしてダイナミックに市場が変動することに対応できる半導体の多品種少量生産方式を開発しなければならないことである。

これには日本自動車産業がフレキシブル・マニュファクチャリング手法を開発してきたことから、こうした手法を半導体にも応用できる余地は十分ある。プラットホーム的な構造をもつ半導体で、どんなボリュームの生産、カスタマイゼイションにも迅速に対応できるものである。これが国家をあげて取り組むべき日本半導体産業の次のイノベーションの道である。

七、日本の新しいものづくりの道

新しいイノベーションの道

こうして見てくると土台と上部構造の乖離にたいするアウフヘーベン（再調整による克服）として、日本産業は「ものづくり」の仕組みをこれから大きく変え、進展させていかなければならないことが分かる。世界的にも過去三〇年、イノベーションが停滞していることが世界経済の停滞の基本的な原因であるが、これまでも見てきたように、日本産業は特に経済発展をドライブする新しい産業の開発にはあまり手を染めてこなかった。しかしこれからは日本産業もそれに手を染めなければ、日本産業自身がますます衰退することになる。そのために日本の「ものづくりの環境」を大きく変える必要がある。

二〇世紀はアメリカが中心となって、これまで存在したことのない新しい主導産業、コンピュータ産業、半導体産業、ソフトウェア産業、航空機産業、石油化学産業などを開発してきたが、そうした先端サイエンスを駆使した全く新しい産業の開発ではなくとも、経済の発展を駆動する新しいマーケットを創造する産業の開発の道がある。二一世紀における日本産業の役割は、こうした分野の産業の開発である。本書ではこれを「ディスラプティブ・イノベーション」と「分岐的イノベーション」としてこれから詳しく説明するが、このイノベーションを興す「プラットホーム、仕組み」を日本が創る必要がある。つまり全く新しい技術、産業、商品ではなく、既存の技術、産業、商品から、それから枝分かれして全く新しい市場を創造するような産業を興すことである。

こうした「産業のイノベーション」の基本は、「これまでとは違ったやり方でことを行うこと」であり、それは「いろいろの要素の新しい結合、組合せ」で可能になる。そして「企業経営」の本質は「競合他社とは異なる独特の方法で商品・サービス」を提供することであり、「それで顧客を喜ばせる」ことである。もう一つ大変重要なことは「その仕事で従業員に社会のためになるという働く喜びを味わってもらい、豊かな生活をしてもらう」ことである。

(注)　筆者が一九九〇年の初めに米国半導体会社：テラダインで経験した例がある。半導体のテスターで最も故障が起こる箇所は「リードスイッチ」であった。日本の企業はこのリードスイッチの品質改良に努力していたが、あまり成果は上がらなかった。テラダインのある技術者が新しいスイッチとして故障の起こり難い「無接点電子スイッチ」の技術を役員会で提案した。社長は「これは面白いが、競争相手はこれを使っているか」と問うた。提案者は「これはまだどこも使っていません」と答えると、社長は即座に「それならこれを直ちに開発せよ」と指示した。そしてこれは成功し、商品の大きな差別化になった。日本の企業であれば、トップは「競争相手が着手している技術であれば、遅れてはならない。すぐにやれ」と言うが、「競争相手はまだ誰もやっていない」ということであれば「そんな分からないものはやめておけ」という返事になる。

フレキシブル・マニュファクチュアリング・システム

二〇世紀は産業社会全体が、「画一的製品の大量生産の時代」であったが、二一世紀は本当の意味での「多品種少量生産の時代」になる。もちろんグローバル市場では、商品によってはこれまで以上の量産規模になるものもあるが、膨大な数の「ロングテール商品」として多種少量の商品が多く開発されることになる。しかしこの多種少量のロングテール商品もグローバル市場では、それぞれがかなりの産業規模になる。つまり「どんな量の商品でも適切なコストで迅速に供給する時代」にしなければならない。二〇〇三年に提言されたアメリカの「全米競争力評議会」での「パルミサーノ・レポート」によると、「製品・サービスへの需要と供給が大量生産・大量消費から特注生産、個人化需要にシフトするにつれて、『規模の経済』の世界から『専門能力の経済』の世界に移行する」としている。

こうした新しいものづくりを展開するには、越えなければならないあるハードルがある。イノベーションの衰退の原因の一つは、新しい商品のアイディア、コンセプトを実際のものに造り上げることのハードルとして大きな資金と労力そしてリスクが極めて高かったことである。従って、新しいイノベーションができる人、企業が極めて限定されることになる。これからの商品の開発はもっと多くの人、企業が「こんなものがあったらいいな」という思いを実現するために、気軽にそのアイディアを「もの」にしてみることのできる環境、プラットホームを造ることである。このハードルをどう超えるかである。

この新しい環境は、アメリカのMITが「メディアラボ」などで、数十年前から提唱している「ものを一個作りする環境」で、これが「ファブラボ」として展開されているものがあるが、これが一つの土台になる筈である。アメリカは昔から自宅のガレージ（車庫）に万力、電動鋸、半田ごて、溶接機、小型旋盤、工具一式をもっていろいろのモノを自分で作る文化がある。アップルのスティーブ・ジョブズも自分のガレージでパソコンの開発をスタートしたことは言うまでもない。筆者がロスアンゼルスに住んでいた時、隣の家族は自分のガレージで四台の自動車のエンジンを載せ替えたり、サスペンションの改造、ターボの装着から新しいバギー車の組み立てまでやっていたのに驚いたことがある。

一九六〇年ぐらいまでは、日本の田舎でも、鍛冶屋、鉄工所、鋳掛屋、金物屋などがあり、いろいろの職業の多くの人がそこで自分の必要とする道具、機械を一緒になった造っていたものである。多くの人はここでいろいろの技術、ものづくりを学んだものである。こうした環境を再び整えなければならない。

今日では工業用3Dプリンター（三次元プリンターで、対象物のデジタルデータにより、光造形法という溶融プラスチックスその他の素材を積層して三次元の物体を創りあげる）、CNCルーター装置（コンピュータ数値制御機械）、レーザーカッター、カッティングプロッタ、3Dスキャナー、あるいは小型の工作機などを備えた「工房」（ファブラボ）ができてきており、一般の人が簡単にいろいろの商品のアイディアをプロトタイプ（試作品）として比較的安く造ることができるものである。今アメリカを中心に、世界の一七か国に五三の「ファブラボ」が広がっていると言う。（参考：『MAKERS』クリス・アンダーソン、NHK出版）

これによりこれまで抹殺されていた多くのイノベーションが具体的に進むことになる。つまりこれまでは、この最初のプロトタイピングの製作に大きな資金と労力の投資が必要になり、如何に良いアイディア、コンセプトがあっても街の発明家のたわごととして抹殺されていたのである。これがこれからこうした「ファブラボ」でイノベーションとして展開されることになる。これにより二〇世紀に起こったイノベーションの開発の一、〇〇〇倍以上のものが二一世紀には起こるであろうと言われている。つまり「ファブラボ」は「一人メーカー」を促進することだけではなく、真の狙いはこれまでの膨大な「アイディアだけで、特許だけで」埋もれていたものを果敢に商品化する道である。

これを実現するためにもう一つ重要なことがある。近年の商品には殆ど半導体及びソフトが埋め込まれたものになっているが、先にも半導体産業の問題で見たように、半導体の開発費がますます高騰してきており、このために量産志向になり、まだどのくらい売れるか全くわからない新しい商品には必要な半導体の開発に手が出せず、その新しい商品の開発が抹殺されてきた。これは世界的にＡＳＩＣの開発の数が減少していることでもわかる。つまり、はじめから大量に売れるとわかっているものしか半導体が開発されず、売れるかどうか分からないイノベーティブな新製品の開発が阻まれてきた。日本の企業のトップは、これまでにない新しいアイディアの商品には手を付けない。競争相手がやっている類似品の商品開発だと日本企業のトップはすぐゴーをかける。これは言うまでもなく価格切り下げ競争になり、ますます利益の出ない体質になる。

これには、先にも述べたような多品種少量に対応する「半導体のプラットホーム・コンセプト」で、開発費が従来のものの一〇分の一以下で、量産単価が従来のものと同じくらいのものになる新しい半導体製品のアーキテクチャーを確立することである。これにより新しいアイディアの商品を果敢に開発できることになる。先述のように日本は自動車産業でいろいろなフレキシブル・マニュファクチャリング技術を開発してきているので、半導体のそれも可能なはずである。日本でも少量の半導体の製造のための「ミニファブ」設備の開発が進んでいる。本来なら日本からこれを発信しなければならないものである。

筆者はかつて『創造的破壊』（一九七八年）という書で、「大量生産の時代」からやがて「多種少量生産の時代」になると述べ、これを「カスタム」と「オペレーション」という言葉を合成して「カストメーションの時代」と呼んだが、このような時代がいよいよ到来することになるであろう。これで日本産業が更に発展する可能性が出てくる。

イノベーションのプラットホーム

更に重要なことは、新しいアイディアに基づいた商品のデジタル・データ・ファイルを、プロトタイプ、少量生産、大量生産といかようにも迅速にマイグレート出来る環境を創ることである。Ｗｅｂ、ネットワーキングにより、日本をはじめグローバルにオープン化した生産、販売のサプライチェーンができているので、その中で、「こんなものがあればいいな」というアイディアをプロトタイプとして開発した後、どのレベルの生産量にも迅速に対応できるような商品データベースのインターフェースの共通化、シームレスなマイグレーション化を実現しなければならない。こうした環境のなかで、日本の多くの中小企業の存在がこれをサポートしてくれる。しかし日本がこれまで蓄積してきた膨大な中小企業の生産技術、ノーハウを消滅させることなく、こうした新しいものづくりの「プラットホーム」にしなければならない。これが日本のこれからの「新しいものづくりの道」である。

だが、アイディアをいち早くプロトタイプにすることについて、一つ注意しなければならないことがある。それはあわててプロトタイプを造ってしまうと、それに縛られてしまい、成功するものにならないことがある。新しい商品のコンセプトを素晴らしいものにするまで、我慢して考えに考え抜かなければならないということである。

日本は最近新しいベンチャー的な企業が出ていないことは先に触れたが、日本では一九九一年以来新しい企業の「開業率」が企業の「廃業率」より下回っている。直近では「開業率」が二・〇％であるが、「廃業率」は六・二％に上っている。人口の減少のように企業の数も日本では減少しているのである。総務省の調査では、日本では新しい企業を興したいという人が少ないわけではない。新しいビジネスで起業したいという人は一〇〇万人を超すという。そういう人が果敢に起業できるような「イノベーションのプラットホーム」をつくり、国としてもそれを促進しなければならない。

第四章　日本産業社会の基本的な問題とその改革

一、グローバル市場の本質の理解

二一世紀グローバル市場を前提とした日本産業力の構築

菅直人氏は大変不幸な首相であった。その真意はさだかではないが、彼は「第三の開国」という言葉で日本のグローバル社会への取り組みを訴えた人であった。この発言に対して多くの評論家や政治家は「それは時代錯誤も甚だしい」と批判した。確かに、物理的には、あるいは形の上では、日本は鎖国ではなく、立派な開国国家である。しかし実質はそうでもない。だから多くの人はTPPに反対するのである。グローバル時代でも、国としてある時期保護しなければならない産業、市場があれば保護しなければならない。だが最も悪いことは、ほとんどの日本人は未だに「心の鎖国」によって支配されていることである。特に一九九一年のソ連の崩壊後のグローバル社会の意味とその動きを正しく理解していないのではないかという心配である。日本人は、まだ「グローバル的」つまり「地球規模的」にもの見ることが十分できていない。これがなければ、これから日本の発展は難しくなる。日本はまだ全体として大変内向きであると言わなければならない。

だが、国内を忘れて、グローバル市場に出ていけばよいという単純な話では決してない。つまり日本国家を忘れて、グローバル市場で生き残ることではない。グローバル市場を正しく理解したうえで、そのなかで日本経済をどう再生、発展させるかである。つまりグローバル社会のなかで、日本国としての安全、産業の発展、「国民の富」をどう増進してゆくべきかを考えなければならない。求められていることは、国内産業とグローバル産業の構造の再構築である。

アダム・スミスは、資本主義的経済活動の市場の大きさにより、そしてその市場の文化、所得レベルにより、ものづくり、生産技術、分業の仕方、そして商品の内容が違ってくると言った。グローバル世界の到来で、市場の大きさ、その文化、所得レベルも大きく内容が変わった。そういう目で、これからの商品開発、ものづくりの仕組み、生産技術の要素の構成・選択をしなければならない。

しかし日本産業は、新しい商品を開発するとき、まず日本市場で売れるもので、日本市場でトップになることを頭に置きながら進めてきた。その結果、日本市場で多くの競合者と競争し、消耗戦を終えてから、グローバル市場を初めて意識する。これではもう勝負は終わっており、日本企業のグローバル市場でのポジションはない。これが二一世紀になっての日本産業の衰退の原因である。同時にインターネットの時代に入り、あらゆるものがネットで繋がることになると、商品の性格が全く変わってくるが、日本産業は、個別商品として国内での開発競争が終わったところで、商品のネットワークを考える。これではまた勝負はすでに終わっており、グローバル市場での日本産業のポジションがなくなっている。欧米、韓国、台湾の企業は商品開発の最初から、グローバル市場とネットワーク化を前提に進めている。特に韓国、台湾は自国の市場があまりにも小さいからである。

今日のグローバル市場の特徴として、特に理解しなければならないものがある。一九八九年にベルリンの壁が崩壊し、ロシア、中国、インドという旧社会主義圏の市場が一挙に資本主義市場に合体された。そして中国が一九七一年鄧小平の英断により資本主義経済活動を導入することになり、中国は世界の工場になった。特に台湾、中国のＥＭＳ（電子製品の受託生産サービス）により「グローバル・サプライ・チェーン」が出来上がってしまった。しかも、デジタル化とモジュール化、インターネット化の波の中で、商品の生産工程が単純労働として細分化され、世界で最も安いものが選ばれるという「細分化されたグローバル・サプライ・チェーン」になった。グローバル市場ではこうしたグローバル・サプライ・チェーンを如何に旨く利用するかが生き残りのために重要になる。同時にその中で日本国経済をどう発展させるかを考えなければならないということである。

かつては「比較優位論に基づく商品の国際分業」の概念で仕事が進み、企業が利己的に利益を追求して活動すると、結果として調和のとれたそれぞれの豊かな国民経済が出来上がるというスミスとリカードの理論が通用していたが、今日の「グローバル・サプライ・チェーン」では、商品の設計工程、生産工程が細かく分断されてしまい、ダイナミックに変化する。これにより国民国家としての経済のコントロールが難しくなってきた。これが二一世紀の国民国家としての大きな課題である。

最近ＪＡＬ、ＡＮＡで、ボーイング７８７機のバッテリーの発火事故が起こった。これもグローバル・サプライ・チェーンで製造されたものである。電池は日本のユアサＧＳ、充電装置はイギリス系アメリカ企業のセキュラプレーン社、過充電防止システムはフランスのタレス社とその協力企業としての韓国のＬＧで製造されている。その他にも部品の多くの供給企業がある筈である。こうしたグローバル・サプライ・チェーンでの品質管理、しかもソフトの絡んだ商品の信頼性を管理する仕組みがまだ十分確立されていないのかもしれない。あるニュースによると過充電防止システムの電気配線に設計ミスがあったのではと報告されている。二つのバッテリーのコントロール回路は別々であるべきところが、ある配線によりつながっていたという配線ミスであった。これに似たような事故がこれからも出てくるかもしれないが、しかしここに逆に「イノベーションのチャンスと余地」があるということである。

グローバル市場の大きな波のうねりは、ここ当分は退潮することはない。ところが日本産業はその流れの真の意味を理解していない。菅直人元首相の言うとおりである。先に検討した日本の半導体産業、電子産業の今日の衰退は、一つには、中国市場においては天安門事件から、そして日本のバブル崩壊後から、アメリカ市場、ヨーロッパ市場においてはそれまで営々と築いてきた海外の技術、営業拠点を、本社の利益をよく見せるために、一挙にリストラし、縮小、撤退してしまったことからきている。日本産業のトップは、「グローバル世界の時代」というこれから展開する本当の姿を理解していなかった。現在でも残念ながらその問題は尾を引いている。今また、「六重苦」でなりふり構わず、多くの日本企業が海外に製造拠点を移しているが、それは新興国の労賃が安いという理由で海外に逃げているのであり、これから日本産業がグローバル市場で、どのような構えで発展すべきかの戦略的な青写真はまだ明確に描かれていない。

だが日本は資源がない国であるので、昔から製品を外国に輸出することを主眼とし、特に日本経済の一九八〇年代の発展は輸出によってもたらされたので、グローバル化は日本産業は初めから進めてきたという論者もいるが、しかしその輸出先は主としてアメリカと限られたヨーロッパの国に対してである。日本は輸出立国と言われながら、GDPに占める輸出比率は他の先進国と較べても決して高くない。しかしこれからのグローバル化の主体的な市場は、アジア、BRICsそしてアフリカである。日本産業は、未だにアメリカ、主要ヨーロッパ以外の市場には本気で目を向けていない。この点については、特に日本のトップマネジメントの態度と意識が問題である。

従って、一番重要なことは、これまでの資本主義経済活動はアメリカ、主要ヨーロッパの富裕層、中間層を対象にしていたが、二一世紀のグローバル社会では、途上国、新興国が世界の経済活動発展の中心的なエリアになるということである。しかも最も重要なことは、これまでのように先進国で商品を開発して、それをモディファイしてこれから成長する途上国、新興国の市場へ売り込むのではなく、途上国、新興国において「ゼロベース」で全く新しい商品を開発することである。

第二に、こうした「ゼロベース」で途上国、新興国で開発された商品を「逆分岐的イノベーション」の発想で、先進国市場にも展開できるという点である。これまでの先進国向けの商品も、ある所得層を前提として商品を開発し、それ以下の所得層への商品は無視してきた。その例外の一つは、アメリカのサブプライムローンで住宅を買える所得層でないものに高い商品を売りつけた。住宅バブルをこれで起こし、金融資本は売り逃げて、バブルを崩壊させ、国民の富を収奪するという詐欺であった。こうした商品ではなく、新興国の低所得者にも買える商品を開発して、それを先進国に逆流させ、その新しい商品の生産活動に多くの国民を参加させることである。

そして、第三に重要なことは、これからの商品はあらゆるものが、グローバル市場においてネットワークで繋がるものになるということである。

この三つの二一世紀のグローバル市場の本質を日本はまだ十分に理解していない。

日本の殆どの企業が、日本市場でのシェアを高めることにまだ没頭しているし、これまで通り、先進国市場向けの商品を、単純なカスタマイゼーションでそれ以外の外国市場へ提供しようとしていることが問題である。欧米の企業の中にはすでに、こうした新しいグローバル市場のコンセプトで途上国、新興国で「ゼロベース」で新しい商品を開発してビジネスを展開し、その商品を「逆分岐的イノベーション」の発想で、先進国市場にも展開し始めているものがある。エリクソン、GE、シスコ、セメックス、ファーウェイ、ダイアグノースティックスフォーオールなどの企業がこうした商品を開発して成長する途上国、新興国市場を開拓しており、ネスレ、ペプシコ、ワールプール、P&Gなど多くの企業もその方向に動き始めている。

歴史的に見たグローバリゼーション化

しかしグローバル化現象を歴史的に見ると、少し違ったものが見えてくる。資本主義経済の運動法則により、経済活動はどんどん外に向かって拡大し、グローバル化へのエネルギーが常に働いている。各国のGDPに対する資本移動で見ると一九世紀の終わりから一九二〇年ぐらいまでの世界は、グローバル化の波が大きく進展した時期であった。一九〇〇年から一九二〇年で見ると、その割合は、現在のものより高かったと言える。日本について言えば、一九三〇年代は輸出のＧＤＰに占める割合は二〇％を超えていた。一九九〇年が一〇％で、二〇〇七年が一八％と伸びてはいるが、一九三〇年の水準には達していない。つまりグローバル化は今に始まったことではなく、過去にも起こっていたものである。

しかし重要なことは、グローバル化の進行は、世界のＧＮＰを拡大させたが、それがある程度進むと、各国間の経済格差を拡大し、国内では国民の所得格差という社会不安をもたらしていることである。これは、グローバル化により新しい産業構造に変化が起こり、そのなかでグローバル化の恩恵から疎外された国々が窮地に追い込まれることを示している。これがブロック化、保護主義化という「脱グローバル化」を起こし、一九一四年の第一次世界大戦になり、そして一九三九年の第二次世界大戦へとエスカレートしたことは言うまでもない。

一九七一年から第二次グローバル化が起こった。こんどはＩＴ技術をもとに世界がネットワークで繋がり、しかも一九八九年ソ連が崩壊し、ＢＲＩＣｓが資本主義市場に合流してから、グローバル化の質が変わってきている。つまりグローバル化がエスカレートしてきた二〇〇七年ころから、「底辺への平準化」現象を含めて内外ともに「格差問題」がいろいろの分野で深刻になっている。そのことと関連して、グローバル化は「小さい政府」ではなく、格差の是正、福祉政策、そして経済の戦略という意味で、国家、政府の役割がますます重要になってきている。危惧すべきことはブロック化、保護主義化になり、世界戦争にならないようにしなければならないことである。

資本主義経済の発展は、もともと「不均等発展」でしか起こらないものである。それは、産業の新陳代謝という意味での産業構造がやむことなく変化してゆくことであるから当然と言えよう。同時に情報化時代に入り、これまでの富の獲得の方法が変化したために、不均等発展が激化したことになる。一九七一年の第二次グローバル化では、上記のように、かつてない膨大な人口を擁するＢＲＩＣｓが一挙に合流したために、その不均等の度合いが増幅されてきている。そして現在の問題は、世界的なイノベーションの停滞が、産業の衰退をもたらし、世界的に経済格差、所得格差を更に悪化させていることである。これを解決するためには、新しい産業をどんどん開発し、「収入を生み出す就業者数」を世界的に増大させることしかない。

オープン・イノベーション

大きな変化は、これまでの資本主義の経済活動の対象にしていた八億人の市場規模が、四〇億人、五〇億人になることである。これまでの五倍、六倍という数字は小さいように見えるが、そうではない。世界丸ごとを市場として考え、グローバルな生産システムのロジスティックと、世界のあらゆるセグメントを市場としてビジネスを展開するというのは巨大な変化であるし、こうした理解とマインドがこれから必要になる。これからは常に宇宙衛星の位置から地球を見ていかなくてはならなくなった。そのためには新しいグローバル人を養成しなければならない。これによりこれまでの産業構造は変化し、グローバル産業構造とでもいうようなものに変貌することになる。そのなかで日本経済社会がどう生きるかである。

そうした新しい世界では、産業活動は、これまでのような産業戦争ともいえる相手国産業を殲滅させるような行動をとると必ず後で報復されるということを覚悟しなければならない。日本が一九六〇年から一九七五年ぐらいの間に、アメリカからいろいろの援助をうけながら、安い労賃で生産した家電商品をアメリカ市場に集中して輸出して、アメリカの家電産業を殲滅してしまった。これに対してアメリカは一九八〇年以降、新しい技術産業で日本を逆襲してきた。これが今日の日本の半導体、家電産業、自動車産業の不振になってきている。これからは市場競争の中でも、相手の逃げ道、相手の生きる道を造り、敵に回すのではなくサプライチェーンの中で、自分の味方にすることである。シリコンバレーのある友人が言っていたが、日本はいろいろの分野で、外国の企業とアライアンスを組むことが下手だということである。日本産業は利益もすれすれで、相手の産業に価格競争で切りかかってきて、相手を殲滅するというようにアメリカ人は見ている。アメリカ人から見ると、日本企業は「自分も死を覚悟して価格切り下げ競争」を挑んでくるように見えるというのである。それ故に日本は産業競争の中で本当の敵とみなされ、最終的には苦戦することになる。ソニーの盛田氏が「安くて良い商品を売って何が悪いか」といってアメリカを激怒させたようなことをこれからはしてはならない。グローバル市場ではいろいろの企業と手を組み、最終的には自分の味方にしながら利益を上げていく術を身に着けることである。そこに「経営戦略」の意味がある。これがこれからの企業経営の王道となる。

「オープン・イノベーション」と呼んでいる考え方がある。アップルも、その製品で特徴となっている指を使った迅速なタッチ操作技術のソフトも外から買い、製造は全部外部でやっている。重要な商品のコンセプトとスペックとその製品設計を自分でやって、製品のアナログ的な感性を職人的な感覚で厳しく管理しているのである。アップルの商品の開発、生産は、自分自身だけでは到底できるものではない。

これからはグローバル・ベースで「オープン・イノベーション」としての活動が展開されると同時に、ハードのものだけではなく、関連するソフト、サービスをも含めたトータルの商品が求められ、これを開発し、ビジネスとして展開するには、これまでのような一企業のなかで閉じた活動では不可能になってきた。そのためには、何を、どこで、誰と手を組んで、競争相手を味方にしながら実現するかを常にグローバルに考えなければならない。日本産業はこの方向を意識的に志向しなければ、グローバル社会では生き残れない。これには、筆者が提案する「バーチャル・バーチカル・インテグレーション」という企業の組織が必要になる。

自分の城は自分で守る

一九九一年のソ連崩壊により、日本とアメリカの関係は大きく変わった。言うまでもなく米ソの冷戦構造の解消である。これにより日本経済のいろいろの環境が変わってきた。アメリカはソ連崩壊、中国の台頭で、新しい戦略を模索している。これまでの日米安保体制は継続することになるが、その背景は大きく変わってきていると考えなければならない。言うまでもなく、日本にとって、中国の最近の外に対する動きのなかで、依然アメリカとの安保体制は重要であるが、日本の産業政策の背景がこれまでとは大きく変化している。しかし多くの日本人はこのことを正面から考えようとしない。

戦後、日米安保条約により、日本は安全をアメリカに保障してもらい、経済産業活動に専念することができた。これがなければこんなに早く日本は経済大国になれなかったであろう。しかしその一方で、これにより、日本は、あらゆる層において「自分の企業は自分の力で生きるという精神」を失ったように思う。これはある意味ではアメリカの意図するところであったのかもしれない。もしそうであれば、イギリスに仕掛けられたアヘンによって弱体化した中国に似ている。

言うまでもなく、「自分の城は自分で守る」ということは、戦争をするということではなく、その反対である。孫子の兵法で「戦わずして勝つ」である。これは「自分の城は自分で守る」という意思が確固なるものでなければ不可能である。もちろん言うまでもなく、二一世紀のグローバル世界で日本が発展するには、いろいろの国と政治的、経済的に手を結び、仲間にしなければならない。中国の最近の動きを考えると、日本はアメリカとの関係を再度構築しながら、中国との関係をよくしなければならない。これも日本経済社会を自分でどう守るかという意思がなければ適切な動きにはならない。二一世紀の世界の発展に向けて、米中そして日本との経済の共存関係を更に深くし、日本は「自分の城は自分で守る」という意味でも米中との仲を取り持つ役割を意識的に果たさなければならない。

これは企業においてもそうであり、「自分の城は自分で守る」という精神と力が弱体化してきた、問題が起きると、国家、政府に頼り、救いを求める。ソ連の崩壊後、世界はグローバル化してきたが、これからの国家は真の意味の自立が必要になり、企業にも自分で生き抜くという覚悟が必要になる。円高だから業績が悪い、法人税が高いので利益が出ないという言い訳は、これからは通用しなくなる。日本国民のために本当に必要なら、適切な為替レベルにするためにあらゆる力を動員して、国家、産業の意思として、外国をも説得して、それを実現しなければならない。あるいはデフレが日本経済のこれからの発展に対して大きな障害なら、毅然としてそれを解決しなければならない。この国家としての、産業としての、企業としての意思と覚悟の問題である。これが「自分の城は自分で守る」ということである。

それには、先述した「戦略的思考と行動」を国家も企業も実行するということである。産業は、単にモノを安く造るための「生産性向上」にとどまっていてはならない。国家、国民を豊かにするには産業はどう動かなければならないかを考えなければならない。国民にどれだけ十分な職場を用意し、提供するかである。企業の「イクセレント・カンパニー」であるかの判定には、どのくらいの労働者を雇用し、どのくらいの労務費を支払っているか、その上でどのくらいの利益を上げているのかも重要な指標にならなければならない時代となる。アメリカが言うNational Public Interestという意識を国家全体が明確にしなければならない。日本自身が日本経済を守り、国民を富ませ、発展させるという意思を持たなければ、誰も助けてはくれない。

ボトム・オブ・ピラミッド

「ボトム・オブ・ピラミッド」（BOPあるいはベース・オブ・ピラミッドとも呼ぶ）という概念がある。一九九八年にC・K・プラハラードが唱えたもので、世界には一日一ドルで生活している四〇億人の人がおり、この人たちは資本主義経済の恩恵を受けていない。これらの人たちに資本主義経済の活動の中に参入してもらい生活を豊かにしてもらう道があり、これが資本主義経済の更なる発展になることを示した。

グローバル世界になり、新興国であるBRICsが雪崩を打って先進資本主義国の市場に参入してきたが、これまでの先進資本主義国の産業活動は、先進国で生産する商品が買えるような所得以上の層の市場を対象にしてビジネスをしてきた。そして無意識的に、それ以下の所得層に対して、産業活動の対象から除外してきたのであった。資本主義経済社会のこれまでの歴史は、アメリカが西部開拓を続けてきたように、経済の発展のために新しい市場を求め続けてきたが、近年それが限界に近づいた。しかしBRICs、アフリカその他で、そしてこれまでの先進国市場でも、産業資本が市場ではないと無視してきたところが実はこれから立派な大きな市場になるということがわかってきたのである。言ってみれば手つかずの膨大な市場がまだあったということが分かった。こうした市場で売れる商品を開発し、生産し、販売する活動を起こすことにより、現地の人がそのものづくりのプロセスに参加すると資本主義経済社会としてのスペースが大きく広がる。この場合、先進国で準備したデジタル技術、モジュール方式がこの経済活動の展開に大きな拍車をかけることになる。これまでこうした貧困者層を資本主義経済活動の富の創造のプロセスから排除してきたためにテロが起ってきたことも事実である。

この「ボトム・オブ・ピラミッド」のコンセプトで最も重要なポイントは、これからの世界経済の発展・成長の中心は、これまでの先進国ではなく、途上国、新興国であるということである。しかしこのマーケットは、歴史、文化も異なり、先進国のものとは全く違う。所得レベルもさることながら人々の商品に対するマインドが、先進国からではとうてい理解できないものがある。これを企業のトップが正しく理解することである。外国市場へは先進国の商品をモディファイして提供するというこれまでのやり方は通用しない。途上国、新興国の市場に合った商品を「ゼロベース」で開発することであり、それは先進国で使った古い技術、装置でよいというのではなく、場合によっては先進国でもまだあまり使っていない先端技術を用いる必要もある。例えばインドでは冷蔵庫に半導体のペルチェ・サーモ・モジュールを使う場合がある。通信技術でも、一足とびに最先端の通信技術を使うことができる。特にIT分野は、これからは先進国と新興国とでは技術的な差はなくなり、急速に成長している新興国ではこれからのイノベーションの主流となるとまで言われている。こうした商品は、やがて「リバース・イノベーション」、「逆分岐的イノベーション」として先進国市場にも適用され、そこで新しい市場を創造することにもなる。ここで重要なことは、先進国企業がそうした商品を開発して、それを途上国、新興国に売りつけるのではなく、新興国に開発の本部を移して新しい商品を開発し、それを生産し、流通させるプロセスで現地の人に職場を多く与え、その国の国民所得を増加させることをその産業の構造として構築することである。こうした動きはすでに欧米の先見的な企業で進められている。

ところが日本企業は一部を除いて、欧米企業、韓国、台湾、中国、その他の国に比べて、未だに、ＢＯＰ市場へのビジネスの展開が遅れている。とくに日本企業の本社とＢＯＰ市場への繋がりが弱く、このままの状態では、日本企業は、グローバル市場でのビジネスの展開から脱落してしまう恐れがある。

ロングテールの活用

上記のＢＯＰ市場の開拓以外に、日本産業の向うべき新しい市場がある。それは、第四として、「ロングテール」というコンセプトである。商品が市場で売れる状態を見てみると、商品のそれぞれの売れる数量の大きなものを左から順番にプロットすると右の方に恐竜の尾のようなプロファイルが現れる。少量しか市場に売れない膨大な数の商品が、右に伸びた恐竜の長い尾のように、存在することがわかる。少量しか売れない膨大な数の商品は、多くの中小企業で造られているが、多くは少量のためにビジネスの規模が小さく、手造りであったり、生業的なものになっている。しかしその商品の中には、極めて付加価値の高い、優れたものが沢山ある。現在こうした商品を造っている日本の中小企業が業績の衰退とともに、後継者がいないためにその商品は消えていこうとしている。日本の「ものづくりの力」は大企業もさることながら、中小企業の基盤の上に成り立ってきている。この日本の中小企業の技術の維持発展を図らなければ、日本産業の再発展はありえない。

一部の大企業、中小企業を除いて、これまで、ほとんどのそうした日本企業が日本国内の市場を対象にしてビジネスをしてきた。ところがインターネット、IT技術の発達、即配システムの発達などによりグローバル市場が開けてきた今日では、この分野の産業構造が大きな変貌を遂げようとしている。つまり、日本市場では少ししか売れなかった特殊な、高級な商品もグローバル市場ではクリティカルマスとしてのある程度の大きなビジネスの量になり、それにより進んだ生産技術、経営技術を投入できるようになると、量的だけではなく質的にもビジネスとして大きく発展できるものになる。

これから日本産業は、価格が勝負のマスプロ商品で発展途上国の安い賃金と戦うことは、その市場を占拠できるような業界標準を獲得できるもの以外は大変困難になる。現在でも年間一億個以上の商品は、中国、台湾などでのギガファクトリーのEMS（受託生産サービス）などで生産され、日本産業は敗退しているが、年間五〇〇万個、一〇〇万個以下の商品では、グローバール市場でのビジネスの展開により、日本産業が戦える分野がある筈である。こうした付加価値の高い、価格引き下げ競争にならないような商品を開発し、生産・販売することが、これからの日本経済の再発展につながる。

アダム・スミスも、技術、商品の内容はその市場の大きさによって規定されると言ったように、市場が少し大きくなると、ものづくり、ビジネスも大きく変わってくる。IT技術、インターネット、大企業が進めているグローバル・サプライ・チェーンなどにより、中小企業がグローバル市場のロングテールを開拓、発展させて、生業的な零細企業から、新しい技術や、マーケティング力を強化し、大きく成長する可能性がでてくる。これを国としても促進し、サポートする仕組みを創らなければならない。

つまり、いままでの一国の市場を対象とした商品で、高級品は事業としてあまりうま味がなかったが、これをグローバル市場で販売すれば量的にまとまり、立派な産業になる。この場合、経営者、技術者の感性を研ぎ澄ませた「職人的な強い思い入れ」「技に溺れない本物」を商品の中に入れる必要がある。こうした商品がこれからの世界で売れるのである。これがブランドとなる。これからの日本産業が取り組むべきものは、平均的な、マスプロされたデジタル的な商品ではない。消費者に喜びと感動を与えるもので、他が真似できないような商品を目指さなければならない。

例えば、オリンパスの内視鏡である。現在の市場の大きさは五、〇〇〇億円から六、〇〇〇億円程度の規模であるが、オリンパスは現在世界の七〇%のシェアを持ち、高利益を上げている。これを更にBOP市場に展開しようとしている。オートバイのハーレーダビッドソン、スイスの高級時計、高級ピアノのスタインウェイ、一眼レフのセミプロのカメラなど、付加価値の高い商品はたくさんある。言うまでもなく、オリンパスの強みは単に内視鏡としての商品技術が優れているということではない。日本の有力な病院、医師のネットワークをつくり、オリンパスの製品にサポーターを作り上げていることである。グローバルマーケティング力と職人、技術者の究極の思い入れ、技をもとに市場のサポーターをつくり、これを新興国などにグローバルに展開することである。こうした産業がこれからますます大きくなり、主導産業として成長することになる。これはまた「分岐的イノベーション」として新しい市場を創造して経済は発展することになる。工作機械、計測器、省力化機器、検査機などに使われる「位置決めセンサー」を製造する東京都立川にある株式会社メトロール。従業員一〇〇人ぐらいの中小企業であるが、インターネットなどを使ってクレジットカードを使い、国際宅配便を駆使して海外展開をして急速に業績を伸ばしている。グローバル市場のロングテールを対象にビジネスを新たなものにしている。

日本産業の強みは、一面では中小企業のものづくり力の上に成り立っていたのであるが、今や大企業が価格切り下げ競争に巻き込まれ、コストを下げるべく安い賃金の海外に出ていっており、中小企業は置き去りにされてきている。そのためにこれまでの日本全土に散らばる中小企業が疲弊し、消え始めている。ところがアップルのスティーブ・ジョブズは、日本の中小企業の持てる「匠の技」をあちこちつぶさに見て回り、いろいろの日本の中小企業の生産技術を動員してiPad, iPhoneを創りあげたのである。日本もこれから中小企業の持てる技術、ノーハウ、素材、部品をもとに、これを組み合わせて新しいいろいろの商品を創る活動をしなければならない。ただし、これはモジュールによる単純な組み立てによる商品ではなく、模倣の困難な技術として、非価格競争の商品の開発の道を進まなければならない。これによりグローバル市場で、非価格競争的なロングテールのビジネスが進むことになる。そのためにも、こうした日本の中小企業の持っている現在の技術、ノーハウの情報を、日本産業の財産として集める仕組みを造る必要がある。この情報・知識を、国家ベースで、ネット上に構造化されたデータとして検索できる仕組みをつくる必要がある。これをいろいろと組み合わせて日本の商品として開発することが求められている。現在のままにしておくと日本の中小企業の技術、ノーハウは消えてしまうことになる。

国民の富の増進

こうした二一世紀のグローバル時代において、日本の経済再生のためには何をしなければならないか。筆者の恩師であった高橋正雄先生（元九州大学経済学部教授）が、昭和三〇年の半ばに言われた言葉がある。「我々が日本人であるうえは、いかに世界経済が拡大しても、日本の経済社会を発展させることを最終的に考えなければならない」と。先でグローバル市場の本質を見てきたが、一九八九年ベルリンの壁が崩壊し、突如旧社会主義国の経済が資本主義市場に雪崩れ込んできて以来、特に中国が世界の工場を買って出てから、「グローバル・サプライ・チェーン」が出来上がり、商品の生産工程の仕事が細かく分断され世界にちりばめられた。とりわけ急速な勢いで伸びている台湾、中国系のＥＭＳ（電子機器の受託生産サービス）が、これに拍車をかけている。これにより企業も自分の従業員のことを考える余裕もなくなり、国家も自分の国民の富を確保し、意識的に拡大することが困難になってきた。つまり商品を造る過程での加工作業、部品、素材、サービスが細分化され、グローバル・サプライ・チェーンのなかで最も安いところが起用されるようになった。しかも起用される加工メーカーはどんどん入れ替わっている。最終商品を提供する企業は利益を上げ、その商品としては安いベストなものになるが、国民経済としては、そして各国の国民、労働者は極めて不安定なものになってきて、国の経済政策が効果的な力にならない状態に陥っている。底辺への競争であるアップルとユニクロに象徴されるように、その商品が伸びても、その企業の属する国の経済の繁栄には必ずしも結びつかなくなってきているのである。

国家としてはその国民の所得の増進を図るためのいろいろの経済・産業政策を進めなければならないが、こうした生産工程の細分化がグローバルに展開されると、国の経済政策、産業政策がなかなか効果的に実行できない。ＥＵの今日の危機は、各国が独自の金融政策が施行できない片肺飛行であることに加えて、この問題によりもたらされていると言えよう。日本、アメリカも、これで所得格差が拡大し、実質的な失業率がますます高くなってきている。世界の工場として躍進してきた中国もその産業のコントロールが不能になり、これからの発展に大きな矛盾を突き付けられている。

スマートフォンでアップルが企業として独り勝ちしているようであるが、その部品、加工業者、そしてそれに寄生して類似の商品で価格競争をしている多くの企業は利益なしのビジネスに追い込まれているし、それに振り回される労働者の所得はますますみじめなものになってきている。

これを解決するには、同じ商品を世界の多くの企業が、生産工程を細分断して個々の要素の価格競争をするのではなく、各国ごとの得意の商品、産業を開発して、世界的な商品、産業の分業体制に導く必要がある。そうすれば各国の国民経済の運用、発展の政策がよりうまくゆくことになる。

つまり、先述のように、「比較優位論」のコンセプトのもとに、それぞれの国の文化を纏った、人をわくわくさせるような商品、産業を各国が開発し、それを「国際分業」という形でグローバル市場において交換し、世界経済の発展を進めなければならない。今日のスマートフォン、タブレットのような商品の供給形態は望ましくないということであり、もしスティーブ・ジョブズがまだ生きていたら、恐らくそれを改革したのではないかと思われる。このままで価格切り下げ競争に陥ると、アップルもやがて坂を下ることになるであろう。

「スマートフォン頼り」の今日の産業構造ではなく、これから説明する「分岐的イノベーション」でどんどん新しい商品、新しい産業を、国家間の社会分業として展開しなければならない。

二、国のかたちと国家戦略

国の歴史と国の役割

二一世紀のグローバル時代に入ってから、資本主義経済社会における国家の役割があいまいになってきている。資本主義経済社会は、その歴史の初めから、市場対政府、自由主義市場経済対福祉社会、スミス主義対ケインズ主義などの議論で揺れ動いてきた。しかし、これは国家か市場かの二者択一の問題ではなく、資本主義経済社会が成りたち、発展するには、この二つが互いの役を果たして、両輪のごとく動くべきものである。

私企業は、国家という視点では行動できず、社会的な貧困者をどう救済するかとか、社会福祉を考えようとすると、たちどころにその会社は倒産してしまう。私企業は自分の利益をあくまでも追求することによってしか生き残れない。

かつてアダム・スミスの時代は個別企業が利己的に自分の利益の追求のみに専念して事業をすれば、社会全体として調和のとれた豊かな社会になるということであった。しかし今日はその経済環境が変わってしまった。先に指摘したとおり、今日のように商品の生産工程を微細に分解してバラバラにして国際的に分業すると一国の経済の管理が大変難しいものになる。個別企業が自由市場原理主義で自分の利益のみを追求すると究極的には、生産した商品が売れないという大不況になるか、あるいはマネーゲームのバブル崩壊による資本主義経済の衰退に追いやられるということは、この一〇〇年の資本主義の歴史が示しているところである。国民の生活、国民の富とは何か、国としての公益(National Public Interests)とは何かを明らかにし、資本主義経済の持続的発展を導く国のかたちをつくり、牽引することが国家の役割である。

だが一九五〇年から一九七五年ころまでは一時、アメリカも日本も「独占大企業時代」と言われる時期があった。「アドミニスタード・プライス」という独占価格で大企業は膨大な利益をエンジョイしていた。その利益で大企業は、「メセナ企業」と言われて、地域社会にいろいろと貢献した。同時に、社会主義陣営に対して、そして労働組合の圧力に対しても労働者への分配率も高めていった時期である。一時こうした大企業が地域社会の福祉、公益に貢献するという理想的な新しい大企業体制ができたと言われてきた。しかしそれはほんの一時的な現象で、グローバル時代に入って、企業はどんどん海外に出てゆき、国内の地域社会との関係も薄くなり、しかも一九九一年のソ連の崩壊以後、労働組合組織率、労働分配率も下がり、大企業が「公益」という意味での貢献を消してきている。つまり個別企業には残念ながら基本的には「公益」にこたえることはできないということになった。

歴史的に見ても、もともと資本主義的産業活動が、その目的を遂行するために、近代国家を要請し、国家を造り、その経済活動を拡大、発展させたといういきさつがある。世界市場で、私企業がビジネス活動をするには、地域の安全、信用創造制度の確立、私的財産の保証、社会経済活動のインフラ整備、国の税徴収権、銀行制度、教育、福祉制度などが必要になる。これは、言うまでもなく私企業の役割ではない。歴史においても事実として、最初に国家があって資本主義的経済活動を広めたのではない。資本主義経済活動の動きが国家の必要性を感じ、国家を造ったのである。従って国家か自由市場かではなく、それは両輪のような構造でそれぞれ存在し、お互いの役目を全うするものである。人間に煩悩がある限り、資本主義経済の歴史の中で、周期的に市場自由主義とその弊害を正そうと国家による福祉社会化が交互に極端に走る。グローバル社会では私企業は国の国境を飛び越えて動き回るので、国家の役割は縮小しているという論者がいるが、そうではない。むしろグローバル社会においてこそ、それぞれの国家の役割がより重要になる。現在の日本の政府の活動も、不毛な与野党対立の内輪もめの議論で終始しており、日本の国のより強力な立ち位置を築くために、戦略的に諸外国との折衝にもっと時間と努力を注がなければならない。

アメリカの国のかたちと日本

新しい大陸で建国したアメリカは、他の国とは少し事情が違う。アメリカの建国の歴史において、その「憲法」を見れば、この資本主義的活動と国家の役割が明確に理解できる。アメリカの「国のかたち」を表しているものとしての「アメリカ合州国憲法」は、次のように国の骨格を定めている。まず通商（産業、交易をふくめての Commerce）を興し、それにより国民の富（Welfare）を築き、それを増進することを使命としている。その通商、産業を興すには、国家の安全、安定を図る必要があり、そのために国の防衛力（Defense）を整えることを規定している。通商、産業を興し、国家の安全を保つには資金、資本が必要になる。国家に金を借りる権利を付与し、信用創造をおこなう。また資金として、税金を企業、国民からとる税徴収権を国に与えている。同時に国民大衆の資金を集めて、通商、産業を開発、発展させるための資本にする証券市場（Security）を創設する。通商規制（Commerce Regulation）と合わせて、証券市場には詐欺的行為が出る可能性があるので、証券規制（Security regulation）を設け、詐欺的行為を監視し、それを摘発する強大な権力を付与された「証券取引委員会」（Securities and Exchange Commission）を設置して、国民が安心して投資できる環境を整える。二〇世紀のはじめから半世紀ごろのアメリカの企業の経営者は、このアメリカ憲法が描いている「国のかたち」をしっかりと身につけて経営していたような気がする。「公」を考えながら企業経営をしていた。フォード社のヘンリー・フォード、GMのアルフレッド・スローン、デュポン社のピエール・デュポンたちは偉大な経営者であった。

一七六一年にアメリカが誕生し、一七八八年にアメリカ合衆国憲法が制定されたが、以上のような国のかたちが実質的に機能し始めたのは、一八六一年の南北戦争のあとからである。南北戦争までは南部は土地担保主義をベースにした農業で、金融市場もなく、イノベーションによる工業化を拒んできた。リンカーンによる奴隷解放のためと言われた南北戦争は、工業化によるアメリカ経済の発展のために国の進む道を確立するための内戦であった。特に国家の存続、経済活動の基盤となっている基本的な国防力は、単なる外からの攻撃に対して軍事的な防衛力ということだけではなく、国民の富を増大し、その安全を守るという意味での国民の意思は産業活動においても極めて重要なものである。

日本は、戦後、日米安全保障条約のもとにアメリカにより安全は保障されているということで、「自分の城は自分で守る」という資本主義経済社会の基本的な意識が少し弱くなっていることが今日の日本社会の活力を弱体化しているという指摘は当たっており、日本が真剣に考え直さなければならないものである。つまり日本の「国かたち」としての国を守る、国民を守るということが希薄であり、これを再認識し、再構築しなければならない。

国家の資本投資勘定

アメリカは、もともとヨーロッパでイギリスの国教会からいろいろの迫害を受けた人々が、そこから逃れて、一六二〇年メイフラワー号に乗って新大陸に渡り、新しい国を興したもので、イギリス、ヨーロッパの国々の中で資本主義経済社会の国として生き、発展するにはどうしなければならないかを当初から考えてスタートしたものであった。経済社会を形作り、動かすのは産業、通商（これを包括してCommerceと呼んだ）で、これを興すことが主眼となっていた。もちろん最初の産業は農業であった。そのころの経済発展をドライブするのは南部の方で奴隷を使っての綿栽培産業であった。しかし農業だけでは発展は限られるので、工業を興そうとした。しかし南部の人の反対に遭遇した。工業化のために、土地制度を変え、金融制度を確立し、奴隷制の変革をするために南北戦争を起こした。北部の勝利により、それからのアメリカは国家戦略でIndustryを興すことに全力をあげた。つまり南北戦争はアメリカの工業化のために制度を変えることを目的にしたものであった。

産業を興す道として、アメリカは、「精度と部品の互換性」のコンセプトをヨーロッパから導入し、アメリカ独自の「マスプロダクション」というイノベーションを展開した。アメリカの最初の基本的な考えは、職人が使う道具、装置、機械を大衆に普及させようとするものであった。

アメリカは常に国家として経済の発展をドライブする「主導産業Leading Industry」を如何に開発するかを考え、それを実行してきた。これまでに存在しなかった新しい大きな産業の開発には大きなリスクを伴うが、これは一私企業では手が出ない。アメリカはこのリスクを国家がとるという構えをつくった。このためにアメリカは「国家としての資本投資勘定」を持っていると言われている。これは実質的には国防産業を通じて、リスクの高いイノベーションを国家の責任で進めているということになる。アメリカの国防高等研究計画局（ＤＡＲＰＡ）もその一つの仕組みである。インターネット、半導体技術、携帯電話技術、コンピュータに関する重要な技術の開発の結果は、ここから民間に開放されたもので、国としての開発のリスクを取っていることになる。生化学、医療関係ではアメリカ国立衛生研究所（National Institutes of Health）があり、多くの国立科学研究所がアメリカには存在する。そこでの未踏の技術研究による損失は国家が責任を取る。また民間での研究開発費の繰り延べ制度を幅広く、施行して、イノベーションを促進している。こうしたアメリカの制度、それからキャピタルゲインなどの租税制度が、イノベーションにリスクマネーを提供するエンジェルを創りだす基盤となっている。

残念ながら日本ではそうした意識と仕組みはない。だが日本でもかつてそうした仕組みを創った経験がある。幕末の長州藩は財政赤字で、破産寸前であった。藩の収入の二二倍の借金があった長州藩はこの金を商人から借金していた。言うまでもなくその金利も馬鹿にならなかった。長州藩士であった村田清風が財政改革を断行し、その結果、明治維新の改革を長州が推し進めることができた経済的基盤を造ったのである。それにはまず「出を制する」ということで贅沢をご法度とし、藩主までそれを実行させた。「入るを量る」では四白産業として塩田、樟脳、和紙、米の産業を振興した。

しかし最も画期的な産業振興は、藩政府自身が興した「越荷方事業《こしにがたじぎょう》」であった。北海道、北陸からの藩間貿易、民間の売り買いで産物を運ぶ「北前船」が日本海を通り、馬関（下関）を経て、瀬戸内海から上方（大阪）、江戸（東京）に航行していたのを利用することにした。馬関に多くの倉庫を建設して、北前船で運ばれてくる物資を委託販売させてもらい、あるいはその物資、商品を長州藩が先ず購入して、機を見てそれを高く市場に売りさばくという今でいえば総合商社のような事業を興した。これで長州藩は膨大な利益を上げ、破たん寸前まで膨らんだ藩の借金を返済することはもとより、膨大な利益を蓄え、藩の一般予算と財政とは別の、「御撫育金《ごぶいくきん》」という特別勘定にした。これが長州藩の「資本投資勘定」である。ここから藩の戦略的な投資に金をどんどん投じた。若者の教育にも、産業の振興、軍備の拡充にもこの金を投じた。これが幕末から明治維新にかけて長州が経済力、軍事力、政治力をつけ、大きな活動をする基盤になったことは言うまでもない。

しかし今日の日本国にはそのような考えはない。国にはいろいろな埋蔵金はあるが、それは官僚達、政治家達の天下り的な養老院のための金に充てているようだと言われている。

現在の日本を見ると、結果的に日本政府は「科学技術」というくくりで多くの金を使っている。経済産業省、文科省が別々に金を使っているが、五年間で二五兆円という膨大なものである。日本の半導体産業に対しても日本政府は膨大な研究費を投入してきた。一九九五年以降日本半導体産業の再生のために「ＳＥＬＥＴＥ」、「ＨＡＬＣＡ」「ＡＳＰＬＡ」「ＭＩＲＡＩ」「あすか」「あすか２」などと多くのプロジェクトを進めたが、大きな成果となっていない。研究開発により半導体産業をどのように再生できるのかの明確な「構想」とその実行計画が適切でなかったと言われても仕方がない。しかし先端技術・科学の開発のリスクを国家がとるという基本的な考え方がないために、そうしたお金は研究者の生活費のためか、研究を維持するために論文を書くという目的で使われていると言う。新しいイノベーション、新しいビジネスの開発という意識で資金をもらい研究作業をしているものではない。そのために日本の研究開発費の成果は世界と比しても大変低いという結果が報告されている。

独占禁止法

「アメリカでは、法は社会生活を合理的に規制するための社会的な道具であるという感覚が強く、したがって私人にとっても、利用しやすく、利用することによって効果を期待することができ、しかも経済的にも引き合うものであることが求められている」と言う。（参考：『法の現実における私人の役割』田中英夫・竹内昭夫、東京大学出版会）これに対して日本の法は、法を動かす統治者のためのものと考えられている。この考え方の違いは、日本とアメリカの間で、いろいろの面でイノベーションという点でも大きな差が出ている。

一つはアメリカでは、ある法目的を実現する手段として、当該法違反の被害者は、実被害の二倍（もしくはそれ以内）または三倍（もしくはそれ以内）の賠償を請求できる旨の定めがあることである。これがみられるのは、独占禁止法違反、貿易におけるダンピング、特許権・商標権侵害、最低賃金または超過勤務手当の不払いなどである。これによって私人が正当な経済活動を全うできるように法的にサポートしているのである。日本には抑止的機能をもったこのような定めはない。つまり日本では不正を犯した犯人が、その不当に得た金を使ってしまえば、返済させるすべはなく、被害者の泣き寝入りになる。その穴埋めに国民の税金が使われることになる。アメリカ人に言わせると「日本はこの規定なしで正当な経済活動がよくできるものであると」あきれているようである。

独占禁止法もアメリカでは、イノベーションを阻害しないことを目的にして、判断、施行されている。つまり単なる独占的なシェアの数字ではなく、それがイノベーションを阻んでいるか否かを見ている。イノベーションを促進する大型合併、買収は問題にしない。日本の場合は、基本的には独占のシェアの数字を基準に判断して、産業の発展になるのかどうかという考慮はしていない。アメリカと大きく違っている。

もう少し深くアメリカのやり方を見ると、独禁法に抵触しない範囲で、つまりイノベーションを阻害しない条件で、産業の寡占的な状況を創り、産業の利益を上げる環境を創っていると言える。マイケル・ポーターの「競争の戦略」理論は、企業が利益を上げる独占的な「ポジショニング」を確立することを目的としているが、当然ながらこれは独禁法を見据えてのことである。逆に日本は参入者が多すぎ、不必要な価格競争をして、お互いの企業力を消耗してしまうので、グローバル市場での競争に負けてしまう。

別の見方をすると、アメリカの独禁法などの法体系は、「Promotion of foreign trade, Prevent unfairness」の考えのもとに、為政者が支配するための法規定ではなく、国民、私人、企業が産業を興し、イノベーションによる経済活動をするうえで障害になることを除去するための法規定である。日本の法体系は、産業のイノベーションという観念ではなく、為政者がコントロールするためのものになっている。産業がどうイノベーションを興し、どう発展するかは関知しない。アメリカと日本とのこうした大きな違いが、今日でも続いている。

アメリカでは、独占禁止法に関連して、今日でもハーバード学派とシカゴ学派が、アメリカのイノベーションをどのように効果的に進めるべきか論争を続けている。つまりハーバード学派は「産業組織論」から、シカゴ学派は「自由市場論、規制緩和論」という切り口から、アメリカのイノベーションの促進のために独占禁止法をどのように運用すべきかが今日も検討されている。日本は為政者の立場で、シェアが二五％以上などの形の上での独占を問題にすることに拘泥しており、イノベーションを促進するという視角は抜けているようである。

これからグローバル市場における国をまたがる独占禁止法の問題は、一国の独占禁止法では処理できず、アメリカの経験とノーハウが世界を支配することになり、日本のようなスタンスの国は手が出せなくなり、大変不利な立場に置かれることになる。

奔馬と御者

アメリカは意識的に「主導産業」を開発するとき、大きな産業活動の渦を巻き起こすことを狙っている。人間の性格からして、ある産業開発の動きがでてくるとそれに便乗して一儲けしたいというものが多く出るものである。中には詐欺的（Fraud）な行為もでてくる。そこにはいくつかの要素がからんでくる。

一つは、それまでに存在しない新しい商品、産業を興すと、ものによってはそれがその時点での法規制、習慣に合わないものもあり、一時的にそれは法律違反、詐欺的なものとみられることがある。そのイノベーションが偉大なものであればあるほど、その時点での法規制、習慣と強く矛盾するものになる。

例えば、アップルのスティーブ・ジョブズが iPod, iPad で他人の音楽をダウンロードしようとしたとき、その時点でのそれは著作権法に違反していた。グーグルが他人のウェブ上にあるコンテンツを採ってきて、自分の検索サイトに入れることも当初は、著作権の問題があった。更にグーグルが、スタンフォードの図書を片っ端から電子ファイルにしてウェブ上におこうとしたとき、これも著作権法に抵触するとして騒動が起こったことはまだ記憶に新しい。ソニーがウォークマンを開発したのに、アップルの iPod, iPad、iPhone がなぜ開発出来なかったかが問題になっているが、一つ言い訳をするとすれば、ソニーは音楽ソフトのビジネスをやっていたので、その著作権の関係で自分からそれを変革することは困難であった。

一六世紀にフランスで自動車が発明されたとき、当時の法律では、公道で動く機器が走ろうとすると人間が旗を持って先導しなければならないという規定があり、自動車の開発に大きな障害になったことがある。

「土台と上部構造」の概念のところで説明したが、むしろある時点の上部構造としての法律に抵触するようなイノベーションの方が新しい産業としてはより価値があると言うことができる。アメリカはこれに関してある考え方をもって対処している。その時点である技術、ある商品が法規制に違反しているかどうかわからない場合、あるいはある技術、商品が実際にうまく機能し、社会のシステムのなかで作動するかどうか未確認のものでも、それを製品として市場に出すことがある。その場合、あらかじめその状態を明示しておけば、もしその商品、技術に結果的に不具合があり、不都合があることが確認された時点でその商品、技術の提供を中止すれば、法的な罪にはならないというものである。これはSafe Harborという概念である。イノベーションを興す基盤としてこれは極めて有効なものであるが、日本には存在しない。

同時に「主導産業」を開発するには資金が要る。シュンペーターも言っているように、イノベーションはいろいろの要素の新結合であるが、それだけではイノベーションにはならず、そこに「開明的な銀行家」がいなくてはならない。こうした開発の大きな渦ができると、一攫千金を狙った大きな資金も入ってくるし、そのための信用創造が生まれ、これがイノベーションの促進の大きなファクターにもなる。しかしこれには詐欺的な手口で市民の金を巻き上げるものもある。またこの新しい商品、産業の開発の渦の中で、関連商品、類似技術が入って、その商品、産業のスコープの拡大になるが、同時に模倣製品、特許侵害をしながらの参入もある。

新しい主導産業、商品を開発するときには、こうしたいろいろのものが渦の中に舞い込んでくるものである。中には詐欺的に見えるもの、あるいは本物の詐欺も入り、混乱させる。しかしアメリカはこうした詐欺行為、詐欺的行為も入ってくることを前提としてイノベーションの仕組みを創っているのである。またアメリカではイエローカードという概念も存在する。基本の考え方は、詐欺的とみられるものでも、場合によっては本物のイノベーションである可能性があり、これを逃さないようにするということである。また逆に見れば、詐欺的な要素がない、その時点の制度、文化と変わらない、矛盾しないものはあまり大きなイノベーションではないということでもある。こうした中で、アメリカは、詐欺的行為か、本物の詐欺かを監視し、判定して、本物の詐欺を排除する強力な組織も用意している。これが主導産業の開発の大きなダイナミックな渦であり、こうして新しい大きな主導産業が生まれるのである。

ところが日本にはこうした考えはなく、詐欺的に見えるが実は本物のイノベーションであるかもしれない可能性のあるものの芽を初めから消してしまっていることになる。日本の法体系は、「詐欺はあってはならないし、ある筈がない」という考えであるために、こうした考えと仕組みは全く存在しない。逆に日本では、新しい産業としてのイノベーションとなる芽を最初から潰してしまうことになるケースが多い。

つまり、アメリカはこれを「奔馬と御者」というコンセプトで、主導産業の開発の大きな渦という「奔馬」の暴れるなかで、本当の詐欺であるか、新しいイノベーションの要素であるかを監視し、そして本物の詐欺を排除する手立てという「御者」の腕を持っている。アメリカでは一九三二年にペコラ委員会が一九二九年の株式大暴落の時の詐欺的行為を徹底的に調べて、証券市場での詐欺の判定ノーハウとして「ペコラ委員会報告書」という膨大な資料が整理されている。これにより詐欺的行為を判定し、排除しているのである。アメリカのワシントンのＦＴＣ（公正取引委員会）の前にカーボーイが荒馬と奮闘している銅像がある。これが「奔馬と御者」を表している。つまり、アメリカは「国のかたち」として「市場原理主義」という「奔馬」をイノベーションを目指してときに解き放ち、暴れさせるが、それをコントロールするしっかりした制御棒と膨大なノーハウをもっているのだ。残念ながら日本はこのアメリカの考え方と仕組みがほとんど分かっていない。

比喩としては必ずしも適切ではないが、アメリカの資本主義経済のダイナミックである「奔馬と御者」は、ウラン原子力発電システムに似ている。大きな電力を発電するが、ウランの制御を誤ると大惨事になる。この「奔馬」を如何に御するかである。日本にはウランのメルトダウンを防ぐ「御者」の腕がないのかもしれない。

アメリカはあらゆる点において、イノベーションの大きな波を興そうと動いている。反対に日本は定常状態を乱すようなダイナミックなエネルギーの波を消すことに走り、無意識的にイノベーションの波を消し続けている。こうしたアメリカのやり方は、一九八〇年代からのシリコンバレーでの新しいＩＴ産業の開発の中にも明確に見られる。

アメリカは建国以来、国家戦略的な「主導産業」の開発として交通（Transportation）、通信（Communication）、船舶、航空機などを掲げ、その産業を次々に開発してきている。今なお更に新しい主導産業を加えている。こうしたアメリカの「国のかたち」を見ると、今日の日本の国のかたちとはかなり違うものであることがわかる。日本は主導産業の開発はリスクが高いので自らは手を染めない。誰かが開発したら、それを安く造ることに専念するというスタンスである。業界標準についても日本は同じような態度をとっている。これでは世界経済の発展のリーダーにはなれないし、産業活動としての利益も低いものになり、国民経済の力強い発展は期待できない。

(注)　ペコラ委員会、ルール 10b-5

アメリカは一九二九年にニューヨーク株式市場の大暴落が起き、これが未曾有の世界大恐慌になった。一九二六年頃までフォード自動車がアメリカの経済の大発展をドライブしてきたが、そのころから自動車は売れなくなり、実体経済は停滞してきたが、株式市場での株価はどんどん上昇し、一九二九年の一〇月まで上り詰めた。そこで突然ニューヨーク株式市場の大暴落が起こり、株価は八〇％下落し、膨大な市民が一瞬にして財産を失い、負債を抱え込んだ。この株式の大暴落に対して、政府は疑問に思い、何か不正がなされたのではないかという疑念をもとに、一九三二年に委員会を設け、それを調査することになった。その委員に、実際に空売りや不正をやった張本人と思われる人、ジョン・F・ケネディの父ジョセフ・ケネディを起用した。この委員会を委員長のイタリア人の名前をとってペコラ委員会と名付けた。一九二九年の株式市場での空売りなどによる株価のつり上げ、暴落のいろいろの詐欺的手口が徹底的に調べられた。これが膨大な調査資料「ペコラ委員会報告書」として整理されている。特に詐欺的行為かそうでないかの判定の膨大な判例となり、これをルール 10b-5と呼び、今日でも一年任期でこれを判定する King of 10b-5という人物が存在し、神のように厳正な判定を行っている。

更にアメリカの「証券取引委員会」（ＳＥＣ）は詐欺的行為を取り締まるための強力な責任と権限を付与されている。詐欺師が国外逃亡をしないように州兵を使い、湾岸警備隊を使う権限を持ち、財産を即座に差し止める権限も持っている。日本にはこのような組織も、判定ノーハウもないし、日本ではペコラ委員会報告書を誰も目を通してもいない。日本では詐欺はあってはならないものであるとし、従って詐欺はある筈がないという建前で詐欺の手口の情報はことごとく消してしまい、判例としては整理されていない。

これからグローバル社会になり、産業も金融資本もグローバル化がますます進み、こうした詐欺的行為の判定にアメリカの力が支配してくると、グレーなところがたくさん存在するという事実の中で、日本などは大変不利になる。日本自身もそれを自分の頭で判定する力を十分つけておかなければならない。

このペコラ委員会の報告書について言えば、日本は社会のなかで「失敗というのはあってはならないもの」という根強い考えがあり、産業、政府、教育あるいは技術、科学において、失敗のデータを消していまっていることが一番問題である。この失敗が国の財産であり、次の発展のエネルギーになることを認識しなければならない。

産業政策・国家戦略

戦後の日本経済の復興発展は、アメリカとの日米安全保障条約によって守られ、しかもアメリカからいろいろの技術情報を開示され、援助されたために迅速に商品をより安く、より良い品質のものにしてアメリカ市場に受け入れてもらった。日本は、傾斜生産方式、その他の優秀な官僚の計画と産業が一体となり奇跡的な、効果的な経済発展を遂げた。外からは日本は社会主義の国ではないかと揶揄されたほど、政府が経済復興に大きな権力と手腕をふるった。その当時は日本では、私心を捨て、国のためという気持ちで官僚も仕事をし、客観的に見ても見事な経済政策を実行し、復興を遂げた。もちろんその中では政府の政策に反抗した、ホンダ自動車、トヨタ自動車、川崎製鉄などは自力で事業を進め日本経済の発展に大きく貢献したものもある。

しかしその日本産業の発展により、日本の家電産業は安い商品で、援助をしてくれたアメリカの家電産業のシェアを食い、崩壊させてしまったので、アメリカの反撃が起こった。アメリカは同じ家電産業の市場の中で日本に逆襲したのではなく、別の戦略で攻撃してきた。アメリカは日本を国と産業が癒着している、アンフェアーな国であると糾弾した。そして池田首相をトランジスタのセールスマンと揶揄した。

更に日本の半導体産業、自動車産業は生産を拡大して、そのアメリカ産業を窮地に追い詰めたために、アメリカは力ずくで、恫喝をもって日米半導体貿易摩擦交渉、自動車貿易摩擦交渉を進め、日本の官産の要人を徹底的に叩きのめした。特にアメリカから、日本半導体産業、日本自動車産業の拡大は「日本のターゲッティング・ポリシー」（特定の産業に的を絞って優遇し、国際競争力をつけさせている）だと非難され、日本の官僚、産業の要人は、国家戦略でもって世界市場で産業の拡大発展をするという気力を完全に削がれてしまった。こうした日米の摩擦交渉で、日本に対して国と産業の癒着を糾弾したために、あるアメリカ人から、アメリカの内部では「国家戦略」、「産業政策」という言葉を使うのは敬遠しているという話を聞いたことがある。しかしこれはアメリカが国家戦略を放棄したということではなく、全くその逆である。アメリカ自身がターゲティング・ポリシーをこれまでいろいろの国に対してやってきた。

「国のかたち」、「アメリカの国の仕組み」で見たように、国家と市場とは両輪として活動するものであり、国の発展のためには「国家戦略」、「産業政策」は極めて重要なもの、必須であるということである。アメリカにより「国と産業の癒着」という言葉で、日本人は徹底的に「国家戦略を悪」として洗脳されてしまった。これが今でも日本人のトラウマとなっている。アメリカは二枚舌を使い、自身は依然として「国家戦略」をあらゆる局面で展開していることは言うまでもない。半導体産業のところで述べたが、アメリカが日本に対して巻き返しを図ったとき、アメリカは、「国家戦略」としてアメリカの国防総省を中心的な存在としてＳＥＭＡＴＥＣを造り、新しい技術の開発、日本産業の包囲網作戦を展開して、日本半導体産業の力を大きく弱体化させた。

しかし、日本人の多くは、別の意味で「国家戦略」、「産業政策」に問題があると見ている。これまで日本では、国家戦略として産業開発したものはほとんど失敗に終わっているからである。一九六二年に開発された日の丸連合の国産飛行機ＹＳ11は結局失敗した。官民共同出資の会社・日本航空機製造はＹＳ11の生産を一九七三年に中止し、会社は一九八二年に解散した。この原因は、日本航空機製造は寄り合い所帯で、それぞれの出資企業は自分の担当分野の部分最適にこだわり、世界の航空機産業に伍していけるコスト競争力をもてなかった。先述の日の丸半導体企業・エルピーダもそうである。日本は一つの目的に全員の力を結集できない欠陥をもつ。このように日本では「国家が絡んだ産業政策はことごとく失敗しているので、産業政策など考えない方が良い」という見方が強い。特に小泉内閣の市場原理主義の時代は、そのような主張が強かった。しかし日本の国家の産業政策が失敗したのには別の理由がある。

あるアメリカ人に言わせると「国家の戦略プロジェクトにおいては、国家はバックシートでコントロールするものである」と言うのだ。これには二つの意味があり、一つは、対外的にアメリカが国家と産業は癒着していないということを主張することと、実際の国家戦略的なプロジェクトは政府がオペレーションの主導権を持って実行すると失敗しますよということを言っているのである。ビジネスの分からない役人が「フロントシート」に乗りたがり、自分の手柄にしようとすると事故を起こすものである。日本では、官僚、政治家はかっこよく「フロントシート」に座ろうとすると言われている。官僚、政治家がビジネスのことはわかっていないので必ずと言っていいほどそうしたプロジェクトは失敗している。国家は「バックシート」に座って、方向を見定め、いろいろとサポートをするものである。従って、国家戦略、産業政策自体が悪いのではない。

サムスン・エレクトロニクスのある元最高幹部は、「日本には国家戦略、国家、産業の意思がないようだ。円高が日本経済、日本国民にとって良くないとしたらなぜ日本国家は毅然と円安にするアクションを取らないのか、大変不思議である」と述べている。なぜ日本がそうした国家戦略的な行動がとれないのか、外国人には理解できないことである。

日本にも優れた技術、商品、アイディアがあったが、こうしたアメリカの国家戦略的な攻撃で、殆どのものが市場から退場させられた。当初はインテルのパソコン用のＭＰＵよりも、日本のＮＥＣや富士通のＭＰＵの方が勝っていたが、アメリカの国家戦略としての特許戦略で日本は攻撃され、消えていった。言うまでもなく、今日のインテルのＭＰＵの基礎になった日本のビジコン社の嶋正利氏のマイクロプロセッサー商品を、当時の日本の半導体産業は全く無視して、チップにしようと手助けをしなかった。やむなく嶋氏はアメリカのＤＲＡＭメーカーの当時のインテルにチップ化を依頼した経緯がある。これで嶋氏はインテルに母屋を盗られてしまったことは有名な話である。

これからの情報化時代で、何でもコンピュータ・ネットワークにつながり、あらゆるものが同時的に関連しながら動く世界ができるというユビキタスの時代を造ろうと大きな夢をもって日本でも一九八四年ころから組み込み制御のコンピュータのＯＳの開発が始まった。東京大学の坂村健教授のイニシアティブによるＴＲＯＮ（The Real-time Operating system Nucleus）である。これまで日本はハードではなく、ソフト商品で世界的なものを作り上げた経験がなかった。これを日本発の国際標準にしようというものであった。そして日本政府はこれを学校用のコンピュータのOSにしようと動いていた。この狙いは大変なもので、アメリカがそれを即座に大脅威ととらえた。そこでアメリカの通商代表部（USTR）がこれを不公正貿易慣行として、スーパー301発動の構えを示したために、日本政府はたちまち腰砕けになり、TRONは大きな舞台から引きずり降ろされた。

しかしそのTRONはアメリカに潰されたのではなく、日本人仲間が潰したのだとも言われている。日本人は、誰かがこのような夢のようなプロジェクトを実現しようとすると、必ず「そんなものはできる筈がない」、「そんなものができるというのは詐欺師だ」と言って、そのイノベーターを引きずり落とす。アメリカはその理想的なプロジェクトを先に進めるために、多くの人がいろいろのアイディアや金を出して、一攫千金を狙う。日本とアメリカの大きな違いである。まさにこれが主導産業の開発時の「奔馬と御者」で、その渦のような開発における状態は、日本とアメリカには雲泥の差がある。これでは日本には「主導産業の開発」はできない。もちろん批判者が言うように、当時のTRONには多くの解決すべき課題はあったが、それを渦のなかで解決していくのが主導産業の開発のプロセスである。

つまり、日本産業の問題点は、競争相手が何か新しい商品を開発するとすぐそれと同じものを造って、価格で競争するが、良さそうな新しい商品でも誰もやっていないとわかれば、リスクが高いと言う理由で、その開発には一切手を染めない。欧米の産業は、その逆で、誰もやっていないからこそその新しい商品を急いで開発しようと動き出す。資本主義経済の活動は、社会的分業であり、自分の得意のものを造り、他人の造った違った商品と交換し、分かち合うのが基本で、これで経済社会が成り立っていることを日本の多くの経営者は理解していない。

一九八七年、日本発の主導産業の可能性のあった「テレビ電話の標準化」についても、三菱電機、松下電器産業、日本電気が標準規格として統一するという動きをしていたが、ソニーがそれに反対を唱えて、ついにその動きを潰してしまった。日本は、何時も小競り合いをして、日本企業同士が日本発の業界標準による主導産業を潰してしまう癖がある。日本としての国家戦略というバックボーンがないためであろう。

企業としては、円高を経営不振の言い訳にしてはならないが、国家としては経済活動の基盤として、極端な円高を是正し、適切な円安に持って行くことを国の力で実行しなければならない。為替を是正する方法はちゃんと存在する。これができないということは、日本には「自分の国を自分で守る」という気概がないと言われても仕方がない。外国人は、日本は何故円高を是正しないのだろうかと本当に不思議がっている。つまり日本は自分の城は自分で守るという意思が欠けていると言わざるを得ない。だが円安になれば日本経済が再生できるわけではないことは言うまでもない。

今、日本では地方分権が議論されており、その論調は、地方がいろいろ自分のやりたいことをやるようにするのだと言っているが、グローバル社会では、日本国全体としてとして強力な戦略をもって動かなければ、日本国自身が崩壊してしまう。アメリカでも、州（State）から連邦（Federal）への力の調整を図って、アメリカ全体としての力をつけてきた歴史がある。今日の時代で、国内でいろいろの勢力に分裂しては、国として生き残れる筈がない。

最後に国家戦略、産業政策ということで心しなければならないことがある。それは日本産業は国家の産業政策としての資金を獲得することに汲々とし、資金を獲得すると安心して失敗しても企業としては損はないと考えるものがいる。私企業としてやるべき投資は自分の資金でやるべきで、私企業としての枠を超える国家戦略的施策を国の資金でやるのだということを肝に銘じなければならない。先にも述べたが、国の科学、研究資金も多くの場合、研究者の生活費に化け、成果が上がらないケースが多い。

三、日本の「失われた二〇年」の総括

一九九〇年のバブル崩壊後、日本経済は衰退の一途を駆け下っている。日本の次の世代を背負う三〇歳以下の人たちは、経済の繁栄ということを知らないもので、「人間の暮らしはだんだん悪くなるもの」という経験しかない。二〇〇八年のリーマンショック以後の経済回復は、「サブプライムローンには手を染めていなかったので被害は軽微である」としていた日本の回復が一番遅れている。成長という意味では、日本が一人負けをしているようである。「失われた一〇年」が、「失われた二〇年」になり、一九八五年ころからの産業の衰退からすると「失われた三〇年」になりかねない。

日本のGDPの下落、ピーク時の一割減という状態や、産業の利益率の一貫した下落の状況は先ほど見てきたが、何故このような事態になったのだろうか。これも一九八〇年の半ばからの日本産業のイノベーションの衰退からきていると指摘してきたが、日本の「失われた二〇年」を総括するとどうなるであろうか。

外国人の目からみてもそうだと言われるが、日本政府、日本産業の政策、戦略は簡単に言うと「すべて中途半端」(Stuck in Middle) だというのである。日本のデフレ対策も小渕内閣以来、財政出動はトータルでは大変な金を投入してきている。だがそれも小出しにしながら「ゴー、ストップ」を繰り返すから良い結果がでないのである。その結果、日本の財政赤字は世界で最も深刻なものになってしまった。産業界も、不況になるといろいろと合理化をするが、景気が良くなるとその手を緩め、量産に走るという繰り返しである。

「科学技術」への日本の投資についても、政府の五年間で二五兆円をここ一〇年以上投下し続けている。二〇一一年度の日本は官民合わせて約一七兆円を「科学技術」に費やした。しかし残念ながら日本産業のグローバル市場での再生発展という意味での成果は殆ど出ていない。全体としてはイノベーションの停滞という見方を否定することはできない。先に指摘したように、日本は「科学」と「技術」をごっちゃにしており、「サイエンス・マインドをもってイノベーションを興す」という明確な目的がないために、大半の金が研究者の生活費に消えて行ってしまっている。

産業活動にとって重要な特許でも、日本は特許出願の数は極めて多いが、世界のデファクトを確保するようなものはなく、せいぜい外国企業との特許攻防で、クロスライセンスにもっていくのが関の山で、殆どやられている。大金を特許申請に費やした大企業での特許は眠れる宝となり死蔵されている。アメリカ勢は「オープン&クローズ」戦略で市場を支配し、利益を独り占めしている。この日本の特許戦略も「中途半端」と言うしかない。

「デフレ先進国」と言われる日本のこの「失われた二〇年」の経験から分かったことは次のような「鉄則」である。

(1) 不況から抜け出すにはカンフル注射としての「財政出動」と「金融緩和」の両方をやらなければならない。どちらか一方では効果がない。しかし「財政出動」を際限なく続けることはできない。特に日本の財政赤字は危険水域に達している。

(2) 不況下では「財政緊縮」はやってはならない。

(3) 不況下では「増税」をやってはならない。

(4) 以上の政策は不況下でのカンフル注射であり、このままでは国の経済が発展に向けて走り出す体質にはならない。「デフレから脱却するためにインフレにする」ということは原因と結果を取り違えている。産業を興して需要を拡大しなければインフレにはならない。インフレを起こそうという「合理的期待形成」論は言葉の遊びでしかないことは既に知られている通りである。イノベーションによる新しい産業を興さなければ本当の経済発展にはならない。経済が回復してから財政改革、必要なら増税を進めること。

「失われた二〇年」日本は上記の原則を破り続けてきた。中途半端はどこからきているか。衆愚政治、民主主義の悪弊か。要するに、強力なリーダーが不在であったということか。日本は戦後「生産性向上」を国民的運動として展開し奇跡的な経済に寄与してきたが、生産性の向上はそれにより新しい市場を創造できるとき意味を持つが、今日では労働者を節約するリストラに繋がり、ますます国民の所得を減少させている。今や「イノベーション促進運動」として展開する必要がある。

第五章　何故「主導産業」を開発し続けなければならないのか

一、資本主義経済の原理

資本主義とイノベーション

それでは、日本産業の再生はどうしたらよいかを究明する前に、今日の社会の資本主義経済社会の発展の本質を明らかにしておこう。それの正しい理解がなければ、正しい再生の道が出てこない。つまり日本の政府、産業の要人は、「奔馬と御者」、国家と市場、主導産業の役割と言うような資本主義経済の発展の本質を十分理解していないきらいがあるからである。

先ほども指摘したように、今日の資本主義経済社会は「商品経済社会」である。この社会では、人は他人が買ってくれそうだと思う商品を生産して、それを市場で販売する。しかし、その商品は誰かが買ってくれるという保証はどこにもない。造られた商品が市場で他人に買ってもらえることを「商品の命がけの飛躍」と呼んでいる。他人に買ってもらえる商品を如何に開発するか、人は命がけで挑戦する。技術的に良いものを造れば売れるということではない。これが人間社会における産業活動の仕事である。

こうした「商品」の開発、生産、流通、販売のプロセスの中で、国民は職場を得て仕事をし、その賃金で、他人が開発・生産してくれた欲しい商品を選んで購入し、それを消費して生活を維持し、豊かにするというのが資本主義経済の仕組みである。

アダム・スミスが言ったことであるが、商品には「生活必需品」と「便益品」との二つのものがある。前者は、人間が物理的、生理的に生きてゆくために必要な衣食住的な商品である。後者は人間の理性、感情、煩悩、欲望、願望を満足させてくれるような商品である。「生活必需品」としてどのような商品を開発したらよいかを知ることは比較的容易であった。国民大衆の所得水準のレベルで商品が買えるような価格にすることが一番の課題であった。資本を集めて、生産プロセスの機械化により、生産性を向上し、コストダウンすることが中心的な仕事であった。一九世紀の後半から二〇世紀の初めにかけアメリカを中心に「生活必需品」の大量生産が進み、資本主義経済は大発展した。

一九一七年にスタートしたソ連の社会主義社会でも、生産物の中心が「生活必需品」の段階は、不況、恐慌もなく、生産と消費は国家の計画通りどんどん拡大していった。高い経済成長率、失業のなさという意味では、当時の社会主義の生産計画システムは、資本主義諸国の経済成長よりずっと旨く行っていた。だから多くの後進国が第二次大戦後どんどん社会主義国になっていった。

ところが「便益品」の時代になると、事情は一変した。人民がそれを快く消費してくれる「便益品」の開発は、社会主義国家での政府の生産計画では極めて困難になった。人民の個々の気持ち、感情は把握できず、売れない製品が山と積みあがってしまった。そして望まない製品の押し付けに人民の不満は膨れ上がった。これはいかに共産主義国、社会主義国の政府の役人がコンピュータを使って、いろいろ考えても、どうしようもなかった。

言うまでもなく資本主義経済の市場のなかでも、人間の本性として持つ欲望、貪欲、煩悩、邪心、理性、競争心、妬み、気まぐれ、移り気、名誉心などで、「便益品」はどんなものが売れ、どんなものが売れなかったり、売れてもすぐ売れなくなったりして、大変人間にとって分かり難いものである。だが資本主義経済社会では、市場のフィードバックのシステムにより、価格を通じての需要と供給の動きの中で、何が売れるのかが後でわかる仕組みができている。そのために資本主義経済は好況と不況が循環的に起こってきた。

アメリカでは一九二七年にその「便益品」の時代が現れた。一九〇七年から生産を始め、破竹の勢いで伸びていった低価格で堅固な運転しやすいフォード社の黒一色のＭｏｄｅｌＴが、突如として売れなくなり、生産中止に追い込まれた年が一九二七年であった。ヘンリー・フォードは、「このような良い自動車が売れない筈はない、セールスマンの怠慢である」と激怒したが、どうすることもできなかった。当時はフォードのＭｏｄｅｌＴはどちらかといえば「生活必需品」であった。ある程度ＭｏｄｅｌＴが普及すると、人は自分より社会的に低い地位であると思っている人が自分と同じＭｏｄｅｌＴに乗っているのが耐えられなくなった。

また一九二七年にウエスタン・エレクトリックのホーソン工場である実験が行われた。工場での組み立て作業の能率が、作業場の明るさ、照明の度合いで、生産能率がどう違い、生産工場での最適な照明の度合いを決めようとするものであった。いろいろ違った照明の度合いの作業ラインを準備し、多くのチームが参加して生産性を競う実験であった。その結果は、あらかじめ予期した内容とは全く違ったもので、実験をやったハーバードの先生も大変驚いた。最も照明の度合いの悪いチームが、最も高い生産能率を上げたのである。このチームは、こうした多くの人の注目している実験の場を与えられたことに大感激し、チーム一丸となり生産に取り組んだためであった。人間の心理の作用がいかに大きく、重要なものであるかが分かった。ここから「ヒューマン・リレーション」という言葉が生まれた。この二つが「便益品の時代」の到来を告げ、資本主義経済活動での「便益品」の開発に奮闘することになった。

一九二七年から世界は「便益品」の時代になり、売れる商品の開発は大変困難なものになっていった。ましてやこれまで存在したことのない新しい商品を開発するのは困難で、大きなリスクを伴った。世界の経済の発展をドライブする「主導商品」「主導産業」を開発するのがいかに大変であるかがわかる。フランク・ナイトはこれを「不確実性への挑戦」と呼んだ。これを「イノベーション」で成し遂げようというのである。イノベーションとは、単なる技術的な開発ではなく、これまでとは違ったやり方でことを行うということで、いろいろの要素の新しい新結合である。つまり資本主義経済の維持、発展には常に経済の発展をドライブする「主導商品」「主導産業」が存在しなければならず、産業、商品には寿命があり、成長、成熟、衰退という運命にあるために、常に主導産業を開発し続けなければならないという運命にある。従って単なる生産性向上ではない。資本は自分の生存、発展のために、常に襲ってくる困難、矛盾、障害を克服するための大胆な方策をあみだして挑戦する力を持っている。これが資本の「イノベーション力」である。

一九九一年に社会主義国が崩壊したのは、この「便益品」を社会主義国は上手く扱えなかったことが一番大きな理由である。

資本の強かさ

資本主義経済における資本は、利益追求に対するいろいろの障害、制約を回避、克服して、強かに発展する本性を持っている。マルクスは『資本論』の中でそれを描写している。産業資本は利益追求のために、その商品の価格引き下げて、競争相手を倒して拡大しようとする。その手段は、新鋭機械をどんどん導入し、労働者の数を減らし、賃金をもカットしてコストを下げ、商品価格を下げ、利益を上げ、販売を拡大するのである。しかし商品を買ってくれるのは一般大衆としての労働者であるために、賃金を下げられ、多くの失業した大衆は商品を買う金を持たなくなり、商品は売れず、過剰生産となり、産業資本は破産し、資本主義経済社会はやがて崩壊する運命にあるとした。実際に好況と恐慌が繰り返し起こり、労働者はますます貧困化し、失業者が街にあふれた。これが資本主義経済社会の「合成の誤謬」でもある。そしてこれがマルクスの「資本主義経済社会の崩壊する宿命」という「予言」であった。

しかしマルクスの死後、『資本論』で述べたられたマルクスの予言に反して、一九世紀、二〇世紀と、資本主義経済は崩壊しないで、発展してきた。何が間違ったのであろうか。マルクスが『資本論』で描いたものはその当時のイギリスの産業・経済を背景にしていたものであった。そのころの労働者は殆どが機械工場で働く「肉体労働者」であった。肉体労働者（直接労働者）は機械化によりどんどんはじき出され、失業者の群れが膨らんでいった時代であった。つまり造られた商品を買う市場の大衆がいなくなっていったのである。だから労働争議があちこちで起こり、プロレタリアートの独裁が出現しそうであった。事実多くの人は、資本主義経済社会は成り立って行かず、やがて社会主義のような違った社会に変わって行くと見ていた。

だが、先ほども触れたように、一九二七年ころから「便益品」の時代に入り、産業はその新しい商品を造って売るために市場調査をする人、売れる製品に設計をする人、研究開発をする人、販売する人、アフターサービスをする人、管理する人などの多くの「頭脳労働者」（間接労働者）を雇用する必要が出てきてきた。マルクスが予測したのと違って、労働者の数は減るどころか、増えてゆき、企業はどんどん大きくなり、資本主義経済は発展した。この頭脳労働者の出現が『資本論』では描き切れていなかったのである。

ところが、実はマルクスは別の彼の書である『経済学批判要綱』で、資本は自殺をするような馬鹿ものではない、どんな障害、制約でものり越えて、資本の目的である利益を追求するものだと言っていた。商品が売れなくなると「いろいろの物の新しい有用な特質を発見するために全自然を探査すること、あらゆる他所の風土と国々の生産物を全般的に交換すること、自然対象を人工的に加工し、それによって、それらに新しい使用価値を与えること。地球上のあらゆる方面を探査して、新しい有用な対象を発見するとともに、またもとからの対象の新しい使用価値を発見し、またその原料等としての新しい特質を発見すること。したがって自然科学をその極点まで発展させること。同様に、社会自体から生まれる新しい欲望の発見、創造、充足、社会的な人間のあらゆる性質の陶冶と、できるだけ豊かな欲望を持つものとしてのそうした人間の生産」（『経済学批判要綱』第二分冊、三三七頁、カール・マルクス、大月書店）を成し遂げると言った。

資本は、ある商品が売れなくなれば、サイエンスを駆使して、新しい商品を開発し、人間は喜んで新しい商品を買い求め、消費するように意識を改造してでも、資本主義経済社会の発展を続ける力を持つと喝破した。マルクスはこれを「資本の偉大な文明化作用」と呼んだ。

だが二一世紀に入り、世界の資本主義社会は、一五〇年前に『資本論』でマルクスが喝破した姿に近づいてきていると言える。つまり頭脳労働者、ソフトの頭脳労働者をもＩＴにより「単純労働化」して機械に置き換えんとしているからである。

資本は、売れる商品の開発、利益の追求を阻む制約、障害、矛盾が出てくれば、それをあらゆる手段を見つけて、克服し、その発展のための「利益」という目的を追求して、発展を遂げる。もちろんその克服の手段は、時には労働者、国民にたいして非情なものもある。そこではまた労働者、国民は反抗し、資本の目的の利益は阻害されることになると、資本は新しい解決策を講じる。資本にとっては、一見譲歩とも見られる行為も、それが利益追求に必要であると考えると、果敢に実行する。「迂回利益追求」という概念もこの一つである。貧富の差が高じ、大不況が続くと、いずれ資本はそれを是正するであろう。これの是正に仕向けるのが国家であり、国民である。そしてこれを成し遂げるのが「イノベーション」であるとも言える。ここで「資本」とは最終的には「人間」が動かしているものであることを忘れてはならない。

こうした資本主義の利益追求に対する障害、矛盾、制約を克服すると、資本主義経済は更に発展するが、やがてまた新しい障害、矛盾、制約が現れる。そしてこれをまたイノベーションにより資本は克服して、そして更に発展する。これが資本の強かな生態である。

二〇〇〇年以降、アメリカの金融資本がマネーゲームに走り、ショック・ドクトリン（紛争や危機につけこんでその地を支配しようとすること）で弱い国の富を収奪し、詐欺的なサブプライムローンの証券をカモフラージュして世界にばらまき、二〇〇八年にリーマンショックを起こしたが、これも資本はその行き過ぎを是正し、また産業資本の活動を促すことになるであろう。こうした資本主義経済の発展の弁証法的なダイナミズムが、「奔馬と御者」の考えにも体現されている。つまり、「もはやイノベーションは起こらない」とか、「もう人間が欲しくなるような商品はありえない」ということにはならないし、「イノベーション」は、人間の欲望、願望、煩悩がある限り、起こり続けるということである。そして「資本の強かさ」は最終的には「人間の強かさ」でもある。

二、「主導産業」を常に開発しなければならない理由

すでに述べたところであるが、商品には「S字カーブ」という成長、成熟、衰退という宿命的なプ

ロセスがある。これは理論ではなく、現実である。これは人間の好み、趣向、煩悩、感情、移り気などからきている。商品の開発、生産、消費での金の血液循環が起こるが、どんな商品でもいずれは衰退期を迎え、売れなくなる。売れる商品が枯渇すると血液の循環が止まり、失業者が出て、企業利益が下落し、経済社会は衰退、崩壊する。従って、経済社会における商品の新陳代謝が常に起こらなければならない。そのためには常に新しい商品を開発し続けなければならない。これが産業成長を必要とする理由である。産業は何もしなければ必ず衰退すると思わなければならない。

「主導産業」の意味

資本主義経済の発展を牽引してきた「主導産業」であるが、これは絶対的な売り上げの規模の問題ではなく、人がわくわくする、人間社会にとって重要な産業、商品であれば、その生産、消費活動が、他の商品、産業を刺激し、経済活動を誘発し、全体の経済の発展をドライブするものである。マルクスも「資本主義を倒したいときは『主導産業』を狙って打ち壊せばよい」と言ったほどで、「主導産業」の重要な意味を理解していた。

資本主義経済の発展を牽引するものが「主導産業」（リーディング・インダストリー）であるが、これはそれまでに存在しない新しいコンセプトの産業、商品であり、新しい市場を創造するものである。その意味で「不確実性の高い産業、商品」であると言え、その開発は、それが本当に市場で売れるものであるかどうかという意味で、大変困難を伴うものである。しかし「主導産業」が開発されると、「奔馬と御者」のコンセプトで、それに引き込まれて、資本としての信用が持ち込まれ、その産業、商品に絡めて一攫千金を手にしようといろいろの企業が集まってくる。もちろん詐欺的なものも入ってくる。またその産業、商品に直接関係ない中小企業も、その主導産業の開発の渦に刺激され、経済活動が活発になり、全体としての資本主義経済社会が発展することになる。

事業をされた人なら理解できることであるが、自分の事業とは関係のない「主導産業」が現れると、何となく先が明るくなる思いがして、自分の事業も発展する気がしてくるものである。資本主義経済活動は人間のいだく心理的な期待値で動くもので、人をわくわくさせる主導商品が出てくると全体が活気ずくものである。スポーツにチアーリーダーがあるように、産業活動をドライブするものが出てくると経済発展に拍車がかかる。自動車のＭｏｄｅｌＴ、シボレー、マスタング、コルベット、フェラーリ、ソニーのウォークマン、任天堂のゲーム、初期アップルのパソコン、初期の携帯電話、現在のアップルのスマートフォンといろいろなものがある。

しかしどんな産業、商品も「Ｓ字カーブ」の寿命がある。開発、成長、成熟そして衰退というサイクルの寿命がある。これは人間の煩悩、感情、気分により起こるものである。従って資本主義経済社会は「主導産業」を常に開発し続けなければならない宿命を持っていることになる。

だがこの「主導産業」の開発は極めてリスクが高く、産業として成り立たないものもあり、開発は大変困難なものとなる。つまり「主導産業」になるであろうと狙って開発するが、成功せず膨大な損失を出すものが沢山ある。高度のサイエンスの開発に似て、一神教の精神を持った民族でなければ難しいと言われている。世界的に見て一九七〇年ころからイノベーションとしての「主導産業」の開発は衰退してきている。一九八〇年からアメリカのシリコンバレーで新しいＩＴ産業における「主導産業」の開発が進んだが、まだ世界経済の発展を強力に推し進める力にはなっていない。しかし二一世紀のグローバル経済社会が本格的な発展を遂げるには、新しい「主導産業」が開発されなければならない。日本もそれに貢献しなければ、これからの発展はありえない。

しかし、日本にもやれるものがあるのではないか。全く存在しなかったコンセプトの新しい商品でなくとも、それまでとは全く違う市場を作り出す産業、商品という意味での主導産業の開発の道がある。これを後程詳しく説明する。

二〇世紀のアメリカの挑戦と偉業

一九世紀の末から二〇世紀の世界経済の発展をドライブした主導産業は主としてアメリカが開発してきた。アメリカは、パックス・ブリタニカの衰退のあと、ヨーロッパの産業とは違う、「精度と互換性による大量生産」というイノベーションで新しい産業構造を打ち立て、パックス・アメリカーナの時代を作り上げ、それによりアメリカが名実ともに覇権国になった。

まず職人用の縫製機械を一般の家庭で使ってもらい、家庭の新しい文化を造ろうとシンガーミシン社が「ミシン」を大量生産し、アメリカファミリーの文化革命を進めた。マスプロダクションによる「時計」もアメリカ人の生活のリズムを創り、一家に何個もの時計がおかれ、ダイナミックなアメリカの文化生活を築くことになった。さらに「金銭登録機」、「タイプライター」、「モーター」、「自転車」、「ピアノ」、「缶詰」、「小銃」、「マコーミック刈取機」、「トラックター」、「日曜大工道具」、「カメラ」など、そして極めつけはヘンリー・フォードの自動車「モデルＴ」（ＭｏｄｅｌＴ）である。

一九〇七年にフォード社は、それまでの金持ちのオモチャであった高価な自動車を農民、大衆の足にするという考えで、堅固な、運転し易い、故障の起こりにくい「モデルＴ」を開発し、精度高い部品の新鋭自動化機械、ムービング・アセンブリーシステムでコストを飛躍的に下げていった。ヘンリー・フォードは、ムービングアセンブリーシステムで面白いほど増大してきた利益で労働者の賃金を上げていった。フォード社の労働者が自分の賃金で「モデルＴ」を買えるような価格にして世にだし、破竹の勢いで「モデルＴ」はアメリカ市場で売れていった。これでミシガンを自動車産業のセンターにし、全土にものづくりの網の目を張り巡らした。これによりアメリカに、「自動車社会」と同時に、近代の「高度消費経済社会」を築くことになった。自動車産業の発展で、関連の部品工業、機械工業が発展し、自動車道路、ハイウエー、郊外の住宅、郊外のショッピングセンターなどあらゆる産業が活性化していった。そしてアメリカが一九世紀の末から開発してきたいろいろの産業をますます活性化した。これが大型「主導産業」である。「モデルＴ」以前の金持ちの道楽の自動車、スピード狂の自動車商品とは似て非なる全く新しい市場、ホモモーベンスという人間の性質をとらえた新しい自動車社会を作り上げるイノベーションをヘンリー・フォードは仕掛けたのである。

ところが先にも触れたように、日の没することはないと言われた「モデルＴの売れ行き」は一九二七年ぐらいになると突然止まってしまった。ここからアメリカに大恐慌が起こることになった。自動車産業などの実経済は一九二七年から衰退していたのであるが、ニューヨークの株式市場はまだ活況を続け一九二九年一〇月まで平均株価は上昇し続けた。しかし、その年の一〇月二四日の木曜日に、突如株価の大暴落が起こり、一瞬にして世界経済は大混乱に陥った。金融資本の詐欺的行為があったのである。株価は八〇％の下落になり、これにより多くの一般庶民が株式投資で大きな損害を被った。

アメリカは、その後第二次世界大戦を経て一九四五年ぐらいから次の新しい主導産業を次々に開発していった。バブルの崩壊後に、それを克服してイノベーションにより新しい産業が開発される。フォード社に代わり、スローンの率いるＧＭ（ジェネラル・モーターズ）はどんな階層の人にも買ってもらえるような、多品種大量生産方式の「フルライン・ポリシー」を確立し、フォード時代より格段に大きな市場を創造した。ＧＭは具体的には「スタイリング」、「大量生産と部品の共通化」、「アニュアル・モデルチェンジ」、「割賦販売」という強力なイノベーションを起こし、名実ともに「二〇世紀の高度大衆消費社会」を築いた。自動車産業は雇用の点でも全アメリカの八％を占め、同時にＧＮＰの中でも自動車は一〇％に近いものを貢献した。

これに続いてアメリカは主導産業として、「造船産業」、「電器産業」、「家電産業」「石油産業」、「航空機産業」、「機械工業産業」、「コンピュータ産業」、「半導体産業」、「宇宙開発産業」と次々に立ち上げていった。これでアメリカは名実ともに世界の覇権国の地位を確立した。

図 5-1 「リーディング商品」にドライブされる世界経済

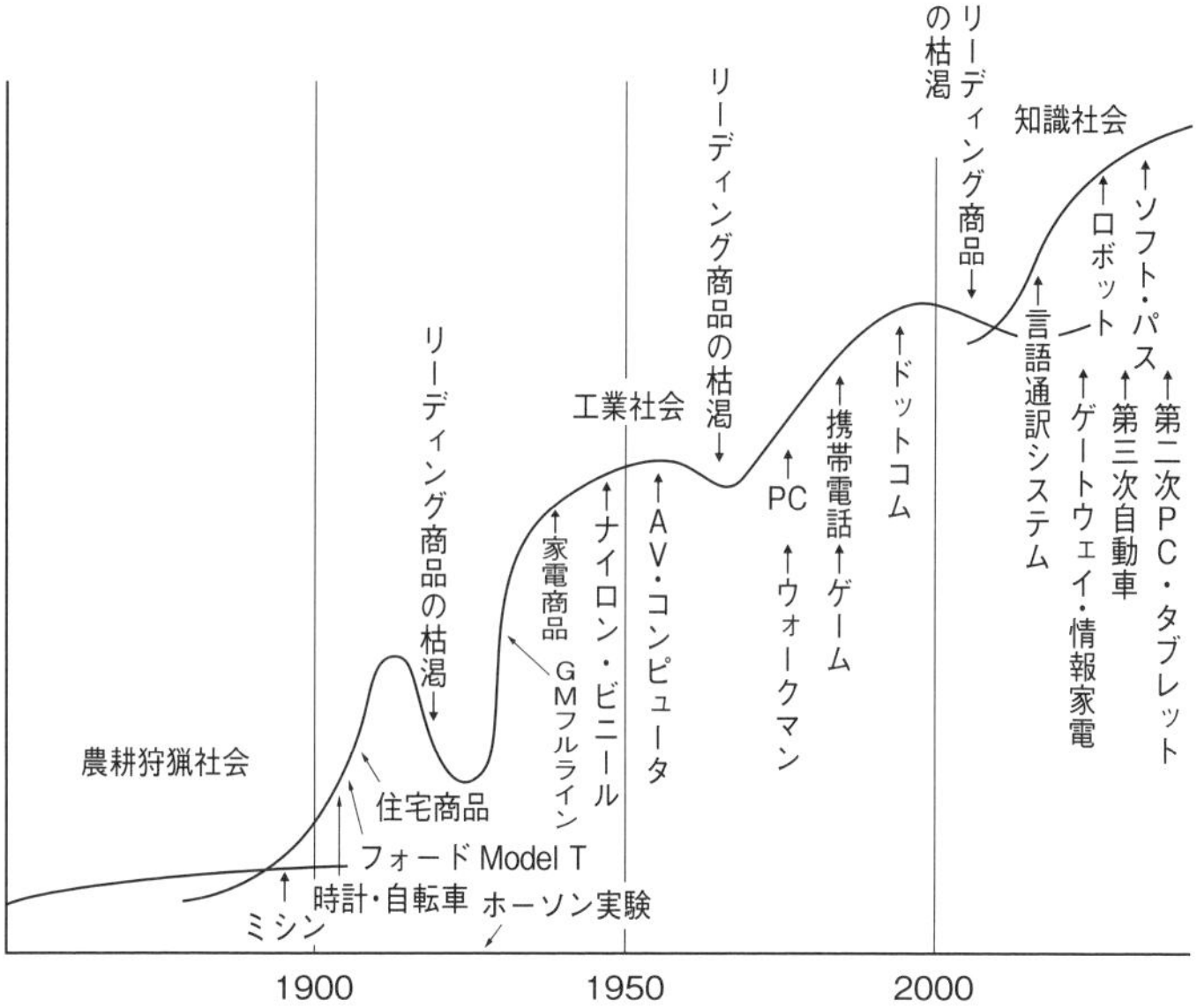

出所：筆者作成。

しかし一九七〇年になると、そのイノベーションの勢いが、アメリカ、そして世界でも衰退し、大きな産業が出てこなくなった。「もはや技術なし」、「イノベーションなし」という議論がでてきた。アメリカは、中東の石油を巡っての戦争でアメリカの地位を誇示し、兵器産業で経済再生をはかろうとした。同時に、一九八〇年代からアメリカはシリコンバレーで、イノベーションの衰退に対して再挑戦してきた。専門家のためのメインフレーム・コンピュータに代わり、一般大衆が使うパーソナル・コンピュータというコンセプトを創造した若者のグループが新しい産業を果樹園の地のシリコンバレーで興し、活動し始め、情報化時代を到来させるIT産業を開発していった。ところがコンピュータの王者のIBMは言うまでもなくパソコンの意味が理解できなかった。名もない小さなベンチャーのアップル、ゼロックス、メモレックス、インテル、デル、マイクロソフト、HP、サンマイクロ、AMD、TI、シスコ、ブロードコム、クアルコム、エヌビディアなどが新しい産業を次々に興していった。更に最近はインターネットの世界を駆使しての「情報商品」の世界を開拓するオラクル、グーグル、ヤフー、フェイスブック、アマゾンなどの新しい企業が出ている。こんな中で注目された日本企業のイノベーションはソニーのウォークマンぐらいであった。

最近のシリコンバレーを中心とした新しいイノベーションによる商品の開発は、ある見方からすると広い意味での「カニバリゼーション」になっていることが心配である。つまりスマートフォン、タブレットという素晴らしい商品が開発されたが、これがそれまでの商品市場であるデジタル・カメラ、旧来の携帯電話、パソコン、カーナビゲーション、ラジオ、TVの一部を食い始めていることである。つまり、新しい主導商品はカニバリゼーションではなく、これまでとは違った新しい市場の開発でなければならない。そのアップルも二〇一二年に入り発展の勢いがスローダウンしてきた。もしスティーブ・ジョブズがまだ生きていたら、彼はこれに対して新しい道を切り開くのではないかと思う。以上見てきたように、アメリカは、二〇世紀の初めから、世界の主導産業の開発をリードしてきているが、しかし今やそのアメリカのイノベーション力も限界が見えてきたようである。

シリコンバレーのイノベーションとその問題点

先述のように、日本の電器産業の攻撃により大敗したアメリカは、一九八〇年以降、日本に逆襲してきた。しかしアメリカの逆襲は、日本にやられた電器産業での巻き返しではなかった。アメリカは、シリコンバレーを舞台にしたＩＴ、知識産業で「情報・知識で世界を制覇する」と宣言し、逆襲してきた。具体的には一九九三年、アメリカは秘密裏に、「ハーバード会議」を開き、「これからの世界を支配するのはもはや軍事力ではなく、情報力である」として、アメリカが世界でのその情報力による支配を実行すると宣言した。このためにいろいろの国家科学研究所、国防高等研究計画局などという国家機関が先端技術開発のリスクを取りながらイノベーションを進めていった。

具体的には、インテル、マイクロソフト、サンマイクロ、クアルコム、シスコ、ブロードコム、アップル、ＴＩ、そしてグーグル、ヤフー、アマゾン、フェースブックなど新しい企業群の活動とビジネス戦略である。しかしこうしたＩＴ、ソフト、知識産業の企業は、製造まで手掛ける企業を除いて、その売上げ、資産価値に比べて、雇用の数を大きく増加させてはいない。これがアメリカの失業率を上げ、ひいては中間層の所得の減少を招いている。もちろんこれには金融資本がマネーゲームで大衆の富を収奪していることも影響している。つまり最近のアメリカは、ＩＴを駆使して、労働をあまり投入しないで、生産性を向上することに力を入れてきたのである。国の経済の発展ということでは、これはあまり望ましいものではない。

しかしこれは今日のＩＴ技術・コンピュータ能力の向上のスピードがあまりにも速く、人間を押しのけてきている現象で、このままでいくと「技術と人間」の関係が破壊され、一〇〇年前にチェコのカレル・チャペックが警告した「ロボットの逆襲」になる恐れがある。これは「IT技術失業」であるのかもしれない。これからの技術を人間を排除するものとしてではなく、「人間と一体になるIT技術」にしなければならない。「人間と技術の新しい哲学」が求められているのである。これはシリコンバレーではなく、日本人がやる仕事になるかもしれない。だからやみくもに無人工場を建設して喜んでいてはならない。

アメリカの産業の衰退に歯止めをかけようと、最近オバマ大統領は輸出の促進に力を入れてきた。その結果ここ四年連続アメリカの輸出は伸びている。アメリカの輸出信用保証機関である米国輸出入銀行の報告では、同行は三五八億ドル（約三兆円）を上回る輸出金融をして、五〇〇億ドル（約四兆一、九〇〇億円）の輸出を後押しした。しかしこれらの輸出を生み出すのに必要な労働者数が一二％も減ったというのである。つまり同行が支援した企業は、より多くの製品やサービスを販売して利益を上げ、アメリカ経済の成長に貢献したが、以前より少ない労働者数で、それらを達成したことになる。これはデジタル・ネットワーク化がその原因であるとされ、特にソフト、サービスの分野において、デジタル化で労働者を排除する動きが出ているということである。これがシリコンバレーのイノベーションの問題とされてきた。

しかしアメリカもさるもので、最近ハードなものづくりへの回帰運動が起こってきている。ソフト産業であるマイクロソフト、アマゾン、フェースブック、オラクル、グーグルなども、単なるソフトだけではなく、ハードの商品もそろえて新しいビジネスを展開し始めている。つまりソフトはハードという お皿に乗せてしか人間はそれを消費できないということで、最近アメリカ企業も、ソフトとハードを両輪として手がけ始めているのである。更にGE、ワールプールなどが白物家電をアメリカ本土で生産を拡大し始め、アップルも製造拠点の一部をアメリカに移すことを進めている。フォードや、キャタピラ、オーチス・エレベータも国内工場を拡大している。NCRはATMの製造拠点を中国からジョージアに移し、オモチャの会社のワム・オー社も中国からアメリカに生産場所を回帰させている。

ハーバード大のゲイリー・ピサノ教授らは新しい論文の中で「アメリカは脱工業化でも生き延びられるという仮説を検証してきたが、いますぐ、この実験を辞めなければならない」と警告を発している。製造拠点の海外移転によって、優れた製品を生む能力が弱まり、バイオ、航空宇宙、医療機器など重要分野でアメリカの優位性が脅かされているとの警鐘を鳴らしている。雇用の創出でも頼りになるのは、「製造業」であるというのがオバマ米政権の結論になった。製造業の国内回帰を促すための法人税減税を掲げている。

最近またアメリカは、ニューヨークのルーズベルト島にシリコンバレーを超えるアメリカ最大のIT産業の建設を進めている。これはハードとソフトの融合を目指すものであると言われている。市長のマイケル・ブルームバークの提案である。マンハッタン東側に浮かぶ三キロの細長い島に、科学・技術に関する最先端の大学キャンパスをつくり、IT企業を誘致するテクノロジー都市構想である。

二〇一七年までに、この新しいキャンパス全体が出来上がる予定である。これによって二三〇億ドルの効果をもくろんでいる。市長のブルームバーグ氏とロバート・スティール副市長はともに金融業界の出身で、アメリカはあまりにもマネーゲームに傾き、金融工学でリーマンショックを招き、アメリカ経済を錯乱したことを深く反省し、アメリカの再生に技術によるイノベーションの重要性を認識している。

ところが日本産業は、逆にこれまでのアメリカの動きの尻馬に乗り、ハードは儲からないのでそれを捨てて、ソフトに重心を移している企業が多く出ていることは嘆かわしい。そしてハードの商品を「六重苦」といって海外にどんどん生産を移している。これはこれからの日本のものづくりに大きな障害をもたらすことになる。日本の企業も最近は、新製品の試作品は自分で造っても、その量産技術を確立せず、海外の企業に生産委託する。これではものづくりの敗退となる。日本もこのことを国家戦略として明確に打ち出さなければならない。

頭脳労働の単純労働化の危険

今日の問題は、高等教育を受けた多くの若者が、それに合った適切な職場がないことである。これは世界的な問題で、中国でも高等教育を受けたものに職場がない「高学歴ワーキングプアー」「蟻族」と呼ばれる若者があふれ、日本でも大学は出たけれども職がないものが多い。特に大学のポスドクの職場が日本にはない。あっても大学を出た能力が生かせるものでない職が多く、大企業に入社して三か月すると仕事に幻滅し、離職して自分の専門を極め、その力でいろいろの職場に挑戦したいというものが増えているようである。日本政府はこれを求職者と職場のアンマッチという軽いくくりでとらえているが、これは今日の情報化社会の大きな問題である。その際に考えるべきことは、頭脳労働を単純作業に分解しないことである。

より重要な問題は、ＩＴが人間の頭脳労働を排除して、仕事を自動でやることである。二〇世紀の初めから、フレデリック・テイラーの理論で労働力不足を解消するために、「ワークファクター分析」により「肉体労働の単純作業化」をして、未熟練労働者を大量に使い、マスプロダクションを進めてアメリカの世紀を造ってきた。だが、これにより労働者の自己疎外が起こり、いろいろの社会問題をもたらすことになったことは言うまでもない。社会的な教育制度は向上するが、全体として教育レベルに相応した知識の生かせる職場が少なくなり、大きな社会問題を起こしつつある。一九八〇年以降、情報・知識社会の時代に入り、人間の最も大切な頭脳労働をいかに社会的に生かしていくかが問題になってきている。

マルクスの『資本論』での「資本主義経済の崩壊の運命」という予言が当たらなかった一つの理由は、『資本論』では「肉体労働」の仕事がどんどん自動機械にとってかわられ、労働者の職場がなくなり、失業者が増えるということであったが、二〇世紀の半ばから新しい職種の多くの労働者が必要になってきた。つまり、一九二七年ころから「生活必需品」から「便益品」の時代になり、人間の好み、感情、気まぐれで売れるかどうか分からない商品を開発することになった。そのために、市場調査、経営、企画、マーケティング、技術開発、セールス、アフターサービスという「精神労働」、「頭脳労働」の需要が出てきたからである。従ってマルクスが予言したようには、全体の労働者の数は減らず、ルンペン・プロレタリアの大群が資本主義経済を打ち倒すことにはならなかった。

しかしシリコンバレーの動きは、ハイテク産業の出現で、より高度のソフトの開発という頭脳労働を必要としてきたが、この頭脳労働を単純作業に分解して、機械にやらせるか、その単純労働を何も考えない未熟練労働としての人間でやってしまおうとしているのである。つまり高学歴の頭脳労働者を、単能工として使って仕事をさせる方向に走っている。言うまでもなく普通の人間の頭脳では到底処理できないものをソフトで自動的に処理するのはよいのだが、性能を高め、機能を改善したり、新しいアイディアを技術に展開するのは人間の頭脳労働しかない。こうした頭脳労働を単純作業化すると、その改善、改良はできなくなり、これを封じこめると、その産業の進歩はなくなる。しかも頭脳労働を限りなく単純労働にするとそれは自動化されることになり、大量の失業者が出ることになる。

肉体労働としての自動車産業の仕事も、日本ではこれを単純作業による単能工にしないで、いくつかのタスクを担当させる、「考える多能工」にして、作業者のモチベーションを上げ、たゆみない改善を進めてきたが、これが日本自動車産業の強みの一つであることは言うまでもない。情報・知識社会では、頭脳労働を単純作業に分解して、人間を未熟練作業者で単能工として仕事をさせることはやめなければならない。

日本にインクスという企業があった。彗星のごとく現れ、これがこれからの日本産業の発展の担い手であると褒め称えられたことがある企業であった。一九九〇年に設立され、携帯電話機の精密金型を設計し、それを短納期で製造して、「金型産業の革命児」と言われた。光造形技術をもとに、３次元ＣＡＤ（コンピュータ設計）を用いてモデルを創り、精密金型を超短期間で製造するビジネスである。技術としては画期的なイノベーションで、携帯電話機のビジネスの展開に大きな貢献をした。インクスは自分が仕掛けたコスト競争のレースの中で、コストを極限まで下げるために、３次元ＣＡＤによる設計の頭脳労働としてのプロセスを単純作業に分解した。そして労働者を単能工として使う方法をあみだした。これには二つの目的があった。一つは、言うまでもなく労務費の削減で、全くの未熟練の賃金の安いフリーターを集めてきて、数時間で仕事を教えて、仕事を全うさせる仕組みを造った。フリーターがいつ辞めようが心配しない。補充はいくらでもできる。もう一つはインクスの仕事のノーハウを外に漏らさないように、労働者が辞めても単純作業であるから、技術の流出にはならない。しかもいくつかの部門の場所を互いに物理的に距離を置き、隔離して、社員の間の交流を禁止した。企業としては確かにこのインクスのやり方で利益は上がるであろうが、大切な人間の頭脳労働の在り方は、このようなものではあってはならないと、筆者は二〇〇三年頃インクスのトップの人に話したことがある。インクスの人は、「ご指摘はよくわかるが、企業としてはこうしなければ利益が上がらない」と言っていた。

　そのためだけではないが、不幸にも、インクスは二〇〇九年に民事再生適用申請をした。需要の減退という理由はあったのだろうが、単にコストの低減、納期の短縮というだけのビジネス・モデルは、すぐその限界にぶち当たることになる。次のビジネス・モデルという戦略的立ち位置の革新を進めなければならないということであろう。そして最も重要なことは、これからの「頭脳労働」の適切な道を追求しなければならないということである。

先にも触れたが、企業経営の基本は、「他社とは異なる独特の方法で、商品・サービス」を提供し、「それで顧客を喜ばせる」ことであると言ったが、もう一つ「その仕事で従業員に働く喜びを味わってもらう」ことである。これから比率がますます増してくる頭脳労働はこうでなければならない。

三、世界の覇権国の変遷

覇権国の推移

歴史的に見て、新しい産業を開発して世界経済の発展を牽引した国が覇権国となり、それが時代とともに交代、変遷してきた。一六世紀はスペインの世紀であった。スペインは海軍力で、半ば略奪で富を集め、世界を制覇していたが、一五八八年にスペインの無敵艦隊がイギリスの艦隊の前に敗退してから、覇権の均衡が変わった。

オランダは一六世紀以降、造船技術を革新し、世界の海を支配する基礎を造った。そしてオランダは、重商主義による戦略を打ち立てた。つまり、アジアの鹿皮、薬種、香料、砂糖、中国の木綿、生糸、絹織物を購入して、これを日本に運び、売りさばいて金銀に変え、さらに日本の伊万里の陶器などをオランダに運び巨万の富を築いた。つまりオランダはアジアでの重商主義活動で富を蓄え、スペインに代わり、世界の覇権国になったが、それを実質的に支えたのは日本であった。あるいは日本の富をオランダが重商主義活動により収奪したということが言える。

一八世紀に入ると、フランスがケネーの重農主義で、農業で生産性を上げ、富を築き、国力を強めてきた。しかし日本も一七世紀の末から、宮崎安貞の「農業全書」をもとに、農業技術を高め、農業技術、生産高は世界のトップレベルにあった。しかしフランスも日本も、世界の覇権国にはなれなかった。農業という産業では巨万の富を築くことはできず、覇権国家の地位は得られなかった。

イギリスは国の力を伸ばそうとしてきたが、牧場では大きな富は築けなかった。一七一一年イギリスの大蔵卿のハーレーが、英仏戦争のための資金を造るために、国営として南海会社を設立し、国民から投資させた。これは「南海泡沫会社」と呼ばれるように、実体のない詐欺的バブルを興し、民衆から富を収奪したのである。これを民間が真似して、多くの詐欺的投資会社ができバブルとなり、それが崩壊して、世界の覇権国になるどころか、イギリス経済は危機に陥った。一七二一年ウメルポールが首相となり、このような詐欺的な投資を禁じた。イギリスにはこんな挫折があったのである。そこでイギリスは真面目に富を築こうと産業を興そうと考えた。一七六〇年イギリスは農業を中心に生産力をたかめ「プロト工業化」（産業革命の前段階）で毛織物産業を興して資本を蓄え、インドから輸入されていた綿織物製品の国産化という戦略で、インドより原料を輸入して、繊維産業を蒸気機関による機械化で産業革命として展開したのである。しかしこれは生産高でもそれほど大きなものにはならず、産業革命と呼ぶに値しないものではないかという意見も出ていたほどであるが、しかしこれがオランダに代わってイギリスが覇権国になった理由である。だがイギリスの覇権国になった大きな背景は世界の海を制するという戦略であった。当時イギリスは大陸ではなく、海軍で七つの海を制覇するようになったことにより、これまでになかった世界を資本主義市場に転換し、本格的な世界経済の展開の基礎を造った。こうした世界の海の制覇と産業革命で、イギリスは、国全体として富を増進し、覇権国の地位を確かなものにしたのである。

アメリカは建国以来強力な国家を建設しようとしたが、一八六一年から一八六五年まで続いた南北戦争までは奴隷をつかった農業国であった。南北戦争はアメリカを工業国として産業開発を進めるための基盤としての信用創造、金融資本の確立を図るための内戦であった。そして経済活動の中心を南から北に移した。最初はヨーロッパの製品の模倣であったが、やがて一九世紀末ころから、「精度と部品の互換性」のコンセプトを導入し、職人用の道具、製品を人民大衆に広めるためのマスプロダクションを推し進めた。こうしてアメリカは果敢に、前述のような「イノベーション」により、経済の発展をドライブする多くの「主導産業」を開発していった。

アメリカは第一次大戦、第二次大戦で本土は戦場にならず、むしろ戦争経済で経済活動は拡大し、一九四〇年頃にはアメリカは世界でダントツの経済大国になり、イギリスに代わりアメリカが世界の覇権国として君臨した。しかし、二〇〇〇年に入るころからアメリカ経済は衰退の色を示し、あまりにも短い覇権国の座にアメリカは苦悩しているのである。

この問題の原因は、言うまでもなく、アメリカにおいて一九七〇年以降、イノベーションが停滞し、経済発展をドライブする主導産業が衰退したことである。そこでアメリカは、二つの国家戦略を立てた。一つは「情報IT産業で世界を制する」というものであり、もう一つは「金融資本で世界の富を収奪する」というものであった。特に一九八〇年以降、アメリカの金融資本がワシントンまで手を伸ばし、金融工学、マネーゲームを使って、いろいろのバブルを起こして世界から資金や商品を集めて、消費を続け、その借金が膨れすぎると、そのバブルを崩壊させ、ドル安にして借金をいくらか棒引きするという繰り返しを続けている。一九八〇年ころからシリコンバレーで新しいイノベーションによる情報IT産業で経済の再発展を図ろうと努力しているが、国民に十分な職場を与え、国民の所得を増大することに成功していない。このことは、日本もヨーロッパも同じ状態であると言える。つまり世界経済の再発展に必要なことは、更に「新しい主導産業」をどんどん開発することである。それを成し遂げる国が次の覇権国になるのである。

マクロでみた覇権国の誕生と凋落

歴史的な覇権国の変遷を見てきたところによれば、それまでの覇権国のドライブしてきた「メインの主導産業」が、S字カーブの寿命により、成長、成熟、衰退というサイクルを終え、その産業活動が衰退してくる。その過程で新しい覇権国が生まれるのは、それに代わり、それまでとは違った新しい富の獲得に挑み、新しい産業の開発を進めてきた国がそれまでの覇権国にとって代わることになる。

覇権国のドライブしてきた「産業力」が衰退すると、当然ながら産業の利益率、資本の利子率が低下してくる。その利子率の低下がはなはだしくなると、余剰資本は利益を求めて「マネーゲーム」に走る。

一六世紀末から一七世紀に初めにかけて、利子率の異常な低下（一・一二五％）が襲ってきた。これがオランダの覇権国からイギリスの覇権国への転換点であった。一九世紀の終わりにイギリスの国債の金利は最低（二・二一％）に下落した。これがまた次の覇権国への変遷を促すことになった。

もともと中世ヨーロッパでのキリスト教のカトリックは「利子の存在」を真っ向から否定していたために、資本主義的経済活動は存在しえなかったが、一七世紀に入り、オランダやイギリスなどでプロテスタントが利子の存在を認めたために、近代資本主義経済が誕生し、発展することになった。資本主義経済の基本となる利子率が低下して二％ぐらいになるということは、資本を借りるものがいなくなっているということで、資本主義の産業活動は衰退し、産業も借金を返す側に回り、経済は大不況になる。

すでに指摘したように、主導産業が枯渇、衰退すると、既存商品の価格引き下げ競争が起こり、コストダウンのために賃金のカット、労働者の削減が起こり、そのために大衆、労働者の所得が減り、生産された商品を買ってくれる者がいなくなる。こうして過剰生産の大不況に陥り、ますます企業の利益は下がり、金利は最低に近づく。そこで投資すべき産業がないので、金融資本はマネーゲームに走り、詐欺的なバブルを起こし、利益を上げようとする。だがこうしたマネーゲームのバブルは必ず破裂し、やがて大恐慌をもたらす。これが近代資本主義経済の行動の習性となった。

二〇世紀の終わりから今日二〇一三年では、アメリカの長期国債の金利は一・六五％になっており、日本の国債の金利に至っては〇・四五％と異常な数字を示している。世界の産業は価格引き下げ競争を繰り広げており、先進国は一九八〇年ころからの資源価格の高騰で交易条件が悪化し、産業の経営はますます悪化してきている。現在が資本主義活動としては最悪の状態となっている。このことは、アメリカの覇権が終わり、次の覇権国に移るであろうことを告げている。

産業が衰退すると金融資本が暴れだす

ますます厖大に膨れ上がる金融資本は、まともな産業への投資の機会がなくなり、金利、利益率が下がると、生き残るためにマネーゲームに走る。マネーゲームはゼロゲームで、当然ながらバブルとなり、やがて弾けて大恐慌となり、大衆の富が収奪される。オランダでは一六四〇年にチュウリップ・バブルを起こし、一七二一年にはイギリスの南海泡沫会社のバブルが起こり、更に一七二〇年にはフランスのルイジアナ・バブル、一九二九年のアメリカのニューヨーク株式市場のバブル、そして二〇〇八年にはアメリカで、金融工学を駆使した住宅のサブプライムローンによるリーマンショックなどと、金融バブルは後を絶たない。こうしたバブルで結局は大衆の富が収奪される。

主導産業が枯渇し、衰退すると必ず金融資本が詐欺的行為によりバブルを造りだして暴れ出すが、先述のように資本は強かで、その金融資本によるバブルをのり越え、場合によっては、バブルをきっかけに、これまでの停滞した産業構造をスクラップ・アンド・ビルトして、実体経済としての新しい産業を開発して、経済を再発展させ、覇権国の座を手にするのである。イギリスは、かつて国が資金を稼ごうとして、設立した実体のあまりない「南海会社」をバブル投資の対象にしてしまった。これに便乗して多くの民間企業が詐欺的な投資会社をどんどん造り、イギリス経済は大混乱した。イギリス国家はこれに驚き、何とかこれを収束させ、詐欺的なバブル投資を法的に封じた。そしてイギリスはまじめに実体経済としての産業の開発にとり組み、「産業革命」を起こし、ついに覇権国の座をものにした。だがその後、イギリスの残留金融資本グループの一部がアメリカにわたり、一九二九年の株式バブルで暴れたという事実もある。日本でも、明治の初期に「ウサギ・バブル」が起きたし、一九九〇年に大型の「土地バブル」を起した。覇権国の座とは別に、産業が衰退すると、金融バブルになるということは、今のところ避けられないもののようである。

二〇〇八年一一月、経済学の名門であるロンドン大学経済政治学院の新築ビル開所式で、来賓のエリザベス女王が尋ねた。「どうして危機がおきることを誰も分からなかったのですか?」アメリカのリーマンショックの金融危機についての質問である。多くの学者は女王の突然のこの質問には誰も答えられなかった。その後慌てていろいろ会議をして、「金融市場や世界市場について多くの警告はありましたが、分析は個々の動きに向けられました。大きな絵を見失ったことがひんぱんにありました」という答えにならない答えを書面で女王に出したと言う。しかしエリザベス女王が尋ねられたことに対して、いよいよきちんとした形での危機を警告し、それを防ぐ仕組みを造らなければならない時に来ている。

これまでの金融資本のマネーゲームによるバブルは、アメリカの起こした二〇〇八年のサブプライムローンによるリーマンショックに比べると大変かわいいものであった。アメリカの詐欺的な住宅のサブプライムローンは、複雑なソフトを駆使した金融工学で、大衆にそのリスクを見えなくしただけでなく、金融資本の同業者にもわからないようにした悪質な詐欺的手口で、かつてない大きな被害をもたらした。金融工学という詐欺的なマネーゲームを複雑な数学でカモフラージュしたためにトレーダー本人もそれをどう操作してよいか管理できなくなり、最近はそのためにモルガンなどのファンド企業は巨大な損失を出していることが明るみにでた。これにより真面目な産業が錯乱され、窮地に陥っており、犯人である手負いの金融資本にもベイルアウトという国民の税金を注入したという最悪の事態になっている。大きすぎて潰せないということで処理した金融資本の残骸があまりにも大きいために、この膨れ上がった金融資本をコントロールするのは如何にアメリカでもなかなか困難なようである。これをどう処理するかが世界の国の課せられた喫緊の課題である。これには金融資本の行動に規制をかけることと同時に、金融資本がマネーゲームではなく投資できるような「新しい主導産業」を開発することである。

つまり歴史が教えていることは、産業が衰退して利益、金利が下落すると、金融資本はマネーゲーム・バブルを起こし、国民の富を収奪し、産業資本を錯乱させる。そのバブルはほどなくして必ず崩壊する。長い大不況を経て、イノベーションにより実体経済としての新しい産業が開発される。この新しい主導産業が強力なものであると、その国が覇権国の座を獲得することになる。しかしその主導産業もやがて衰退し、その国は衰退して、覇権国の座は怪しくなる。そして新しいイノベーションにより、より強力な国が新しい産業を開発して覇権国になるのを待つというのが世界経済の動きである。これもすべて人間の煩悩のなせる業である。しかしこの次の新しい産業を用意する国が出てくるのに時間がかかると、世界は大不況の中で長い間苦しまなければならない。今日の二〇一三年がまさに覇権国の交代の時期であるように見える。

資本主義経済の発展には金融資本は経済の活動、発展のなかでの血液として必須のものである。主導産業の開発には信用としての金融資本があって初めて可能である。金融資本がお金でお金を買って利益を上げようとするのは、投資すべき儲かる産業が開発されていないからである。小人閑居して不善をなすである。従って資本主義経済社会は常に新しい主導産業をどんどん開発し続けなければならない宿命にあるということである。

次の覇権国は？

スペインから始まり、オランダ、イギリス、アメリカと覇権国の座が移って行ったが、日本はどういう位置にいたのであろうか？　スペインの時代は、日本は織田信長、豊臣秀吉の時で、キリスト教を介してスペインと交易していた。

オランダの時代は、江戸幕府の時で、長崎の出島を通じてオランダと貿易をしていた。オランダの発展には日本は大変貢献したことになる。むしろ日本の金、銀をオランダに収奪されたと言われるほどである。イギリスが七つの海での覇権国になったときは、明治政府は日英同盟を結び、いろいろと助けをこうた。アメリカが覇権国になったとき、日本は第二次大戦に敗れ、アメリカの占領下におかれたが、幸か不幸か米ソの冷戦構造が勃発したために、日米安保のもとに、アメリカから手厚い保護と援助をもらい経済の発展に専念できた。だが未だに実質的にはアメリカの属国として現在に至っている。こう見てくると日本は、いつの時代の覇権国とも交易で関係を取り持ってきたが、自らは内にこもり、覇権国になるという意思は持っていなかったようだ。

二一世紀に入ってから、アメリカの次の覇権国はどこだろうかという議論が出てきている。多くの人が言っているのは、次は中国が世界の覇権国になるというものである。しかし中国は、まだ本当の意味での新しい主導産業の開発の経験がなく、大きなバブルの経験もしておらず、「奔馬と業者」という資本主義経済のダイナミックスもまだ味わったことがない。中国は上海バブルを経験したが、これは局地的なもので、未だ十分な経験ではない

中国がこれから独自のイノベーションをどう起こせるかが課題である。今のような安い労賃でアメリカ、日本の製造の下請けの状態では、あるいは先進国の商品を模倣して製造する段階では、中国は世界の覇権国にはなれない。つまり中国にはまだグローバル市場で活動できる産業が生まれていな

い。通信の「ファーウェイ」以外は、国内産業か下請け製造業である。中国が更に発展するにはグローバル市場でリードできる産業が必要になる。グローバル企業を創りあげるのは、国家の力だけでは困難であることは中国政府も認識している。しかし中国は二〇一〇年に内容はともあれ、「工業生産」では、過去一〇〇年間世界一であったアメリカを抜いて世界一になった。そして二〇一三年には中国は、輸出と輸入を合計した「モノの貿易総額」でもアメリカを抜いて世界一になった。これは心に留めておかなければならないことである。問題は、中国が八億の民を持つ市場での「新しい産業構造」を築きあげることができるかどうかである。しかし中国の首脳はその事情を十分分かっているようだ。それゆえに最近中国は、「科学」を極めるという国家戦略を明確にした。しかし中国がアメリカを超えて覇権国になるには、まだいくつかのハードルを越えなければならず、少し時間がかかる。

しかしアメリカの再発展のチャンスはまだある。二〇〇八年のリーマンショックという詐欺的バブルを克服し、「シェールガス革命」を基にして実体経済としての更に新しい産業を開発すればその覇権の座を延命させることはできる。一九四〇年にアメリカは、覇権国の座についてから、あまりにもまだ日が浅い。アメリカは今二一世紀の覇権国の座を確かにするために産業の再生を狙って動いている。

そうした中で日本はどうふるまうべきか。当分際立った覇権国は現れそうもないので、日本の役割はいろいろと出てくる。それには日本文化、東洋文化をさらに洗練し、西洋文化の欠陥を補う重要な仕事がある。そのためにも日本は更に産業力を高めなければならない。

グローバル・ガバナンスの喪失

いろいろな分析から明らかになってきたことは、人類の多くのものにとって現代の社会は理想郷とは逆の「ディストピア」になったと言われていることである。各国の構造的に膨張する財政赤字、所得格差、人口構造、サイバーテロ、社会的リスクが高じ、大変人間にとって生きることが困難になってきている。インターネット、スマートフォンですべて繋がった世界は、便利さと同時に多くの危険に晒されている。世界はかつてないグローバル・ガバナンスの危機となっている。

これはアメリカの覇権国としての、世界をドライブする力が相対的に衰えてきたことと、Gゼロと言われるように、世界全体がグローバル社会をコントロールする力がなくなったことが、世界の資本主義経済の混乱を招いているのである。この二〇世紀の一〇〇年は、「西欧のユダヤ教的な一神教のもとで、他を倒してでも一途に極端に走ること」の限界が見えてきたということでもあろう。このことは、特に一九八〇年からの極端に走った市場自由主義の弊害とそれを煽ってきた金融資本の錯乱によっている。そして世界中がインターネット、携帯電話、ITで深く互いに接続されてきたことによる世界のシステムの脆弱性が高まり、リスクがますます拡大してきている。

これまでの経済社会の管理の概念は、資本主義的経済活動の行き過ぎの是正としてのセーフガードで、当初考えた特定の範囲に限られていたが、グローバル化が進み、IT技術により複雑に繋がった特定範囲を超えたことで予期しない混乱、錯乱が出始めており、このグローバル・リスクに対するグローバル・ガバナンスの再構築が喫緊の問題として浮上している。言ってみれば近代西欧の一神教的な行動の弊害が顕現化してきたと言える。この二〇年アメリカの金融工学を駆使しての金融資本による世界経済の錯乱も、この一神教的な動きの表れの一つである。しかしこのグローバル・ガバナンスの喪失は、一九九〇年からの世界的な産業の衰退、イノベーションの停滞と期を一にしている。

日本の役割

こうした西欧の一神教的な極端な動きに対して、日本が、東洋思想、多神教的な文化と考えで、世界の調整役としての仕事をする余地がでてきた。それを世界は今感じ始めており、一神教的な動きの独走を制御する力を求めているのである。特にドイツもそうした考えを強めてきている。そのためには、一神教的な動きの問題を、東洋思想で補完しながら新しい二一世紀のグローバル社会を作り上げるための思想と構想を創り、これに挑戦する人材を育成しなければならない。

それを果たすためには、日本は、その基盤となる新しい主導産業を自分の手で開発することにコミットし、産業としての経済力を強化しなければならず、イノベーションによる新しい産業の開発を自分の手で行う決意をしなければならない。そのためにも、先に述べたように、日本を「これからのイノベーション、新しい産業開発の世界のプラットホーム」とするという道は大変意義のあるものであり、日本の中小企業を含めてこれまで蓄積した膨大なものづくり力の技術集積は、世界に貢献できるものである。そして産業としても、こうした役割が果たせるような人材を育成しなければならない。

第六章　日本経済の再生の道：ディスラプティブ・イノベーション

一、イノベーションの大停滞

本書で冒頭から指摘しているように、一九七〇年ぐらいから世界的にイノベーションが停滞してきている。これが今日の世界的な不況問題、格差問題の原因である。またそのために、それまでの個々の国家の経済政策の施行、福祉社会の構築というブレトンウッズ体制が崩壊して、先進国が混乱し、EUもそのために大混迷をきたしている。先進諸国では恒常的に国家の財政赤字が膨張している。何かが狂ってきている。そして「資本と労働の関係」が大きく変化してきた。

つまりイノベーションが停滞しはじめてからの過去四〇年は、労働を犠牲にして、資本の利益を最大限にしようとしているが、これが生産された商品を買う市場の力を減少させていることが明らかになってきた。そして金融資本は、産業での利益の劣化のために、金融工学というマネーゲームで世界の人民の富を収奪してきた。またこれが産業のイノベーションを起こすための研究開発の環境を悪化し、経済の衰退を加速させている。このままではマルクスが予言した「資本主義経済の自殺」という道に落ちることになる。

タイラー・コーエンは、アメリカでは「容易に収穫できる果実は食べつくされた」と言っている。「スタンフォード大学の経済学者チャールズ・I・ジョーンズは、アメリカの経済成長の要因を設備投資の拡大、労働時間の増加、研究開発の活発化など、いくつかの構成要素に分類した。そのうえで一九五〇年から九三年の数字を見ると、経済成長の約八〇％は、過去の知識の応用と、教育及び研究へのふんだんな投資の組み合わせにより実現していた。このような経済成長の方法をこの先繰り返すのは難しい。端的に言えば、私たちは過去の遺産を食いつぶしてきたのだ。・・・新たなアイディアが生み出されるペースがいまの水準にとどまれば、未来の経済成長が『一％の三分の一』に満たないとされていることだ」（『大停滞』タイラー・コーエン、NTT出版、三九−四〇頁）

個々の大きな技術商品において、ある研究調査によると、その「開発研究の軌道」と「商品化開発の軌道」とは三〇年から五〇年のタイムギャップがある。従って常に経済成長を続けていくには、常に研究開発を続け、新しいイノベーションのための新しい「果実」を育成しなければならない。しかしその先行的な開発研究が世界的に停滞しているというのである。

だがこれまでの歴史を見ると、「資本」は自分の首を自分で絞めるような馬鹿ではない。資本は自分で自分を殺しはしない。資本の動きの主体である人間は、そんなに利巧ではないが、そんなに馬鹿でもなく、寄り道をするが、その問題点、障害を克服する道を切り開いて、再発展するものである。ここ三〇年、資本主義はマネーゲームで世界の人民の富を収奪するという邪道に走ってしまい、大きな怪我をした。馬鹿でない資本はこれに気付き、堅気の本来の産業活動という道に戻るであろう。

タイラー・コーエン氏はもはやイノベーションになるような技術的な果実は食べつくしたと言っているが、しかしイノベーションは技術の開発だけで起こるのではない。シュンペーターは、「イノベーションとはこれまでとは違ったやりかたでことを行う」のであり、「いろいろの要素の新結合」であるとした。人間がこれまで二〇〇年にわたり蓄積してきた科学、技術の要素は膨大なものがあり、これをいろいろと組み合わせることにより新しいイノベーションは無限に生まれるのである。つまりイノベーションは、コーエンの言うように、「技術」の革新によってのみ生まれるものではないのである。

二、ディスラプティブ（分岐的）とは何か

これまでに全く存在しなかった新しい技術、大型の新しい商品を開発することは、大変困難で、リスクが極めて高いものである。なかなか私企業ではやれるものではないことは縷々述べてきた。その主導産業の開発を国家戦略として進めてきたアメリカの力が少し息切れしたので、アメリカだけに頼るのではなく、これからはあらゆる国が経済の発展を牽引する「主導産業」の開発に手を染めなければならない。

日本は、特にそうした新しい主導産業の開発は手におえないものとして、敬遠してきた。他人が開発したものをベースに、それを安く造ってあげますよというスタンスであった。しかしそれではこれからの日本産業は存続できないことは縷々述べてきた。そこで大変ハードルの高い、全く新しい商品、産業を創ると言うのではなく、日本でやれる主導産業の開発の道がないかということである。い

ろいろの要素の新しい結合がイノベーションであるという認識のもとに新しい「主導産業」を開発することである。これを「ディスラプティブ」というコンセプトでアプローチしようとするものである。

　ディスラプティブ（Disruptive）という言葉は、アメリカ人の間では広く使われてきたが、これを学術的に使ったのは、クレイトン・M・クリステンセンが書いた「Disruptive Technology」、「The Innovator's Dilemma」という書の中である。クリステンセンはDisruptive TechnologyとDisruptive Innovationをごっちゃにし、少し混乱しているが、アメリカでも、彼のこの書が出て以来、経営者や企業のマーケティング部門は「Disruptive」という言葉をよく使うようになった。

　Disruptiveという言葉は、辞書によれば、「崩壊的な」、「分裂的な」、「混乱を起させる」、「破壊的な」という意味があるとされる。確かに「破壊的な」という意味もあるが、このような使い方の「Disruptive」は、「破壊的」「Destructive」という意味ではない。単なる言葉の違いではなく、コンセプトの違いである。

　あるアメリカ人の理解では、Disruptiveは、「ある城の中の地面に穴を掘り、そこから場外に抜け出て活動する」という意味があるという説明があった。筆者はこれを「ある商品、技術の場から分岐して、全く新しい市場を創造するイノベーション」であると理解することにする。従ってこれを「分岐的（Disruptive）イノベーション」と呼ぶ。

　蜂が増殖して、ある時点で巣分かれするように、それまでの既存産業とは似て非なる新しい世界を創り、それまでとは全く違った「新しいマーケット」を創るものである。そしてこれまでとは「違った消費者」を創造し、「新しいバリュー・ネットワーク」を創造することにより経済の発展を促すものである。同時にこの分岐的イノベーションが起こると、これまでの産業構造、社会生活のリズム、パターン、生活文化が一変するような影響力のあるものである。これが「ディスラプティブ」の本当の意味するところである。決して「破壊的な技術」、「破壊的なイノベーション」という意味ではない。しかも同じ商品のなかでの技術の変化、進化を追うものではない。

従って、これは、ジョセフ・シュンペーターが言った「Creative Destruction」とは違う概念である。日本ではクリステンセンの書の翻訳書で、Disruptive の言葉が「破壊的」となっているために、誤解を招き、正しい理解になっていない恐れがある。最近のアメリカのシリコンバレーでの新しいベンチャー企業が新しいビジネスをスタートするとき Disruptive Innovation が合言葉になっている。しかし決して Destructive Innovation ではない。

クリステンセンは、Disruptive Technology と Disruptive Innovation の言葉を使っているが、前者の Disruptive Technology（破壊的技術）という使い方と、後者の Disruptive Innovation（分岐的イノベーション）とは違うコンセプトで使い、少し混乱している。彼は、同じドメインの市場における商品の中でのハードディスク・ドライブ産業、建設機械産業などで、既存のサプライヤーが新しい参入者から違った「ディスラプティブな技術」で競争に挑まれて大敗するのは何故なのかを究明しようとした。その究明の対象は、あくまでも同じ市場、同じ商品の中での競争である。

クリステンセンは、しかし重要な点を指摘している。「新技術のほとんどは、製品の性能を高めるものである。これを「持続的（インクレメンタル）技術」と呼ぶ。持続的技術のなかには、不連続的で抜本的なものもあれば、漸進的なものもある。あらゆる持続的技術に共通するのは、主要市場のメインの顧客が既存の性能指標で評価すると、既存の製品より性能が向上する点である。・・・しかし、「ディスラプティブ技術」が現れる場合がある。これは、少なくとも短期的には、製品の性能を引き下げる効果を持つ技術である。皮肉なことに、・・・大手企業を失敗に導いたのは破壊的（ディスラプティブ）技術である」「一般的には、破壊的（ディスラプティブ）技術の性能が既存製品の性能を下回るのは、主流市場での話である。しかし、破壊的（ディスラプティブ）技術には、そのほかに、主流から外れた少数の、たいていは新しい顧客に評価される特徴がある。破壊的（ディスラプティブ）技術を利用した製品のほうが通常は低価格、単純、小型で、使い勝手がよい場合が多い」（『イノベーションのジレンマ』クレイトン・クリステンセン、翔泳社、九頁（ディスラプティブ）は筆者）

このクリステンセンの説明から分かるとおり、ここでいう「ディスラプティブ」技術は決して「破壊的な」技術ではない。むしろ製品の性能を引き下げる、低級な技術であり、決して高度な破壊的技術ではないということである。

つまり、筆者が考えているのは、「ディスラプティブ・イノベーション」とは、既存製品、既存産業およびその市場に対しての「アンチテーゼ」としてのコンセプトをもっていることである。単純に同じマーケットでの既存製品、既存産業の延長的、延命的な進化を意味しているのではない。既存商品、既存産業に対してのアンチテーゼとして、そこから分岐してこれまでのものとは似て非なる「新しいマーケットを創出」することである。これが一番重要なポイントである。

クリステンセンは、その書で、ハードディスク・ドライブ（ＨＤＤ）、掘削機、ミニミルになどの事例をもとにして、この「ディスラプティブ・イノベーション」というコンセプトを説明している。彼の書によると、ハードディスク・ドライブ産業では六回の技術変化のうち、四回はトップ企業がついていけず、新規参入企業に負けている。彼の究明の主眼は何故既存のトップ企業がこの競争に負けるのかであり、同じドメインのハードディス・ドライブの市場の攻防である。掘削機産業のケースでは、油圧式という新技術が出てきたときに生き残ったのは三〇社のうち僅かに四社だけだった。鉄鋼業のケースでは、高炉とミニミル（電炉）の争いの結果、ミニミルが全体のシェアの半分近くまで伸びて行き、高炉メーカーの世界シェアが落ちていった。これらもそれぞれの同じ市場での新技術による企業競争である。つまり、クリステンセンの分析は、同じドメインの商品、同じ市場での商品のなかの技術的進化、変化によりプレイヤーが変わる視角から行われている。クリステンセンが挙げているハードディスク・ドライブの技術の進化の焦点は、先述のように、それまでの商品と違う商品としての市場を創造するのではなく、それまでと同じ市場で、それまでの延長、あるいはその商品の延命策に終始していると言わなければならない。彼は、ハードディスク・ドライブの例では、むしろ新しい技術をフラッシュ・メモリー・ドライブ（ＳＳＤ　Solid State Drive）という商品をとりあげ、これまでの市場とは違った新しい市場の創造という説明をしていれば、新しい理論の展開になった筈である。これであれば、筆者の言うような「分岐的イノベーション」となる。SSDはこれまでの据え置き、固定式の製品の市場から分岐し、これから全く違うモバイル、ワイヤレス製品という大きな市場を創造することになる。しかもプレーヤーはこれまでとは全く違う企業が出現することになった。

クリステンセンの検討の視角は、既存の優良な大企業が、自分がリードしてきていた産業の発展のなかで、しばしばその事業に失敗しているケースが多いことにたいして、それは何故であろうかということを究明せんとしている。

そしてクリステンセンの狙いにも拘わらず、これらの新技術によるイノベーションは旧来の市場ドメインの中でのコスト・性能の優劣の競争になって、結局既存大手企業は、新入企業により敗退させられている。つまり違った製法、違った技術手段ということがコスト、性能に差別化をもたらし、競争に優劣をもたらすという図式を示しているに過ぎない。つまりクリステンセンには、旧来の市場ドメインから枝分かれしての「新しい大きな市場の創出」というところに意識がない。この「分岐的イノベーション」は、これまでなかった新しい市場を新しい企業が開発、創造する「イノベーションのプロセス」として見なければならない。

つまり筆者の意図するこの「分岐的イノベーション」は、何度も言うように、ある市場における、既存商品の延命ではなく、それに対するアンチテーゼとしての、そこから分岐、枝分かれして「新しいマーケットを創造する」という考えである。これが本書でいう新しいリーディング産業の創出に繋がるものである。いずれにしてもクリステンセンがどう考えていたかをここではこれ以上問題にしない。新しいマーケットを創造するというイノベーションをどう進めることが出来るかを問題とする。

三、新しいコンセプトの市場を創造するという視点

新しいイノベーションの道

われわれの問題意識は、既存の産業とは違った新しいコンセプトの市場をいかに創造するかということであり、既存の大企業が既存製品、既存市場でいかに延命できるかを考えるのではない。つまりこのディスラプティブ・イノベーションをこれまでの商品の延命策としてではなく、これまでの商品あるいは市場とはコンセプトの違った「新しい大きな市場を創造する」という観点で捉えることが必要である。「似て非なる新しい市場」を創造することである。

「ディスラプティブ」は「ディストラクティブ」ではなく、必ずしも技術の高度な、「破壊的」なものを意味しない。既存の市場と枝分かれして、全く新しい市場を創出できるかどうかである。つまり、既存の商品、市場から、それとは違うどんな新しい市場、需要を、あるいは新しい社会生活スタイル、新しい経済活動のスタイルを作るかということである。

つまり、ある一つの商品、産業のドメインで、それまでの技術、バリュー・ネットワークの中での主流の商品に対して、それから分岐するように、全く別のバリュー・ネットワークを持つ「新しい市

図 6-1　Disruptive Innovation

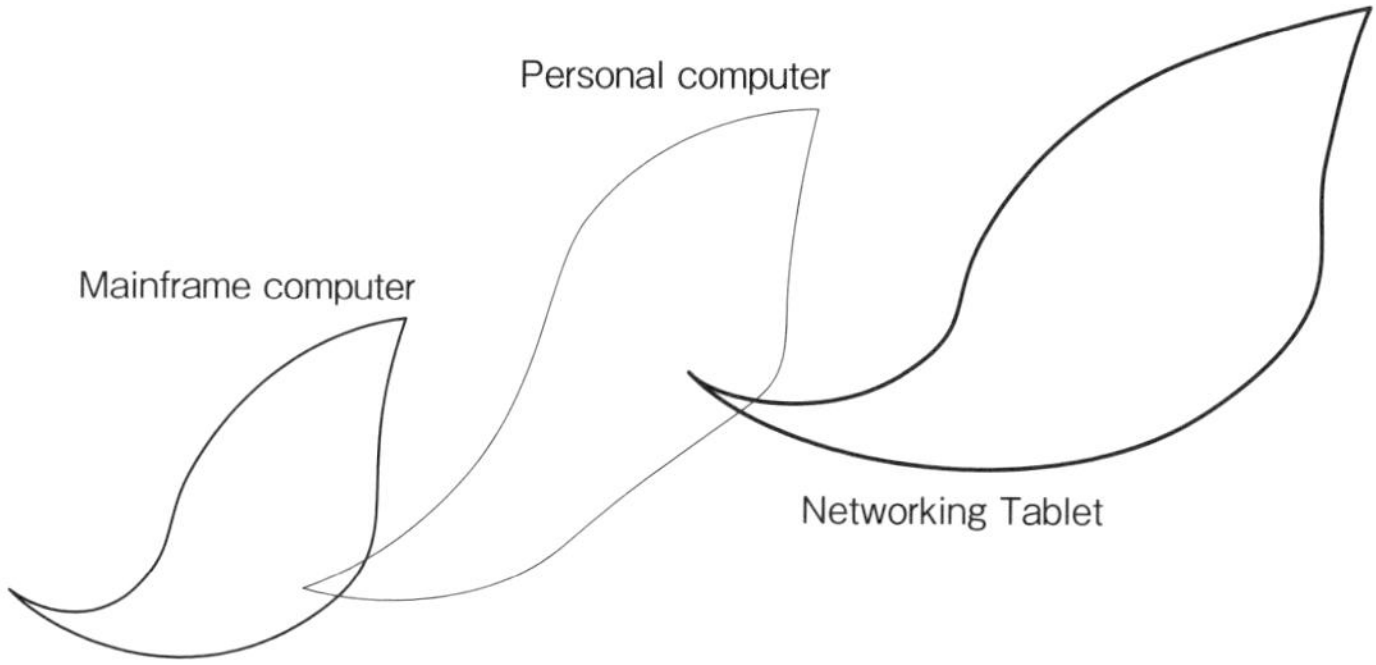

出所：筆者作成。

場」を創造するものである。多くの場合、別の低級の技術による新しい商品が、下層のより大きな市場をクリエイトするものである。つまり最初の産業の市場とは似て非なる新しい市場を創造することである。ある意味では、既存の商品、産業を「換骨奪胎」して全く新しい商品、産業を創るようなものであるから、日本人にも挑戦できる筈である。

後で説明する分かりやすい例として、「メインフレーム・コンピュータ」に対する「パーソナル・コンピュータ」を考えると、この「ディスラプティブ」の意味が理解できる筈である。

こうした考えでいけば、先に検討した日本半導体産業のDRAMのビジネスも、このディスラプティブ・イノベーションのコンセプトの視角が重要になることがわかる。DRAMはもともと市場としてメインフレーム・コンピュータ用、あるいは高速通信用のDRAMとして開発されたものである。日本半導体は後発であったが、品質向上、歩留まり向上、コスト削減で、このシェアを拡大し、支配した。ところがパーソナル・コンピュータという新しい市場が出てきて、ＤＲＡＭの市場がボリューム的にも新しいものにシフトしたのであるが、日本ＤＲＡＭ企業は、基本的にはこれまでと同じ商品設計で、量産規模を上げて、コストを下げる方法で、それに対応し始めた。しかし本来なら、メインフレーム・コンピュータとは似て非なる新しい市場のパソコンであるから、「ディスラプティブ・イノベーションのアプローチ」で、商品も全く別のコンセプトで設計し、製造しなければならなかった筈であった。日本のＤＲＡＭメーカーは、それに対応せず、新しいより大きなパソコンの市場を見誤ったということであろう。

新しく参入した、マイクロン・テクノロジー社、サムスン社などは、当然ながら新しい市場を創造することを目指して、その新しい商品に適合する設計性能のＤＲＡＭを開発して、市場を獲得した。「大は小を兼ねる」、「多々益々弁ず」ではなく、あるいは単なる量産効果、「ダウン・サイジング」ではなく、新しい市場に対しては新しく基本から商品の設計をやり直すということで、これまでのものから分岐して、似て非なる市場のための商品を開発するというアプローチが必須となる。こうしてＰＣ用のＤＲＡＭは量的にも、それまでのメインフレーム用のＤＲＡＭとは比較にならない膨大な量の市場に発展することになった。

半導体で言えば、もう一つディスラプティブ・イノベーションの典型的な事例がある。それはデジタル・カメラ、携帯電話、スマートフォンなどの家電商品に幅広く使われている「イメージセンサー」である。ＣＣＤ（Charge Coupled Device）と呼ばれる半導体がある。人間の網膜のような役割をする個体撮像素子で、これは一九六九年にアメリカのベル研究所で発明されたものである。しかしこれの実用化には技術的に大変な困難さがあった。つまり、歩留まりが悪く、ビジネスとして成り立たず、アメリカの企業は殆どこれから手を引いた。しかしこれに挑戦したのは日本のソニーであった。アメリカで発明された初期のトランジスタもそうであり、キルビーがICの概念を開発するまでは、アメリカはせいぜいトランジスタの適用には補聴器程度しか手を染めていなかった。ソニーがそれに挑戦し、「トランジスターラジオ」を開発して、半導体時代をスタートさせたのに似ている。ソニーの初期のCCD開発者の方の話によると、ソニーでのCCDの生産は大変困難を極め、「歩留まり」ではなく、良品の「出現率」だと上司から言われたほど大変であったと言う。しかしソニーはその困難を何とか克服して、ビジネスになるようなCCDを完成し、コストは高いが、その高い性能をもってCCDを高画質、高性能、高品質が要求される家電商品に販売していった。

ところがもう一つイメージセンサーの技術があった。CMOS（Complementary Metal Oxide Semiconductor）Image Sensor である。技術の原理はCCDと同じころ考案されていたが、実用化は遅れた。それはCMOSロジックLSIの進化をまたなければならなかったためである。同時にCMOSイメージセンサーには、CCDと比べて、単位ごとに増幅器をもつことで光変換された電気信号の読み出しに電気ノイズの発生が抑えられるという特徴、そして消費電力の低いという特徴を持つ。またCMOSロジックLSIとSOCとして大量生産できコストが安いという大きなメリットをもつ。勿論CCDと比べて、欠点もあり、低照度状況では素子そのものの安定度が悪く、そのために撮影した画像にノイズが多くなる傾向がある。

しかしこうしたＣＭＯＳイメージセンサーが、ＣＭＯＳロジックＬＳＩの進化とともに、最初はイメージセンサーの低級品として開発されるようになった。これが典型的な「分岐的イノベーション」で、その弱点を技術的に少しずつ解決しながら、ＣＣＤでは対応できなかった大きな市場を創造することになった。コストがＣＣＤと比べて格段に安く、安価なデジタルスチルカメラ、デジタルビデオカメラ、そして最近では低い消費電力のためにiPhoneなどカメラモジュールなどの大きな市場を創造していった。二〇〇四年にはＣＭＯＳイメージセンサーは、ＣＣＤイメージセンサーを出荷個数では抜いてしまった。しかもＣＭＯＳイメージセンサーの性能はますます向上し、いずれはＣＣＤをのり越えるであろう。そして売上高も二〇〇八年にはＣＭＯＳセンサーがＣＣＤを超え、以後その差はますます開き、ＣＭＯＳセンサーが中心になった。これが典型的な「分岐的イノベーション」の姿である。

ここで注意しなければならないことがある。先ほども指摘したところであるが、最近のシリコンバレーのイノベーションであるアップルのスマートフォン、タブレットはパソコン、デジタル・カメラ、これまでの携帯電話、携帯音楽プレーヤー、ゲーム機、簡易型カーナビなどの市場を食いつぶす「カニバリゼーション現象」を起こしており、全く新しい市場の創造にはなっていない恐れがある。「分岐的イノベーション」では、新しい商品は基本的には「これまでにない新しい市場を創造する」ものであるべきだが、スマートフォン、タブレットは、これまでの一つの商品をリプレースするどころか、多くの商品をまとめてリプレースしていることである。「分岐的イノベーション」ではこれは避けなければならない。もしスティーブ・ジョブズがまだ生きていたら、これに気付き、新しい市場を創造する方向に動いたのではなかと思われる。

ボトム・オブ・ピラミッドと分岐的イノベーション

C・K・プラハラードの *The fortune at the bottom of the Pyramid* という書がでてから、「ボトム・オブ・ピラミッド」というものの見方がでてきた。いろいろのことを意味しているが、これまでの先進国の資本主義経済活動は、所得レベルがある水準以上の層と国を相手にビジネスをしていた。世界には一日一ドル未満で生活を余儀なくされている貧困層が五〇億人以上いる。これは先進国資本主義経済活動の枠外に置かれていた。これが資本主義経済活動の対象とする市場となるということである。

資本主義経済の歴史は、アメリカの西部開拓史のように、常に未開の地を求めて新しい市場として加えてきたが、近年資本主義経済市場として新しいものを加えるものがなくなったとされてきた。世界的な過剰生産は商品を吸収する市場がもはやなくなったことを意味した。幸いこの一〇年中国、インドが安くものを造る場所としてではなく、商品を買ってくれる市場として浮上してき、アメリカ、日本にとって大きな恵みになったが、その中国市場も少しスローダウンしてきた。ところがこの「ボトム・オブ・ピラミッド」という概念は、この地球上には、まだ手つかずの膨大な市場が存在するということを示してくれた。

この考え方は、貧困層に対して、これまでのような植民地開発的援助をしようというのではなく、まだ資本主義経済社会の恩恵に浴していない国としての貧困国に、その国に適した商品の開発、生産、流通、消費の自律的な経済構造を創ることに参加させようということである。魚を与えるのではなく、魚を釣る針、糸、釣竿、餌と釣るノーハウを提供する活動である。それも先進国の商品をそのまま提供するのではなく、その国にあった商品を設計し、その生産、流通、消費の活動にその国の人を起用するもので、その国の人たちが大きな市場となるのである。これを「分岐的イノベーション」のアプローチで実行することである。

プラハラードの書の中には、いろいろの実際の経済的活動の例が示されている。インドの貧困層を対象にしたシャンプーの市場で、アメリカのP&Gがこの活動に成功している。あるいは小口融資によって自社の利益のみならず、いろいろのビジネスを立ち上げるための資金を提供しているICIC銀行、ニカラグアの電力会社、ブラジルの家電チェーンなどの動きが紹介されている。

二〇〇一年、日本の住友化学がアフリカのタンザニアで、現地の繊維会社と合弁でマラリアを防ぐための蚊帳の生産を開始している。同社はマラリアに対する殺虫剤を樹脂に練り込んだ繊維を造り、現地の二か所の工場で蚊帳を製造している。アフリカ人四、〇〇〇人を雇用し、年間四、〇〇〇万張りを生産している。そのほか男性化粧品会社のマンダムがインドネシアで小袋入り整髪ジェルの現地での生産・販売で大きなシェアを占めており、味の素もこうしたビジネスをアジアで展開している。

こうした動きはこれから全世界で展開されることになるが、その地で消費される商品を設計開発し、それを現地の人を起用して生産、販売、消費する経済構造を作り上げることである。こうした貧困層は、なにも貧困国だけでなく、所得格差が激しくなった先進国でも重要なことになる。つまり資本主義経済活動の対象市場が一挙に拡大することである。

日本人に適したイノベーションの道

商品の「S字カーブの寿命」を考えると、商品の新陳代謝、産業の新陳代謝、スクラップ・アンド・ビルドで常に新しい商品を開発しなければならない。この「分岐的イノベーション」は、「リ・インベント」あるいは「スクラップ・アンド・ビルト」というコンセプトにも通ずる。しかしその場合、認識しておかなければならないことは、既存の同じ市場の拡大ではなく、それから枝分かれした「新しい市場の創造」である。その中で最も重要なことは新しい市場のコンセプトを創造することであり、それはよく言われている「問題の設定」力であり、新しい文化の創造であることを理解しなければならない。

現在、多くの日本の産業は、価格切り下げ競争のディレンマに陥っている状態であり、いち早くこの「分岐的イノベーション」で新しい産業の発展をはからなければならない。アップルのスティーブ・ジョブズの遺言である「テレビをリ・インベンションせよ」は、単なるこれまでのＴＶのリプレースではない。新しい市場の創造であった。これも「分岐的イノベーション」によって成就される。

これまで存在したことのない新しい技術、産業、商品を開発するのは大変困難なことである。これは一神教の民族にしかできないとも言われている。日本人は、当分はこれまで全く存在しなかった新しい主導産業を開発する力はないであろう。しかし、「分岐的イノベーション」でのアプローチなら日本人にもできる。これまでの商品、産業の中でも、それまでの市場と違った大きな市場を創造するような違った商品、産業が生まれることがある。多くの場合、「分岐的イノベーション」は最初の段階は機能を限定した簡素な商品でスタートすることになる。そこで注意しなければならないことは、日本の技術者は、安い商品を造るのは自分の価値がさがると思っていることで、「分岐的イノベーションのコンセプト」を十分理解させせなければならない。

日本人は、これまで存在したことのない商品、産業を開発するのは大変苦手である。過酷な環境で、殺し合いが続いた西欧諸国では、生き抜くために一神教をあみだし、一致団結してこれまでに存在しなかった何かを創るという文化で、サイエンスを発達させ、新しい技術、産業を創造してきた。歴史的にも、日本人には、何もない荒漠たる砂漠の中でどう生き抜くかという試練にあった経験はあまりない。緑豊かな山里の中で育った日本は、多神教で、いろいろの考えを共存させる文化を築いてきた。従って、日本は、何もないところから、新しいものを創造することは苦手であるが、ある既存の産業、技術をもとにし、それを改善、改良、洗練してゆく力を持っている。そういう意味で、この「分岐的イノベーション」は日本人に合ったものであると言えよう。

イノベーションは、シュンペーターの言うように、新しい要素の新結合であり、必ずしも全く新しい技術要素の開発は必要ない。もちろん科学的な大発見が新しい産業をもたらすことはあるが、基本的には、これまで開発、研究された技術要素、社会経済システムの仕組みの要素の「新しい組み合わせ」により、「これまでとは違ったやり方でことを行う」ことにより、新しい市場が創造されるものである。これをシュンペーターは「イノベーション」と言った。従って彼は、「同じものを同じ市場で改良してビジネスを量的に拡大するのはイノベーションとは言わない」とした。今われわれに必要なものは、単なるリニアな量的拡大ではなく、新しい市場としての新しい商品の開発である。

最近の日本のノーベル賞受賞は、これまでに発見されていなかったものを、仮説に基づいて、全く新しいコンセプトを創り上げるというものよりも、あるものを深く観察し続けて、その観察の中で新しい物質を発見するか、ある触媒の量を間違えて投入して、期待に反したものができたものを捨てないで、その特性に注目し、新しいものを発見するというものが多い。これも立派な発見、発明である。こうした発明、新技術は実用化には大いに貢献するものである。こうした発明は「分岐的イノベーション」に通ずるものがある。

これまで開発された多くの新しいリーディング産業は、細かく見ていくと、それまでに存在しなかった全く新しいリーディング産業が忽然と現れたのではないことに気付く。それ以前のいろいろの技術、商品、考えの一部を基にして、それを組み合わせて、全く新しいリーディング産業が出来上がっているのである。したがってこれまでの技術、物理的製品、素材をベースにして、それをいろいろ組み合わせて、これまでに存在しなかった新しいコンセプトの商品、産業、そして「新しい市場」を創り出すという道に注目しなければならない。

つまりある既存の産業、既存の市場を基にして、その「変身的な発展」という考えでの新しいリーディング産業、新しい市場の開発ということは在りうるのではないかと筆者は考える。これを「分岐的イノベーション」（Disruptive Innovation）と呼び、蜂が巣別れするように既存の産業、商品を基にして、その分野の産業ではあるが全く新しい市場を創造して、それを拡大して発展するものである。こうした方向が、日本産業がこれから取り組むべき方向ではないかと思う。

これは主導産業につながるイノベーションの一つの形態である。ある一つの商品、産業のドメインで、それまでの技術、バリュー・ネットワークのなかでの主流の商品にたいして、別のバリュー・ネットワークを創造して、別の技術で新しい商品が下層から生まれ、それがマーケットを変革しながら「新しいマーケット」を創造するものである。つまりあるドメインの商品のバリュー・ネットワークを「分裂させ、分岐させる」ことにより市場を拡大し、新しいビジネス・バリュー・ネットワークを創るのである。

その新しい商品は当初、それまでのバリュー・ネットワークにおいては、低級な商品に見られるが、やがて新しい技術の進化と新しいバリュー・ネットワークをもった「新しい市場」を創造することになり、経済の拡大がもたらされる。したがって、これは、Destructive Innovation としての、それまでに存在しない全く新しいコンセプトの商品の開発ではない。

それでも勿論これは簡単なことではない。そういう新しいコンセプトが誰かによって考え出されても、実際には、それに賛成するものは殆どいなく、それを潰しにかかるものが多いということも事実である。こうした意味では、日本において「新しいコンセプトのイノベーション」、リーディング産業、商品を開発するのは決して容易なことではない。しかし全くこれまで存在しなかったコンセプトを創造するのではなく、ある既存の産業を基にして、それを「換骨奪胎」するようなイノベーションであるので、日本人でもできる筈であり、またこれを意識的に日本はやらなければならない。こうした「分岐的イノベーション」という見方で見ると、これまでの多くのイノベーションの中にも、このようなコンセプトのイノベーションがあることに気付く。これまでのそうした実例を少し考えてみよう。

四、分岐的イノベーションの典型的なケース

IBMのコンピュータのケース

先にシリコンバレーの反逆で、述べたところであるが、コンピュータの例を再度、「分岐的イノベーション」の視角から見てみよう。

「コンピュータ」の代名詞はIBMと言っても良い。一九一四年トーマス・ワトソンがインターナショナル・ビジネス・マシーン（IBM）を設立して、パンチカードによるデータ処理機器を開発

し、当初は企業、政府の計算業務のサービスが主体であるビジネスを開始した。その後、真空管のメインフレーム・コンピュータ、そして半導体による大型コンピュータをつくり、更にそのビジネスを拡大していった。一九六四年には、ＩＢＭは汎用メインフレーム・コンピュータ、「システム／３６０」を開発して、よりコスト・パフォーマンスの高い企業向けの大型コンピュータを売り始め、市場を独占した。

「モジュール化とそのインターフェースの標準化」のコンセプトでシステム／３６０を開発したが、これが他の産業の発展にも大きな影響を与えた。しかしＩＢＭは、企業向けのこのメインフレーム・コンピュータのビジネスの大成功にとらわれ、基本的には「計算・コンピューティング・サービス」というビジネス・モデルを変えなかった。創始者のワトソンはこうしたビジネス・モデルを基に、「世界のコンピュータの需要はせいぜい五台である」とした。つまりコンピュータ・ビジネスは、顧客にコンピュータを売るのではなく、計算業務のサービス・ビジネスが基本であるとしたのである。この考えがＩＢＭには根強く最近まで残っていた。

一九六〇年代の後半から、新しい動きがでてきた。半導体の性能が向上してより強力なプロセッサーができると、デジタル・イクイップメント（ＤＥＣ）がもっと単純な機能のミニ・コンピュータを開発した。企業の研究室、設計室、マーケティング部に使われ、こうした新しい市場を創造して、大きく伸びていった。そして更にデータ・ゼネラル、プライム、ワングなどが躍り出てきた。こうした機器はＩＢＭのシステム／３６０のモジュール化のコンセプトをベースにしていたことは言うまでもない。ここに最初の「分岐的イノベーション」が起こった。

だが変化はそれで終わりではなかった。

一九七二年、Ｘｅｒｏｘ社パロアルト研究所のアラン・ケイが、理想の「パーソナル・コンピュータ」である「ダイナブック」の構想を創りあげた。それ以降一九八〇年にかけてシリコンバレーで、パーソナル・コンピュータ（ＰＣ）という新しいコンセプトのコンピュータが開発された。最初は、学生、ヒッピーなど、メインフレーム・コンピュータに対して、あるいはエスタブリッシュメントに対して反抗する若者によってこのコンセプトが具体化され、アップル・コンピュータ、コモドール、タンディなどがＰＣを世に出した。これによりＩＢＭのメインフレーム・コンピュータ、ＤＥＣのミニ・コンピュータとは全く違った新しいコンセプトである膨大なＰＣ市場を作り上げていった。これがコンピュータ産業での二番目の「分岐的イノベーション」である。言うまでもなくＰＣはネットワークで繋がり、インターネット、ＷＥＢという新しい市場を創造していくことになった。メインフレーム・コンピュータとは似て非なる全く新しい市場を創造することになったのである。

ＩＢＭは慌てて一九八一年にＰＣ商品に手をつけることにし、ＩＢＭ／ＰＣとして世に出したが、ＩＢＭのトップはＰＣに対して最後まで正しい理解ができなかった。つまりＩＢＭのＰＣは、他企業がやり始めたので、保険として一応手を付けておこうという考えでＩＢＭはスタートした。したがって、殆ど外の業者から部品を買ってきて、組み立てたという後ろ向きの対応であった。つまりＩＢＭのトップは、それでも「コンピュータを一般の人が使う意味がないし、ましてや家庭でコンピュータを使うなんてナンセンスである」として、見向きもしなかった。ついに最近ＩＢＭはＰＣの事業を中国のメーカーに売却してしまったほどである。

筆者も一九八三年頃、ＰＣ用のキーボードをＩＢＭのフロリダの事業所に売り込みに行ったことがあるが、ＩＢＭは、ビジネスの保険のつもりでＰＣの開発の仕事をしていたことがよく分かった。結局ＩＢＭにとってそれは保険にはならなかった。つまり、ＩＢＭには、コンピュータ産業における新しい「分岐的イノベーション」のコンセプトが描けていなかったと言えよう。もちろんミニ・コンピュータのＤＥＣにおいても然りであった。

ディスラプティブ・イノベーションというコンセプトで一番重要なことは、先端技術的なイノベーションの内容のことではない。既存のビジネスに対してアンチテーゼとして、それから分岐して全く新しいマーケットを創造することである。むしろ多くの場合、最初は技術的にもより低級な性能からスタートするものである。

このＰＣという大きな市場が、メインフレーム・コンピュータから分岐して、それとは似て非なる大きな市場に成長していったが、これが一九九〇年ごろからインターネットによりあらゆるＰＣがネットワークで繋がり、世界のビジネスの仕組み、やり方、人間社会の活動、文化、人間にとっての知識情報の在り方を変えてしまった。

二〇一三年になり、今やＰＣの市場から、「スマートフォン」、「タブレット」、あるいは「イーブック」、「イーリーダー」という別のコンセプトの商品に枝分かれし、新しい市場として創造されようとしている。こうしたPCに対する新しい「分岐的イノベーション」は、PCの主役の企業であるインテル、マイクロソフト、デル、HPというグループからではなく、新しい企業によって進められている。つまりアップル、アマゾン、グーグル、クアルコムなどの新しいプレーヤーにとってドライブされている。タブレットの生産台数は二〇一三年には二億四、〇〇〇万台になり、PCの二億七〇〇万台を追い越すことになると予想されている。

言うまでもなく「スマートフォン」、「タブレット」はPCとは違った新しい意味と、新しい市場を創りだしている。二〇〇七年頃から出始めたPCの単純な廉価版の「ネットブック」はあまり普及していない。これは単に使い勝手を犠牲にして既存のPCの市場を食うとするもので、新しい意味、価値、新しい市場を創造していないからである。

自動車産業の分岐的イノベーション

その分岐的イノベーションの典型的な例は自動車産業である。フランスで生まれ、アメリカで育ち、発展した自動車産業は、その歴史的発展を見ると、同じ産業構造のままで量的拡大を遂げている産業ではないことが分かる。

ヨーロッパにおいてもそうであったが、アメリカでも一九世紀の後半から、馬車に代わる、新しい「馬無し馬車」としての自動車がもてはやされ、鍛冶屋、機械いじりの好きなものが一品料理で自動車を作り始めた。それは、金持ちのオモチャかスピード狂の遊び道具であった。アメリカでも一九〇〇年ころは二、〇〇〇社ぐらいの鍛冶屋上がりの自動車を製作する会社があったが、殆どのものは年数台、数十台の自動車生産規模であり、インダストリーと言えるほどの存在ではなかった。これをプリミティブな「一品料理的自動車生産時代」と言うことができる。

ところがミシガンの百姓の息子として生まれたヘンリー・フォードが一九八六年の六月にガレージのなかで初めて手作りの自動車を組み立て、自動車の世界が大きく変わることになる。ヘンリー・フォードは、それまでの金持ち相手のきらびやかな遊び道具の自動車ではなく、農民、大衆の足になる実利的な自動車を作り、大衆の新しい生活スタイルを作ろうと考えた。

そこでフォードは、一九〇八年にＭｏｄｅｌＴを開発し、色も黒一色のこの一車種の車に絞って生産することを決めた。そして精度を上げた部品の「互換性」を確立し、「ムービング・アセンブリー方式」を採用し、「自動車を作る方法とは、一つの自動車を他の自動車と同じようにつくることであり、すべてのものを同一な仕様につくることであり、工場全体から同じ自動車がどんどん流れでるようにすることである」という「一車種大量生産時代」を確立した。当時の人はフォードのこのような生産のやり方は、気違いのやることであって、すぐフォード社は潰れてしまうと思った。

しかし、これによりフォードの黒一色だけのＭｏｄｅｌＴの生産は、破竹の勢いで伸びていった。そして作る端からＭｏｄｅｌＴは売れて行き、アメリカの大衆に普及していった。このＭｏｄｅｌＴの生産が拡大するにつれて、コストはマスプロダクションの量産効果で面白いほど下がっていき、この利益を労働者の賃金を引き上げることにもつかった。これによりその当時は夢のようなことであったが、労働者が自分で働いた賃金で耐久消費財としての自動車を買えるようになった。大変画期的なことであった。農民の生活リズムも変化した。これが後の「高度消費経済社会」をもたらすことになったことは言うまでもない。そのようにして、一九二五年にはＭｏｄｅｌＴの生産は、累計一、二〇〇万台に達した。

ＭｏｄｅｌＴは当時の最高の材料を使っていた。バナジウム鋼の堅固なボディ、遊星トランスミッション、ローテンション・マグネトーを使っており、信じられない話であるが、ＭｏｄｅｌＴは現在アメリカで販売されている標準的な新車よりも燃費が良かったと言われている。このフォードのＭｏｄｅｌＴの快挙は、マスプロダクションによる近代アメリカ産業の飛躍的発展と、「高度消費経済社会」を確立することになった。つまり国民大衆が商品生産プロセスで仕事をし、その所得で生産された商品を購入・消費するという構造が出来たのである。これにより近代資本主義経済が大きく発展することになった。

このフォードＭｏｄｅｌＴは、それ以前の一品料理的な「プリミティブ多車種少量生産」にたいする「分岐的イノベーション」と言うことが出来る。同じ自動車ではあるが、それまでの「プリミティブ多車種少量生産」の延長ではなく、それ以前とは全く違った自動車市場を創造したのである。つまり農民、大衆の足としての自動車が生まれ、それ以前とは違った新しい大きな自動車市場を創造したのである。先述のように最初は、それまでのきらびやかな一品料理で作られた自動車と較べると質素で、それまでの自動車愛好家からは低級品としてそっぽを向かれたものである。しかしＭｏｄｅｌＴ

は堅固、メンテナンス性、燃費の点で優れていることが市場に受け入れられた。これが「分岐的イノベーション」である。

しかし、そのＭｏｄｅｌＴも一九二六年ごろから売り上げが落ちてきた。いくらヘンリー・フォードがセールスマンにハッパをかけても、ＭｏｄｅｌＴの売り上げは下がっていった。黒一色のＭｏｄｅｌＴは大衆に普及したが、社会的地位が高いと思っている人は、自分より低いと思っている人と同じＭｏｄｅｌＴでは面白くなくなった。また遊びに出かける車としては物足りないと思う人がでてきた。

ＭｏｄｅｌＴの生産の減少は、アメリカの経済活動にも影響してきた。フォードはついに一九二七年ＭｏｄｅｌＴの生産を中止することをやむなくされた。突如、一九二九年の秋にニューヨーク株式市場は大暴落を起こした。これから世界大恐慌が始まったことは言うまでもない。自動車産業を初めあらゆる産業から失業者があふれ出て、世界経済は未曾有の歴史的な大不況に突入した。これから世界大戦に繋がっていった。

こうした自動車産業の停滞のなかで、一九一八年、小さなベアリング会社に勤めていたアルフレッド・スローンがＧＭに要請され、副社長になり、新しい自動車のコンセプトを考えはじめた。ＧＭは、フォード社が設立された年に、そのころ一品料理的に自動車を生産していたいくつかの会社をウイリアム・デュラントがかき集めて持株会社としてスタートしたものであるが、一九二七年ぐらいまでは、フォードの勢いに押されて低迷していた。スローンは、一九二三年に社長となってから、「地面に耳をつけて」大衆の態度、市場の変化を読み、「あらゆる財布と、あらゆる目的と、あらゆる人にあった自動車を作る」と宣言した。市場を「クラス・マーケット」として捉え、「フルライン・ポリシー」を確立し、実行した。この方針のもとに、自動車にハリウッドのスタイリングを持ち込み、「アニュアル・モデル・チェンジ」、「割賦販売方式」といういろいろのイノベーションを導入した。

フォードの「規格大量生産方式」を乗り越えて、GMは「多車種大量生産時代」を確立した。つまりモジュールとしての共通部品を大量生産し、外観のボディにより車種ごとにカスタマイズするという新しい生産方式を確立した。このスローンのイノベーションにより一九四五年以降、アメリカの自動車産業は、フォードの時代とは比較にならないほどの規模とスピードで発展、拡大していった。

スポーティな車、家族でピクニックにいく車、イブニングパーティーに出かける車、仕事に出かける車と一家に数台の車の普及をもたらし、自動車産業をアメリカの経済の中心的な位置にまで押し上げた。ピーター・ドラッカーも「自動車産業は産業の中の産業である」と言った。そして「GMにとってよいことは、アメリカにとってもよいことだ」と言わしめた。アメリカの経済の八%以上を占める国の基幹産業になった。つまりGMはフォードの時代とは全く違った新しい大きな市場を創造したのである。

ここで考えなくてはならないことは、このフォード、GMのイノベーションをどう理解すべきであるかということである。同じ自動車という市場、産業で、フォードがそれまでの「プリミティブ・一品料理生産時代」から「一車種大量生産時代」を確立したのは、それ以前の市場とは違った大きな市場を創造したのであり、自動車としては、黒一色のＭｏｄｅｌＴ一車種で、飾り気もないシンプルなものであった。これを社会のあらゆる階層の人たちに、いろいろの目的、いろいろのスタイルで自動車を楽しむという新しい文化を創り上げたのである。フォードのイノベーションも、ＧＭのイノベーションもともにそれまでのものから枝分かれして、コンセプトの違う新しい市場を創造したという意味で、双方とも「分岐的イノベーション」（Disruptive Innovation）であると言える。

蜂が増えてきて、巣分れするように、新しい市場を創り、拡大する。その際に新しいイノベーションを起こし、それまでとは違ったコンセプトの市場を創造するということは極めて重要な産業の発展、イノベーションである。

つまり、フォードに対してスローンのイノベーションは、フォードＭｏｄｅｌＴという画一的商品で農民の足にするものとは違って、アメリカ市場、社会の全体を巻き込んだ新しい自動車社会の構築という革新であった。これも同じ自動車市場のパラダイムのなかでの新しい革新である。これを「分岐的イノベーション」と呼んでも良いであろう。こうしたイノベーションを、これから日本産業が取り組むべきではないかということである。（参照：『創造的破壊』三輪晴治、中公新書）

ところで、自動車産業のその後の姿を見てみると、一九八〇年代になると、アメリカの自動車産業の発展の伸びは鈍化してきた。安全問題、石油問題、環境問題が浮上して自動車産業を襲ってきた。しかしその後のアメリカの巨大化した自動車産業は、そうしたいろいろの問題に対して正面から積極的に対応してこなかった。市場は明らかに「エコノミーカー」、「スマートカー」を要求してきていた。アメリカ自動車産業は、いったん「エコノミーカー的な商品」を開発して、市場に出すが、すぐそれを大きなギャスガズラーに戻してしまうやり方を続けてきた。基本的には「小型車は自動車ではない」とアメリカ勢は考えて、ここまで来た。ここに問題があった。後手ごてで、コンパクトカーを作るときもアメリカ企業は「ダウン・サイジング」という言葉で、単に寸法を小さくすることと理解し、しかもそれはいともたやすいことだとしたために大失敗をしたのである。つまりGMは「ダウン・サイジング」を既存のアメリカ自動車商品と同じドメインで開発したことに失敗の原因がある。新しいドメインの市場を創造しなければならなかったのである。このことは、現在においてもアメリカ自動車産業では改まっていないようだ。

ある産業の王座に座る大企業は、その時点でそれで利益をあげているために、なかなか新しい挑戦に正面から取り組むことが困難なものである。これはアメリカ自動車産業固有の問題ではない。どんな大企業もそうした性格を簡単に変えることは困難だということである。これが大企業にはイノベーションが出来ないという理由である。

そこにたまたま小型車を製造していた日本自動車が一九八〇年ごろから本格的にアメリカ市場に進出し、アメリカ自動車企業のシェアを喰いはじめた。一九八〇年の後半から日本勢の自動車のアメリカでのシェアがどんどん上がり始めた。一九八〇年はアメリカ・ビッグスリーのシェアが八〇％弱で、日本勢は二〇％弱であったのが、二〇〇八年には日米とも四〇％に拮抗し、その勢いからすると日本勢がアメリカ勢を上回ることになりそうである。

日本自動車産業はカンバン方式、すり合わせ方式を強みとして、GMのスローンが打ち立てた「多車種大量生産」に対して、「多車種中量生産」という仕組みを確立した。確かに日本自動車産業は、カンバンシステムによるプロセス・イノベーションを進め、燃費、環境によい自動車の開発に日本は現在のところ勝っていると言えるが、これまでとは違った新しい市場を創造したとは言えない。

これから二一世紀の車として、どんな自動車がグローバル市場に受け入れられるかまだ見えていない。グローバルの各市場において、自動車とは何かの再定義をしなければならない時期に来ていると言えよう。

インド、中国などの市場では、全く新しいコンセプトの自動車を創造するというアプローチにならなければならない。つまり全く新しいコンセプトの製品を一から開発しなければならないということである。これは日本市場、アメリカ市場に対しても適用できるものであるはずである。

今アメリカのシリコンバレーで新しい電気自動車のコンセプトを開発しようという動きがある。グーグルやペイパルの支援を受けて電気自動車を開発しているテスラ・モーターズ社である。ロビンスの軽量コンポジットボディというコンセプトをもとに、環境負荷はプリウスより小さく、スピードはフェラーリより速いという電気自動車である。こういうものが、自動車産業の外から、これから新しい自動車のイノベーションとして現れてくる可能性がある。

GM、トヨタではできない発想がここで生まれるかもしれない。つまりこれまでの規定概念から脱却し、全く新しい発想ができるかどうかにかかっており、これは既存大企業では、普通では、不可能に近いことである。ここに新しい企業家が出現して活躍するチャンスがある。同社は自動車以外に、最近はスペースXでも設計に参加し、スペースシャトルの後継となる宇宙船を開発している。二〇一二年五月に、国際宇宙ステーションとのドッキング実験を成功させ、いよいよ初の商業貨物輸送に挑戦する。そのリーダーは同社のCEOイーロン・マスク氏である。

五、分岐的イノベーションの定理

ここでディスラプティブ・イノベーションを展開するうえでの定理をまとめてみよう。

第一の定理：市場が利用できる商品の性能・機能向上には一定のペースと限界がある。それ以上の性能が上がるとコスト上昇になり、使用する上での複雑さが加わり、その製品の市場での普及を狭めることになり、産業として成長がスローダウンする。商品にはS字カーブという寿命があるが、それよりも早いペースで衰退するときが、分岐的イノベーションを考える時期である。

市場と製品性能・機能との乖離が起こる場合で、商品に高度化がプロダクトアウト的にエスカレートし、市場を狭めてしまう。特に競争者が多くいる場合は、この商品の複雑化の罠にはまり、誰も利益が出ない状態になる。一時日本の商品は「すり合わせ技術」を誇り、ガラパゴス化していった。こうした状況になった時が、分岐的イノベーションを考えるときである。

第二の定理：最初は職人用、プロ用、あるいはビジネス用の道具、商品として開発されたもので、これが一般大衆でも使えるものになれば使ってみたいと思えるものがあれば、分岐的イノベーションを考える。価格が一〇分の一以下で、機能も限定されたもので、使いやすいものであれば、使ってみたいというものがあると、大きなチャンスがある。そこには職人用の市場とは全く違ったバリューを持つ大衆の市場となり、大きな産業になる。

第三の定理：あるアプリケーションで普及している技術、商品を別のアプリケーション、市場で適用の可能性があるものがあれば、分岐的イノベーションを考えるときである。超音波技術、レーザー技術、流体素子技術、ジャイロ技術、印刷技術、ジェット吹付技術、パケット通信システムなどはいろいろの違った分野の商品に適用できる。ある分野で、それから枝分かれする新しい市場を創造しようとするとき、他の分野でプルーブされている技術を使うと、それが開けてくる。

第四の定理：一般に「こういう便利な商品があればよいなあ」というものがあれば、既存製品のドメインから分岐して、新しい市場の商品の創造のために、全く新しいコンセプトで取り組むことが必要である。既存商品の延長とか延命策は通用しない。新しいビジネス・モデルを創出するのは、既存大企業には困難で、新規企業が担うことになる。大型商品はこうした「理想、願望、夢」をかなえる商品として開発されるものである。半導体技術も「アメリカのボストンからサンフランシスコにいる友人にあたかも面と向かっているような状態で話せる電話があればよいのに」というある男の思いが開発につながったのである。今日本でも「こんなものがあったらいいな」という思考で、コピーライターの糸井氏の「東京糸井重里事務所」が「ほぼ日」を通じて新しい商品をどんどん開発している。

第五の定理：市場における「無消費者」を発見すること。これまでは商品の企画をする場合、どのくらいの市場があるかを考えるが、ATM（Available Total Market）というコンセプトは、全体の人口の、あるいは全体の潜在需要の何パーセントをとるかを考えており、せいぜい三〇％、四〇％が上限の目標であった。つまり全部をとろうという考えは最初からない。だが、まだ消費していない多くの人、大きな市場があるのである。これに目を向ける。［1－商品普及率＝ディスラプティブ・イノベーションの対象市場］である。場合によってはこれまでの既存市場をも新しい市場にしてしまう。ボトム・オブ・ピラミッドというコンセプトもこれに通じる。

途上国、新興国という所得レベルの極端に低いところでも、それに合った商品がある筈である。これを分岐的イノベーションで対応する。この場合ゼロベースで新しい商品を開発するのであるが、先進国市場での商品技術の古くなったもので済ますということではなく、場合によっては最先端の技術を使用することもある。そして開発された商品を「逆分岐的イノベーション」でこれを先進国市場にも展開できる可能性がある。

第六の定理：ディスラプティブ・イノベーションによる最初の技術、商品性能、商品機能は、多くの場合、既存の商品、産業のものより、簡素な、単純なものからスタートする。そうした簡素な、単純なものが、これまでとは違った新しいマーケットを創造することになるが、しかしその新しいマーケットが拡大し、成長していくと、技術、機能、性能はだんだん自己進化し始める。ある時点になるとその技術、機能、性能は既存の商品、産業のものを凌駕することもある。それが行き過ぎるとまた

「分岐」して新しい分岐的イノベーションとして、新しい市場を創る可能性がでてくることになる。これがまた新しいビジネス・チャンスでもある。ディスラプティブ・イノベーションはこのパターンが最も多い。ＭｏｄｅｌＴ、ＰＣ、ＣＭＯＳ Image Sensor、ウォークマン、卓上プリンターと多くの例がある。これが新しい大きな市場を創造することになる。

六、分岐的イノベーションを進めるための注意点

第一、既存ビジネスからの最初の分岐の動きをさせる技術、商品は、大抵の場合、技術的に見て既存市場の技術、商品機能と較べると、大変シンプルな、見劣りするものとして現れることが多い。

そこでは既存製品の供給者である大企業は、そうした新しい商品を自分のビジネスの現在の市場には適合しないものとみて、そこから分岐したイノベーションとしての商品には何の価値も認めないことが多い。パソコンに対するＩＢＭの見方にその例がある。ここに新しいイノベーターが出現し、新しい市場を創造するチャンスがある。しかし、日本の技術者はシンプルな、低級商品の開発には興味を示さないので、十分注意しなければならない。似て非なる、新しい大きな市場があることを認識しなければならない。

既に指摘したところであるが、「イノベーション」という意味は、新しい「先端技術の革新」では必ずしもない。むしろシンプルな、幼稚と思われる技術の新しい適用の仕方で大きなイノベーション

となり、新しい市場が創造できるのである。従って、これから進めるべきことは「破壊的イノベーション」ではなく、「分岐的イノベーション」である。

第二、この考え方による商品の最も重要なことは、新しい技術というよりも新しい市場、新しい生活のスタイル、新しい経済活動のリズムというマーケティング・コンセプトづくりの戦略である。しかも既存ビジネスと似て非なるビジネス、商品となることであり、また既存ビジネスの市場とは比べものにならない大きな市場になる可能性を持っている。これが経営者に見えるかどうかで決まる。

第三、分岐的イノベーションの技術はスケーラブルな進化が内臓されているものであればより価値が高い。最終的には必要に応じて、既存ビジネスの技術を凌駕する可能性をもつものである。その仕組みと技術が科学的、原理的に考えて、既存のビジネスの技術・商品に比して、商品の進化の究極を想定して、大きな有利性があるという見極めが必要である。真空管とトランジスタとの対比とその選択に似ている。当初のトランジスタは製造が困難で、性能がでなかった。だから真空管の企業はトランジスタを脅威とは全く思わなかった。そして半導体におけるムーアの法則のようなもので、その五年先、一〇年先を読むことが必要である。

第四、実際の活動としては、ディスラプティブ・イノベーションの開発を進めるとき、あまり膨大な開発予算を与えないことである。これはスタートするとき簡素なものから始めることを助けるためでもあるが、概して新しい技術、商品を開発するときは、開発予算は不足しているという感じが大切である。そして、技術の進歩を既存の主流の顧客の希望に合わせると失敗する。これまでの商品とは違う、新しい市場の創造を求めてそれを見極めること。

第五、分岐的イノベーションを進めるとき、多くの場合、複数の技術的ソリューション候補が存在するものである。どの技術ソリューションを採用するかにおいて、その成功が左右される。そのとき企業のトップが、かっこよさを示めそうとして、あるいは自分の好みや思いつきで、それを決めてはならない。

その判断がつきにくいときは、二つか三つのソリューションをパラレルに開発を進めることである。しかも二つか三つのソリューションの開発グループは、お互いにコミュニケーションをさせないことが重要となる。つまり競わせることが重要であるが、互いに連絡させ合ってはならない。コミュニケーションをさせるとそこにお互いの妥協が起こり、企業の目指す最適なイノベーションが出来なくなる。そうした過程を経て、ある段階で、それぞれのソリューションの開発成果をみて企業の意思決定をする。したがってこの段階になれば、意思決定の間違いは起こらない。

七、分岐的イノベーションを起こすための視角

ではどうしたらディスラプティブ・イノベーションを起こすことができるであろうか。これまでの説明と多少重複するが、そのいくつかの視角をまとめてみよう。

第一、プロフェッショナルな専門家、職人用の商品を一般大衆の商品にするとどうなるか。そこに

全く新しい文化が生まれる。

第二、ネットワークで繋げることにより、また他の商品と繋ぐことにより全く新しい使い方、新しい市場の輪が広がらないか。ものともの、ものと人、人と人のつながり、これがあらゆるところに拡大して行く。ブロードキャストとナローキャストとの組み合わせである。これからあらゆるところで「コネクション革命」が起こる。

第三、その商品の性能、使い勝手、使われ方に不満を持っているものがいないかを問う。問題を見つけ、問題を設定する。これは分岐的イノベーションでは大変重要な視角である。

第四、ソリューション（技術、システム）のダウングレードになるが、それが格段の低価格になり、無消費市場（貧困国市場など）に対して、これまでのものとは比較にならないくらいの大きな新しい市場をもたらすことにならないか。オモチャの世界にヒントがあることがある。これを「逆分岐イノベーション」として、先進諸国の市場で新しいマーケットを創造する。

第五、ある商品の新しいソリューションが、後進国、新興国で、リープフロッグ的な形での、新しいソリューションに進むことが可能にならないか。つまり既存産業の古い仕組みを飛び越えて、より進んだ、より便利な仕組みに飛び石的に進化する。既存の技術、仕組みの壁があり、新しいソリューションが普及しない場合。現段階の電気自動車もそのケースである。

第六、「土台と上部構造の関係」から、新しい分岐的イノベーションの糸口を見つける。ヘーゲル、マルクスが確立したコンセプトであるが、社会の構造を見たとき経済的、技術的な「土台」が社会の制度、仕組み、法律、芸術という上部構造を決定するという考え方である。これは技術的「土台」とその上で仕組まれる「上部構造」としての手法、システムとが整合性が取れなければならないことを意味し、その整合性が崩れ、矛盾、乖離をきたすとその全体のシステムの運行が支障をきたし、崩壊することを意味している。現実の世界は、「土台」が常に進化してゆき、進化する前にできた上部構造と矛盾が土台の進化に伴って拡大してゆくことを意味する。したがって土台の進化が進んでその矛盾が極限にいたると、新しい上部構造の構築によりより進んだ新しい全体の仕組みが出来上がる。この時のイノベーションを「分岐的イノベーション」のアプローチで取り組むと、「正」「反」「合」の弁証法的発展として、より大きな市場をクリエートすることができる。

二一世紀への展開で、土台の変化という意味では、次の二つの技術的な土台の変化を考えなければならない。一つは「クラウド・コンピューティング」の存在と、二つ目はこれから展開する情報とエネルギーの統合された「ネットワーク」である。

前者はすでにこれまでの電子機器を大きく変えてきているが、更にそれが進み、そこに新しいイノベーションとビジネスが生まれる。後者はこれからであるが、スマートグリッドという道が示されており、これがエネルギーだけではなく、情報の世界も大きな革新が起こることになる。これを土台と上部構造の新しい整合性という道のイノベーションとして追求することである。これからはどんどん更に土台が進化することに注目する必要がある。

第七、世の中には多くのベンチャー企業が新しい技術、ビジネスを開発するが、その多くがいわゆる「キャズム」という「死の谷」に落ちて消えてゆく。それはアーリーアダプターまでは掴んだのだが、「死の谷」を超えるには「アーリーマジョリティ」を掴まなければならない。これに失敗して、多くのものが「死の谷」に落ちるのである。しかしそうした失敗したプロジェクトも再度「アーリーマジョリティ」としての新しい市場への商品、ビジネス・モデルにするように再検討すると、そのプロジェクトが活きて、成功する可能性がある。つまりそのプロジェクトの「分岐的イノベーション」の視角での再検討をして、これまで見えていなかった新しい市場を見つけるのである。こうした成功例はシリコンバレーでも多くある。つまり「死の谷」に落ちたもの、あるいは落ちようとしているものを再生させるのである。

こうした考えで分岐的イノベーションの発掘をするといろいろの道が開けてくる。いずれにしても、分岐的イノベーションは既存のものと比較してよりシンプルな、低グレードのものから入るのであるが、それは決して古い技術でよいということではない。むしろ一般的には低グレードのものを造るには新しい、進んだ技術がいるものであり、それでなければ成功しない。これがディスラプティブ・イノベーションの難しいところでもあり、挑戦的なところである。

既存の商品が何を満足させるものであるかを何度も自問すること。つまり既存商品の定義をしてみることである。時代とともに商品の定義が変化してくるものである。そうすると他の問題を解決する新しい商品、市場が浮かび上がってくる。ピーター・ドラッカーも企業の目的は、社会問題を解決するために、顧客創造を通じてそれを実現することであると言ったが、まさにこのことを指している。何でこんな不自由なことをしているのだろう、この商品を買えない人がいる、あるいは買わない人がいるというときそこに新しい市場がある。つまり社会生活のなかで、正しく問題を設定することである。その問題を解決する道で新しい市場と新しい顧客を創造することになり、これが分岐的イノベーションになる。その場合、現在の直接の顧客に意見をいくら聞いても新しい市場の創造にはならないことに留意しなければならない。

他にもこうした例はいくらでもある。航空機産業で、格安航空会社ＬＣＣがある。これはそれまでの航空機会社がビジネス出張のもの、あるいは団体の海外旅行を中心にビジネスを進めていたのを、スカイマークなどが料金も安くして個人を対象にした海外旅行をビジネスにしたもので、大きく伸びている。お客はスーパーとかコンビニとかに買いに来るものだとしていたが、顧客の商品を持って訪問して売るビジネスが動き始めている。これまでのやりかた、常識、前提を否定してみると、新しい市場が生まれることがある。分岐的イノベーションの開発にはこうした思考が重要になる。そういう意味では無限に新しい市場が創造できるものである。世界的な大不況の現在は「ものは何でもあるが、買いたいものがない」状態と言われている。これまで存在したことのない全く新しい商品が開発できれば素晴らしいが、そんなものは簡単には望めない。そのためにも既存の膨大な商品を新陳代謝として「分岐的イノベーション」で新しいものに変え、新しい市場を創ることをやらなくてはならない。豊富な要素技術、経験、ノーハウをもっている日本産業なら出来る筈である。これを日本経済の再生としての「成長戦略」におりこむことである。同時に、イノベーションを促進するための「国のかたち」を早急に整備しなければならない。

八、他のいくつかの例

こうした考え方、視角を理解するために、他のいくつかの例を見てみよう。誰の目にも入っている日本の産業の例である。しかし多くは結果的に、期せずしてこのようなビジネスになったというものが多く、「分岐的イノベーション」というコンセプトで意識的に積極的に開発するともっと多くのものが生まれてくることになる。

ホンダのケース

ホンダのオートバイ・ビジネスの世界市場での成功にはある理由がある。一般には、ホンダは最初から世界のホンダになるのだという本田宗一郎の初心が貫徹して、しかも明確な戦略に基づいて、シナリオどおりにビジネスを世界展開していったと理解されているが、どうもそうではない。

一九五五年ぐらいから、ホンダは「世界のホンダ」になるためにアメリカ市場にオートバイの進出を考え始めた。しかしその当時のホンダの主力製品は小型オートバイのスーパーカブであった。アメリカではこのような小型のオートバイの市場は存在せず、アメリカに進出するために、長距離用の高馬力、高スピードのオートバイの開発を始めた。アメリカではハーレー・ダビッドソン、ＢＭＷを初めとして多くのメーカーがひしめくオートバイ市場があった。

そしてホンダはそのマーケティングを開始するために三人の社員をアメリカに派遣した。そのころのホンダはまだ大きい会社ではなく、社員は生活費を切り詰めるために一戸のアパートで共同生活し、彼らの移動手段としてスーパーカブを一台ずつ持たせた。本命のホンダの高馬力オートバイはなかなかアメリカでは売れなかった。その当時のホンダの高馬力オートバイも特段の長所もなくほとんどのディーラーは見向きもしなかった。やっと数百台を売ったが、故障の続発で、その補償交換のコストが膨大でビジネスにならなかった。そんな状況で、ホンダ社内でも、こんな商品ではアメリカ進出は出来ないという雰囲気になった。

アメリカ市場進出という使命をおびた三人の社員は意気消沈した。そこである日気晴らしにスーパーカブに乗ってロスアンゼルス東部の丘陵地帯にツーリングに出かけた。ホンダの社員がスーパーカブで丘をドライブするのを見た人々が、スーパーカブはどこで買えるのかと問い合わせが始まった。

そのうちそうした情報を察知し、シアーズのバイヤーが自社の屋外電力設備部門用にスーパーカブを注文したいと言ってきたが、ホンダはスーパーカブのようなものがアメリカに市場があるとはまだ考えられなく、それを断ってしまった。

だがしばらくして、ホンダはひょっとしたらオフロードでレクリエーション用のバイクの市場があるかもしれないと考え始めた。これには５０ＣＣのスーパーカブがぴったりであることがわかった。

　そこでスーパーカブの正式なアメリカ市場への投入ということになったが、通常のモーターサイクルのディーラーはこれに見向きもしなかった。やむなくホンダはスポーツ用品店を説得して販売を始め、これがホンダの世界市場進出のスタートとなった。

　一九七〇年からホンダはスーパーカブのベースにして次第にエンジンの馬力を高めて行き、最終的には長距離用の高馬力、高スピードのアメリカ・モーターサイクル市場をこれまでの市場より一段と裾野を拡大して、席巻することになった。これは、まさに低級品としてのスーパーカブで高性能のアメリカ・モーターサイクル市場から「分岐的イノベーション」を進め、成功した例である。

　この例で見るように、最初から「世界のホンダ」になるのだと宣言し、イノベーターと言われたホンダでも、こうした新しい市場が創造できるということが理解できなかった。しかしこれになんとか気付いたために、ホンダの成功がある。ある意味ではこれがなければ今日の乗用車メーカーとしてのホンダもなかったかもしれないというほど、ホンダにとっては極めて重要なイノベーションであった。ここで学ぶべきことは、「分岐的イノベーション」では、単によりシンプルな商品を開発するということだけではなくて、販売ルート、販売システムもそれに沿って革新しなければならないということである。

プリンター市場

コンピュータ連動の印刷機の分野では、業務用の印刷機は活版印刷機、オフセット印刷機があったが、一九八〇年代半ばからヒューレット・パッカード（ＨＰ）がレーザージェット・プリンター技術で特にオフィス用印刷の世界を制覇してきた。

インクジェット・プリンター技術は一九八〇年代後半からデジタイル情報用の低廉な印刷技術としてでてきた。レーザージェット技術より作動は遅く、解像度は低く、したがって一ページ当たりの印刷コストはレーザージェットのものより高くつくものであった。しかし装置としてはより小型化できるし、装置のコストも低くなる見通しがあった。この技術に基づくと、業務用、オフィス用印刷の市場ではなく、パーソナルな、家庭でも使える新しい印刷市場が創造できると考えられた。これが正に分岐的イノベーションである。

キャノン、エプソンらの日本企業はこのインクジェット・プリンター技術でパーソナル・ユース、家庭用の印刷の市場を狙って開発を進めた。これにより日本企業は一気に新しい市場を開拓して大きなビジネスを展開した。

興味あることはＨＰの行動である。ＨＰはこれに対して、レーザージェット・プリターという高付加価値のオフィス用印刷のビジネスを守りながら、インクジェット・プリンター技術の開発を進めていったのである。つまりレーザージェット製品の開発の本拠地であるアイダホ州ボイシではなく、それとは隔離した形でワシントン州バンクーバーにおいてインクジェット技術の開発を進めたことである。このようにしてHPも新しい市場のパーソナル用、家庭用の印刷市場にビジネスを展開しているのである。

この二つの技術は、双方の技術開発の努力でその性能はまだ差が存在するが、その性能の絶対値が、オフィス用も含めて市場の印刷性能を満足することになると、そのビジネスの関係が変わってくると考えられる。

更にデルのようなビジネス・コンセプトをもったものがこの市場に入ってくると、また新しいマーケットの創造になるかもしれない。更に、これからパソコンから駆動するプリンターではなく、スマートフォン、タブレット、iPadから駆動するプリンターが出てくると、また新しいマーケットが生まれる可能性がある。

ソニーのウォークマン

これも分岐的イノベーションの例である。ソニーは、部屋に設置してのステレオから、全く違ったマーケットの創造に挑戦した。「ホモモーベンス」と「パーソナル」というコンセプトに基づき新しい市場を創造した。これにより、「屋外にも手軽に持ち運んで、高音質の音楽を楽しみたい」という願望をかなえたもので、ステレオ、カセットレコーダーの市場から分岐した新しい市場を作り上げた。だが既存製品のステレオ、カセットレコーダーの技術要求に応えようとしている技術者には、屋外で音楽を楽しむことなど「何を馬鹿なことを考えているのか」ということであった。ソニーの最高のAV技術をつかったステレオを携帯機器で再現することなど出来る筈はない。こんなものを造るとソニーのブランドに大きなダメージを与えると猛反対が起った。この新しいコンセプトの商品化は、これまでの分岐的イノベーションの事例のなかでは、大変困難なものであった。マーケティング部による市場調査では、こうしたマーケットが存在するということは出てこなかったようである。イノベーションというものはそうしたものである。

こうした中で、盛田昭夫と井深大の二人でこのイノベーションを強引に推し進めていったことは言うまでもない。

可搬性と高音質のウォークマンが出ると、一気に市場がこのコンセプトに雪崩れ込んできた。これもステレオ、カセットレコーダーからの分岐的イノベーションであると言える。

このソニーの「ウォークマン」商品からの「分岐的イノベーション」は実はアップルがやった。アップルのiPodは本来ならソニーがやるべき「分岐的イノベーション」であったが、それができなかった。iPodによって、アップルは第三者の音楽コンテンツを自由にダウンロードして、シャッフルして音楽を楽しむという新しい市場を創造した。もちろん第三者の音楽コンテンツには著作権があり、これを自由にダウンロードすることはアメリカでも著作権に抵触する。しかしスティーブ・ジョブズはその横紙破りを強引にやった。これが本当のイノベーションである。

ソニーの中には、iPodと同じコンセプトの商品を創ろうと考えたものもいたし、実際一九九九年に発売した「メモリースティック・ウォークマン」はiPodと同じコンセプトの商品であった。ソニーはソニー・ミュージック・エンタテイメントという音楽事業会社を持ち、自社で音楽の著作権を持ち、ビジネスしていたので、トップはこれに反対した経緯がある。これが、新しい市場をクリエートするという強い意志をもった「分岐的イノベーション」の考えができるかどうかのトップの力量ということになる。

宅急便

アメリカの「Federal Express」と日本の「ヤマト運輸」が時を同じくして別々に偉大なイノベーションをやった。

アメリカのフェデラル・エクスプレスは、一九七一年に、フレッド・スミスがアーカンソーに同社を設立した。彼が大学時代に新しい物流サービスの構想をレポートにして出したが、教授からは悪い評価の「C」しかもらえなかったものを、自分でそのアイディアをビジネスとして立ち上げたのである。広いアメリカ全土で、貨物やドキュメントのオーバーナイト・デリバリー（翌朝配達）のビジネスをスタートした。全く新しいビジネスと市場である。これまでの物流サービスのコンセプトと違い、B to B、だけではなくB to C、C to Cで、翌日の朝に着くという新しい市場を創造した。メンフィスにハブとしての専用国際空港を造り、世界市場にも広げ、今日のＦｅｄＥｘ社のビジネスを築いた。これは典型的な分岐的イノベーションである。

時は同じ一九七一年にヤマト運輸の二代目の社長になった小倉昌男が父から受け継いだ運送業のビ

ジネスが利益の低いことに何故だろうと疑問を発し、ある結論に到達した。これまでの運送業の大口荷物の配送は、小口荷物の配送より利益率が高いというのは誤りであるとした。小口の方が一ｋｇ当たりの単価は高い。多くの小口を集めれば、より良いビジネスとなると確信した。一九七五年に「宅急便開発」というチームを組んで、このビジネスをスタートした。しかし社内では大変な反対があったが、二代目の社長の権限で、これを押し通し、大きなビジネスに仕上げた。これによりゴルフのスタイル、旅行のスタイル、贈答の文化　中小企業のビジネス・スタイルなどを変えていった。旧来の大口貨物運送というビジネスから抜け出して、全く新しい市場を創造した。まさに分岐的イノベーションである。

筆者は一九七六年秋のある午後に小倉社長にあったことがある。宅配用の冷蔵車についての話であった。そのころはまだ手探りの状態で、社内の反対勢力にたいして小倉氏は大変苦労されている様子であった。宅急便としてのビジネスの成功のかたちはまだできていなかったが、小倉氏の眼は輝いていたことを思い出す。これも運送業の「分岐的イノベーション」である。

コンビニエンス・ストア

先でも触れたが、コンビニエンス・ストアはもともとアメリカのサウスランド社がコンビニエンスのコンセプトを創った。一九二七年テキサスの氷小売店のサウスランド・アイス社が、どこにもなかった、週七日、一日一六時間の営業で消費者に便利さを提供していた。氷だけではなく、卵や牛乳といったディリー食品をそろえるようになり本格的なコンビニエンス・ストアになった。一九四六年には朝の七時から夜の一一時まで営業することで社名もセブン・イレブンとなった。日本のイトーヨーカ堂がサウスランド社と技術提携し、そのライセンスにより一九七四年に日本第一号のセブン・イレブン豊洲店がオープンした。しかしそれからの日本のセブン・イレブンの動きは、アメリカのセブン・イレブンとは違ったものになった。

売れ残りを少なくし、何が売れるかを懸命に考えたが、所詮人間は先を予測することはできないとし、むしろ下手な予測はしないほうが良いという考えである。変化をすばやく捉え、それに沿って行動することにした。つまり「変化に即応する」ということである。トヨタのカンバン方式も、下手な予測して在庫をもつのではなく、クルマが売れるスピードで生産するというコンセプトである。これをPOSその他の情報技術を駆使して新しいビジネス・モデルを創り上げたのがセブン・イレブン・ジャパンである。これはビジネス・モデルとして元祖のアメリカのサウスランド社とは全く違うものである。本当の意味でコンビニエンス・ストアが日本で誕生した。店舗の数も、アメリカの人口を考えても、日本の方が比較にならないくらい多い。ここに「分岐的イノベーション」という意味がある。

これが理由ではないだろうが、アメリカのサウスランド社は経営不振に陥り、セブン・イレブン・ジャパン社が買収することになったことは言うまでもない。

ウォシュレット

この商品は実はオリジナルなものはアメリカで開発されていた。一九六〇年ころ東洋陶器（現TO）がアメリカより「ウォッシュエアーシート」という名前の商品を輸入販売していたが、あまり売れなかった。アメリカでは、特殊なところで、例えば、医療用、福祉施設用として開発されたものであり、一般家庭用ではなかった。そこで一九六九年ころから東洋陶器はこれの国産化を試みた。しかしこれを日本市場に合うような現在のような商品するには大変な苦労があったようである。

しかしこれはまさに便器の「分岐的イノベーション」であり、日本が開発し、洗練したものとして、画期的なものである。日本は昔からトイレを「ご不浄」といった感じをもっていたが、これにより、トイレをいやな場所から、明るい、気持ちのいい場所に変えてくれた。

しかし筆者は、一九八四年頃、アメリカに住んでいた時、ウォシュレットとカラオケがアメリカに普及するかどうかでアメリカの友人と賭けをしたことがある。アメリカのアパートには当然ウォシュレットはなかったので、日本出張の時にウォシュレットを楽しんだ。一〇年くらい後に、その友人とそれを話した結果、私の負けということになった。

その友人の話では、アメリカ人は昔から自分のガレージで電気仕事をやり、便器という水を扱うものに電気を通すこと、しかもそこに自分のお尻を乗せるということが、大変な危険なものであるという直観的な感じがあり、アメリカ人は決してそんなものは使わないということであった。しかし最近は日本で開発され、洗練された「ウォシュレット」はアメリカでも普及し始めているようである。いずれ世界で普及することになろう。こうした分岐的イノベーションの可能性は、まだまだわれわれの身の回りに沢山存在する。

百科事典とウェブ情報検索

フランス革命前夜に、フランス啓蒙思想運動が起こり、その一環としてグランベール、デイドロ、ヴォルテール、ルソーなどが百科全書を創り、知識の普及を促進した。こうした動きにより、世界で百科事典がどんどん普及した。各家庭に分厚い百科事典が何冊も並んだ。しかし百科事典を開いて見るのは大変労力がいるものである。それがソフトのCDになり、パソコンのなかで簡単に見ることができるようになった。しかし、それでも分類と目次で見ていくのは簡単ではなく、また世の中は常時新しい知識が出てきているが、それを百科事典に改定でアップデートするのは非常に困難であった。

情報の検索サイトができると、知識の習得の方法がすっかり変わった。グーグル、ヤフーの検索サイトである。しかもこのサイトは知識、情報のコンテンツはグーグルやヤフーという企業ではなく、一般大衆、企業が造った情報、レポートがウェブに乗ったものをかき集めてきた情報・データを検索するのである。分岐的イノベーションの典型的な例である。

分岐的イノベーションの例はいくらでもある。サーカスの分野での革新としての「シルク・ドゥ・ソレイユ」も見事な分岐的イノベーションである。「オイシックス」のインターネットで野菜を売るビジネス。日本産業は白物家電から撤退していっているが、これには分岐的イノベーションによる新しい商品が多く出てくる筈である。この分野で外国企業が「リ・インベンション」を始めている。掃除機、扇風機の「ダイソン」、掃除ロボットの「アイロボット社」の「ルンバ」といろいろの例がある。

これまで見てきたものの多くは、結果的にたまたま「分岐的イノベーション」として成功したものと言えるが、「分岐的イノベーション」の考えをもってイノベーションを起そうとすればもっと多くのものが開発される筈である。

それではこれからのものとして、どんなものが考えられるかのいくつかのケースを見てみよう。

九、これから取り組むべき市場

分岐的イノベーションとしてこれから取り組むべき市場は沢山ある。分岐的イノベーションの視角から、世の中に存在する産業、商品を意識的に考えてみると、いろいろと出てくるはずである。

⑴　いくつかの可能性のあるプロジェクト

新エネルギーの開発

これまで長い歴史においても、覇権国の交代が起こるとき、新しい時代の産業、社会のエネルギーを何にするかは大きな課題であった。そういう意味では、二〇世紀のアメリカの石油の時代から、二一世紀の初めに、これからの新しいエネルギーをどうするかの選択と、それを実際に開発をしなければならない時が来た。特に二〇一一年三月の東日本大震災と東京電力の福島原子力発電事故以来、この課題が急速に浮上し、二〇世紀のエネルギーの石油から、新しいものに移行する筋道を急いで確立しなければならなくなった。

資本主義経済の発展の歴史は、その社会で必要なエネルギーを何にするかで争ってきた歴史でもある。その意味では二〇世紀は石油エネルギーの世紀であり、この石油の獲得を巡って第一次大戦、第二次世界大戦が起こったのであり、一九七〇年以降も石油を中心にいろいろの紛争、戦争が世界で起こっている。いよいよ石油から脱却し、二一世紀に入りこれからの新しいエネルギーを何にするか、そしてその方向で世界が協力して開発を進めていくことが重要となる。

二〇世紀後半からアメリカはエネルギーとしての石油大国から石油輸入国に転落し、これによる貿易赤字で国力の衰退に悩まされていたが、近年シェールガス掘削技術の確立で、再びエネルギー大国になろうとしている。すでにこれにより海外からの石油の輸入を減らしており、それにより貿易赤字を大幅に改善してきている。アメリカの覇権の終焉を一時延ばそうとしているようである。これは二〇一二年の末からすでにアメリカの国力としての強いドルが進んでおり、ドルと円の為替相場にも変化にも表れてきている。日本が円安にすると言ったのでそうなったのではない。こうしたアメリカのエネルギー・ポジションの変化がシェールガスを埋蔵しているロシア、中国、北欧でのポジションを大きく変え、世界のエネルギーによる覇権の攻防が繰り広げられようとしているが、その中で日本は原子力発電の稼働停止で、極めて弱いポジションに追いやられている。

石油資源の枯渇問題から、新しいエネルギーとしての原子力発電開発の歴史的な背景には、当初からアメリカの国家戦略があった。日本への原爆投下への非難を緩和し、原子力発電装置を大きな輸出産業に育てようというアメリカの戦略であった。一九五四年にアメリカで原子力の平和利用（Atoms for Peace）として原子力発電はスタートした。その最初の相手が日本であった。言うまでもなく、環境問題、資源問題を抱える石油エネルギーに代わる新しいエネルギーの開発である。それが原子力発電であるという答えであった。皮肉にも日本が「主導産業の開発」として手を染めた唯一つのものがウラン原子力発電産業であった。讀賣新聞社主の正力松太郎が一九五四年以降原子力発電の導入に動いて、それが実現した。しかしそれが今回の東京電力の福島原子力発電事故になった。

ウランの核分裂、放射能の問題のない持続可能なエネルギーが最も望ましいものであるが、自然エネルギーである太陽光発電、風力発電、水力発電などの現在および予測できる範囲での効率、能力では、その供給量は全体の数％に満たない。こうした持続可能なエネルギーを主体にするにはあと四〇年、五〇年はかかるであろうと見られている。それ故に原子力発電をゼロにするか否かで大きな議論がなされている。

世界が仏様の世界のような極楽浄土であればよいが、二一世紀の初頭で、新しいエネルギーの選択肢のない、エネルギーのガバナンス力を持たない国は、持てる国により、またかつてのような窮地に追い込まれることになる危険性が極めて高い。アメリカはシェールガスを日本に供給するということであるが、これは中東石油問題とＴＰＰ交渉と政治的に絡んでおり、タダで供給してくれるわけではなく、それでは日本のエネルギーの自立性確立は困難である。今のような日本の政治的交渉力では、資源国への従属が更に深まることになるのは目に見えている。そうなると、二一世紀のこれからの日本の経済再生・発展に大きな不安要因になる。

吉本隆明氏は、福島原子力発電事故発生の直後に、原子力という「科学」に対して「発達してしまった科学を、後戻りさせるという選択はありえない。それは、人類をやめろ、と言うのと同じです」と言い、人間には原子力発電の完全なものを創る使命があり、それはできるはずだと述べている。

原子力発電には、初めから二つの資源を使うことが考えられ、開発されてきたという経緯がある。一つはウラン、もう一つはトリウムであった。ウランはメルトダウンするが（核分裂の度合を一定にするために「制御」が必要になり、その制御を誤ると核分裂が急速に無限に進み大事故となる。これをメルトダウンと言う）、トリウムは持続的に一定のレベルで核分裂するが、メルトダウンはしないという大きな違いがある。

アメリカでは、オークリッジ国立研究所で、一九六五年から一九六九年にかけて、ウラン原子力発電とトリウムの原子炉（トリウム熔融塩炉）が造られ、その両方の実験に成功している。特にトリウム溶融塩原子力発電炉は、所期の目的通りの性能と成果が得られたと言う。しかしアメリカはある日突然トリウムの原子力発電の実施を中止してしまった。その理由は、トリウムはメルトダウンしないので核兵器へ繋がらないものだからということであったらしい。アメリカは核兵器の増産を目指していた。トリウムはある火種で着火すると、ちょうど線香のようにあるエネルギーのレベルで持続的に核分裂を続け、発電に必要なエネルギーをだす。しかしメルトダウンという無限の核分裂はしない。ウランは個体燃料で、その制御が大変難しい。トリウムは溶融塩にすると管理が大変易しくなる。トリウムの一番大きい特徴はメルトダウンしないもので、安全性という点では、ウランとは全く異なるものである。ウランはその反応の中でプルトニウムという物質を造り、これを処理するすべがないことが、現在でもウラン原子力発電の問題になっていることは言うまでもない。トリウム溶融塩原子力発電では、プルトニウムのような物質は生成しない。逆にプルトニウムをトリウム原子力発電の火種として使えば、現在処理に困っているプルトニウムの処理の解決策にもなる。

　これまでの世界的なウラン原子力発電の一連の事故と今度の日本の福島の原子力発電所の事故は、「メルトダウン」と言う、あってはならない事故が起きたことで、二一世紀のエネルギーとして大きな疑問が浮かび上がってきたことは言うまでもない。日本の導入した初期の原子力発電装置は多くはアメリカのものを輸入したものであるが、地震国の日本での使用のための改良、改造がなされていなければならなかったが、それができていなかったという不幸がある。日本にウラン原子力発電を導入するにあたり、これは絶体安全なものであるということを最初から強調しなければならなかったために、その後の装置としての改良、進化をオープンな形で進めることができなかったという悲劇がある。

一方、近代サイエンス、近代技術の追求という意味では、事故の起こらない装置は追求できる筈であるが、それがオープンに追求されていないことは歴史的にも不思議な話である。三・一一以降二年になろうとしているが、いまだに稼働停止か、再稼働かという二者択一の議論が続いており、何が問題であったか、どのように改良すべきかの科学的な、技術的な究明がなされていないのは大変不思議なことである。

そうはいっても絶対危険は起こらないとは言えないであろうから、メルトダウンの起こらない「トリウム溶融塩原子力発電」を考える必要がある。

トリウム資源は、インド、中国、ロシアその他に埋蔵され、その多くは問題になっている「レアアース」と一緒に存在しており、現在はトリウムの使用用途がないために、トリウムと一緒に埋蔵されているレアアースは手が付けられていない。トリウムが原子力発電に使用されるとなると、副産物としてレアアースも採集でき、中国に振り回されなくなる。世界でのトリウム資源はウランよりも四倍ぐらい多い。

ある専門家は科学と技術の粋を極めれば、ウラン原子力発電もそれを改良し続ければ、地震大国の日本でも安全なものとして使用できる筈であると言っているが、神という自然の力をわれわれ人間は想定できない。このトリウム熔融塩原子力発電については、日本でも故古川和夫氏による研究が進んでおり、オークリッジのものよりも経済性その他で優れているＦＵＪＩモデルとしての設計図ができている。

トリウムはウラン・プルトニウムに較べると、核分裂という膨大なエネルギーをだすことはできないが、発電タービンを回転させる蒸気を起こすには十分なものである。しかも小型の装置が出来る。その意味では能力は小さいが、メルトダウンという大事故を起こすことはないので、需要地のそばに設置できる。

ウラン原子力発電と比較して、装置としての規模もスケーラブルで、小規模のものも可能で、メルトダウンがないために、消費地に近いところに設置でき、現在のような長距離の送電ロスが大きく削減できる。安全という意味で、メルトダウンをしないし、高圧にもならないので、安全対策コストも入れたトータルコストはウランのものと比してくらべものならないくらい小さい。トータルの電気料も格段に安くなる。このトリウム溶融塩原子力発電は、ウラン・プルトニウム原子力発電に対してまさに「ディスラプティブ・イノベーション」であると言える。

このような内容のトリウム熔融塩原子力発電にたいして、二〇〇八年の二月、ノルウエー、中国も、トリウム資源国として、清華大学を中心にしてトリウム熔融塩原子力発電の研究を進めていると言う。二〇〇七年一二月に清華大学と国際原子力機構（ＩＡＥＡ）の共同主催で、トリウム利用に関する国際会議が開かれた。トリウム資源を大量に保有するインドもトリウムによる原子力発電の開発に動きだしていると報告されている。

日本は、アメリカとの安全保障契約で、既にウランでの原子力発電に政府の方針を決めているので、このトリウム方式に今のところ手を出せない事情があるようだ。しかしインド、中国、北欧、ソ連にはトリウム資源があり、その技術の開発に取組んでいるようであるので、日本のトリウム熔融塩原子力発電の技術研究は他の国に較べても進んでいるので、これに取り組むことは大きな意味がある。

いずれにしても経済社会におけるエネルギーの問題は、産業としても、政治としても大きな意味を持ち、どのようなエネルギーを確保するかが国の発展にとって最も重要なものである。一番重要なことはそのエネルギーを国がマネージできるかどうかである。資源のない日本では石油、ＬＰＧガス、シェールガスも自分でマネージできないものである。

秘書ロボット

日本はロボット技術のメッカである。しかし工場や介護で使うようなロボットではない。情報、知識の管理としての個人の秘書的なロボットである。企業にもたくさんの秘書的な仕事がある。しかし日本は最近リストラで秘書的な職務がなくなりつつあり、管理者、技術者が秘書的な仕事に時間を盗られている。本当に人間でしかできないものを人間にやらせるが、そうでない仕事を秘書ロボットにやらせる。個人でも日程管理、旅行、出張の計画と交通、宿泊の予約、情報の検索および整理、自分のデータ・知識の構造的整理システムと検索、などを行う秘書ロボットの市場は大きくなると考えられる。これは半導体、ソフトの製品となる。これは日本産業が取り組むべき「分岐的イノベーション」である。

ホームネットワーク・サーバー・ヘムス

これはある企業ではすでに開発の計画に入っているのかもしれないが、家庭のいろいろの情報の処理、いろいろの機器のマネジメントをするものである。これはアイディアとしては前からあるが、これが個人のネットワーキング化した情報の整理、ホーム機器の管理、遠隔管理、セキュリティを含んだもので、これから大きな市場となる。

このシステムは同時に家庭のいろいろの機器をコントロールするＨＥＭＳ（home energy management system）と統合され、ホームの新しい文化とリズムが創られることになる。これがまたコミュニティ全体の新しいシステムに発展する。

イーラーニング、イーコンテンツクリエイティング

個々人で学び方が、個性により異なっているということがアメリカで調査されており、書いて覚える、読んで覚える、聞いて覚えるなどいろいろのタイプがあるようだ。あるコンピュータシフトで各個人を診断すると、何タイプかが分かると言う。これにより、より効果的な教育の仕方がクリエートされ、教育の在り方も変わってくる。こうした新しいラーニング・システムを踏まえて、これまでの紙の教科書ではなく、電子教科書がこれからの流れになるであろう。

更に、これから多くの一般の人が、いろいろのリポート、論文、エッセイ、意見、提言などのコンテンツを創り、それをあるサイトで交換・販売する世界ができるであろう。そのためのコンテンツ・

クリエーションのプラットホームが必要になる。

ボトム・オブ・ピラミッドの視角から、後進国、発展途上国から、小学校、中学校の電子教科書、インタラクティブな教育が、eReader, eBookを使って、進む動きがある。これにあったハード、ソフトの仕組みが必要になる。これらも「分岐的イノベーション」のコンセプトで開発できる。残念ながら、日本のような既得権で縛られた国では、これは当分起こらず、発展途上国がこれを展開した後に、それを後追いすることになろう。

コンテンツ・クリエーション・プラットホーム

情報化社会で、コンテンツとして個人が知的創造をし、それをビジネスとする環境が生まれつつある。ツイッター、ブログで個々人がいろいろの考えを文書にすることが広がっている。これから大衆がいろいろの考え、知識を著作として創造して、それを世に問うことで所得にもなる文化ができると考えられる。その知的な著作を造り、Ｗｅｂに載せて、所得を得るプラットホームが求められる。こうした知の創造の場を日本に造ることである。そのためのハード、ソフトの仕組みが大きなビジネスになる。これには膨大な集積されたコンテンツを効果的に検索するサイトをつくる必要があるが、知識の構造化と検索を可能にするタクソノミー（構造化された分類システム）を統合しなければならない。

エアータクシー

こんなものがあると素晴らしいのだが、という意味での商品である。しかしこれからこうした商品が開発されるであろう。一人乗りのヘリコプターが長野県のGENコーポレーションによって開発されている。蓄電池で駆動する電動式ヘリコプターである。電動式はドイツ製のサーボモーター、中国製大型リチウムプリマー電池、チェコ製の無線操縦用コントローラーで構成する。これからいろいろの使い方が出てくる。

創業者本田宗一郎が一九六二年に航空機事業に参入を宣言してから、ホンダは小型航空機の研究開発を続けてきた。モビリティーをトータルに提供するというホンダの企業哲学の実現である。「ホンダジェット」として二〇一二年から小型ジェット機を量産し始めた。新しい技術のブレークスルーで、機内のスペースを拡大し、燃費を四〇％以上改良した六人乗りのものである。「空のシビック」、「エアータクシー」として、新しい移動手段が提供されることになるであろう。

特に小型航空機産業は国策としてもこれからの日本の得意とする産業にすべきである。三菱リージョナルジェット（ＭＲＪ）、ホンダジェットという日本の小型飛行機がこれからのアジア地域のモビリティーとして大きな産業になる筈である。これも言うまでもなくボーイング、エアバスなどの大型航空機産業にたいしての「分岐的イノベーション」である。しかしこの産業の成功には、世界での新しい航空網の中でのアフターサービス網の確立、新しいビジネス・モデルの開発が必須となる。これには国家戦略としての取り組みが必要になる。

個人用健康診断・予防器とそのデータベース

世界的に医療費は高騰している。日本人の平均寿命が長いのも医療費をふんだんにかけているからだという意見もある。医療費がそのためにますます高騰し、社会福祉の費用を賄うために消費税を上げようとの狙いもある。最近個人の健康維持は大きな関心事となるとともに、ビジネスになりつつある。

これはまさに医者という専門家の使う医療機器から分岐した個人用の健康維持、予防機器である。先述のように、プロフェショナルな商品を一般大衆に展開するのもディスラプティブ・イノベーションであるが、日本のあるベンチャーは、医療器の超音波診断機を健康促進のために個人用のシステムとして開発し、健康促進のための適切な運動、食事、睡眠などの指針をシステムとして提供するマーケットを作ろうとしている。このベンチャーの社長は、もともとアスリート（運動選手）のトレーナーであり、超音波診断装置を使って、筋肉、皮下脂肪の管理をし、運動選手がどのような運動をすればよいかアドバイスし、トレーニングしてきた。

これのノーハウをもとに一般の人々に自分の健康管理に簡易超音波診断システムを作り、大衆の健康増進に役立ててもらうビジネスを展開しようとしている。健康のための運動の仕方、食事の仕方をアドバイスするものである。また病気の後のリンパ腺の変化のチェックに使うという効果もある。

これはまさにプロフェッショナル用の医療機器を一般大衆用にモディファイして、医療ではない大衆の健康促進の比較にならないくらい大きな市場を対象にしたものに展開するという「ディスラプティブ・イノベーション」である。

これからの大衆の健康維持・促進のための新しい商品がいろいろと出てくる筈であり、これは現在の高度な医療機器から分岐したイノベーションとして展開されるであろう。そのような兆候はいろいろと出ている。

アメリカのアナログデバイス社は超音波診断装置、ＣＴスキャナーなどの小型化で中小の病院、あるいはある目的で個人にも使ってもらう商品を開発している。

ＧＥは途上国、新興国で小型超音波の診断装置を開発した。それはインドで医療分野のインフラが未整備であったので、簡単にいろいろの診断ができるものが欲しいという発想から小型超音波診断器にたどり着いた。現在あるような高機能・高精度の機器でなくとも、予防診断としては低グレードで低価格のものが求められている。これは大きな市場となる。これをアメリカでも展開しようとしている。これは「逆分岐的イノベーション」である。

イギリスのトーマツ社、ベルギーのＩＭＥＣ社ではボディエリアネットワークと称して使い捨ての装置で人間の体の状態を二四時間監視し、ワイヤレスでデータをセンターに飛ばして、管理するものを開発している。

翻訳通訳システム

自動音声認識、自動翻訳、通訳の技術とそのシステムを開発しようという活動は、実はこの半世紀以来世界で続いてきた。二一世紀のグローバル社会において世界の国々の間でのコミュニケーションがますます重要になってきた。ＥＵにおいてもいろいろの機関で通訳がネックになっていると言う。とくに日本でも三〇年来この自動音声認識、翻訳、通訳にたいする研究には、国家の資金、民間の膨大な研究費が投下されてきた。これまでは、特別な分野である機械言語によるアプリケーション、あるいは特別な専門用語を中心にしたシステムに限られていた。つまり残念ながら自然言語を対象としたその実用化には現在まで至らなかった。日本はこれまで翻訳・通訳の機能の完璧を求めるので中々商品化としてまとまらなかった。

特殊な環境、限定されたアプリケーションでの自動音声認識、翻訳、通訳のシステムに限定されており、自然語でのそれを実現するには、別のアプローチをしなければならない。しかしそのための要素技術はすでに存在している。製品技術のアーキテクチャーを変える必要がある。これがイノベーションであり、とくにディスラプティブ・イノベーションのアプローチが必要である。

その技術は「基本アルゴリズム」、「言語のデータベースとTaxonomy（タクソノミー　言語の構造的分類）」、「システム技術」、「周辺技術のアルゴリズム」、「データベースの共通インターフェース」、「認証技術」、「音場・騒音の制御」、「音声合成」、「多言語認識」、「話者適応技術（学習機能）」、「言語プロセッサー」、「検索エンジン」、「ＯＳ」などの開発を行うことになる。これにより、日本人が大変弱い、グローバル社会での会話というフリクションの大幅な軽減が可能となる。

これは、携帯電話、ＰＤＡ、テレビ、パソコン、ワークステーション、国際会議システム、カーナビ、ロボット、エージェント・システム（個人執事役）、セキュリティ、ゲーム機、介護システム、教育システム、その他のあらゆるものに入り込み、しかもそれをもとに世界の市場が開ける。グローバル・コミュニケーションの基礎となる。グローバル社会のコミュニケーションは益々重要になり、日本の重要な産業としてこの商品の開発に力を入れる必要がある。これも分岐的イノベーションのアプローチが効果がある。

テレビの「リ・インベンション」

アップルのスティーブ・ジョブズが「テレビの再発明」をしなければならないという遺言を残したが、テレビ産業をこのままで衰退させることはできない。「ネットテレビ」あるいは「スマートテレビ」と呼ばれる新しいコンセプトが創造されようとしている。グーグルもネットテレビのコンセプトを開発している。個人が利用するスマートフォンやパソコンからグーグル製サービスの利用履歴情報をもとに利用者の好みのテレビ番組表を編集したり、動画コンテンツを表示するテレビである。アーカイブからのコンテンツの検索のできるＴＶになるのであろう。あるいはホームサーバーに発展することになるかもしれない。求められているのは、ネットを最大限に生かせるテレビの開発である。テレビ、スマホ、ゲーム、パソコン、ネットサービスなどをすべて束ねることのできる新しい製品である。それにはＴＶ用の検索エンジンが必要になり、このための半導体「システム・オン・チップ」を日本が開発すべきである。ＮＨＫとシャープの高画像テレビ技術の開発が進んでいるが、これはテレビという商品としてどのような新しいバリューをもたらすのか、そしてそのビジネス・モデルを初めから描く必要がある、さもなければ技術開発で終わってしまう。日本電子産業が生き残るためにやるべき喫緊のプロジェクトであり、これを分岐イノベーションという視角からアプローチすることである。これにともないより豊かなコンテンツ、番組が開発されることになる。

日本版「知識・情報検索サイト」の確立：智の創造の基盤

前述のように、今Ｗｅｂの世界でグーグルの検索サイトが世界で利用されている。しかし日本はそのグーグルの検索サイトに完全に依存している。今「コピペ」と呼ばれ、小学生の勉強もグーグルの検索でいろいろの情報を引っ張り出して、それをつぎはぎして作文、レポートを作成している。これ自体の問題を詮索する前に、グーグルの検索サイトの日本語の質の悪さは、これから日本を学んでゆく子供にとって大変悪い影響を与える。と同時にこの検索サイトにより、人はものを自分の頭で考えることをしなくなってきた。自分の考えと答えは検索サイトにあるとしている人が増えている。これを正すような新しい仕組みを創る必要がある。

グーグルの検索サイトのビジネス・モデルは、キーワードを基にしたPageRankというコンセプトで、多くの人がクリックしたある情報をその頻度の大きさの順に、情報を、上位にリストし、リストされた情報の持ち主がそれに対して広告料を支払う（Pay by Click）ということで収益を上げている企業である。したがって検索者が記入した同じキーワードの入った情報では、いかに多くの人からクリックされた情報であるかが重要になる。つまりそのキーワードの意味と検索された情報、資料の内容が一致するものであるかないかはグーグルは全く関知しない。かつてイギリスであった「美人投票」と同じもので、本当に美人であるかどうかは問題にしない。いかに多くの人がある人に投票しているかどうかを問題にする。つまり場合によっては探そうとするキーワードとは全く関係のない情報がでてくる可能性がある。このことをグーグルは承知している。つまり嘘の情報がでてくるかも知れないということである。

言うまでもなく、検索者は自分の求める内容の情報、資料を得ようと検索するものである。検索結果が自分の求めるものでなく、嘘のものであれば価値がないどころか、大変危険なことである。しかし日本の若者の教育という点から、日本は独自の知識検索サイトを作らなければならない。日本語は自分でその質を管理しなければ、アメリカのグーグルが保証はしてくれない。自分でものごとを思考するための検索サイトにする必要がある。つまり日本国としての「知識・情報の構造化」をすることである。発見、創発、創造の思考を助けるような知識・情報検索サイトの創造でなければならない。これを日本がやることである。

そこで先ほどの音声認識・翻訳・通訳技術の開発の基本要素としての言語のデータベースでそれを意味的に紐付ける人間の脳の構造のような「Taxonomy」をもった情報検索サイトを造ることになる。これによるとキーワードで検索すると意味的に関連のある情報が検索される。そして日本語の正しいものでの情報が得られる。これはビジネス・モデルとしては、グーグルとは違ったPay by Result となる。

こうした日本の知識検索サイトを日本に持たなければならない。これは日本の安全保障にかかわるもので、これをグーグルに頼ることはできない。またこの知識・情報の検索サイト・システムは、知識社会のこれからの智の創造の仕組みの基盤として、そしてグーグルとは違ったものとして、諸外国に提供できる技術である。これにより知的産業としての日本発の主導産業を拡大することが出来る。

日本の中小企業が苦戦している。このままでは日本の中小企業の技術力は衰退する。豊富な技術力を持つ日本の中小企業の技術・ノーハウを世界のサプライチェーンのなかでビジネスにつなげるために「企業、技術ディレクトリー」としてのインターネットサイトを創る必要がある。これもこの知識検索サイトの一つとして日本が創る大きな意味がある。これからの分岐的イノベーションは、日本の中小企業が蓄積してきた技術・ノーハウ・経験を組合せて新しい市場を創ることになる。

白物家電の「分岐的イノベーション」

日本企業は、既存商品の価格引き下げ競争に敗れて、白物家電産業から相次いで撤退しているが、ここの分野に「分岐的イノベーション」の大きな新しい市場があることを忘れてはならない。イギリスのダイソン社は、もはや衰退産業とされていた家電製品の白物にどんどんイノベーションの風を吹き込んでいる。サイクロン（遠心分離）技術を取り入れた紙パックのない掃除機、羽のない扇風機を開発して、白物製品を生き返らせている。アメリカのアイロボット社の掃除ロボット「ルンバ」もそうである。アメリカの洗濯機、冷蔵庫の白物家電のワールプール社は最近安定した利益を上げながら発展している。スウェーデンのエレクトロニックス社は、コードレス掃除機「エルゴパワー・プラス」を日本市場向けに投入しはじめている。

最近、日本でも家電のベンチャーであるバルミューダ株式会社（東京都武蔵野市）が「常識にとらわれずに自分のやりたいことを追求すれば新しい発想が生まれる」という考えで、扇風機「グリーンファン2」を開発し、市場に出して好評を得ている。羽を二重構造にして、空気を拡散して自然に優しい風をつくりだす。これに回転数を細かく制御できるDC（直流）ブラシレスモーターを使い、省エネにもしている。さらに最近空気清浄器「ジェットクリーン」を開発し、部屋のどんな場所においてもあらゆる方向から空気を吸い込み、循環させる。

欧州のフィリップスも白物家電の再強化をしており、そのなかで調理家電という分野において「ノンフライヤー」という「勝てる商品」を持って日本市場にも手を広げてきている。

このようなチャンスはまだいくらでもある。これからの家電も「美容家電」、「健康家電」、「学習家電」という新しい家電商品が開発されるであろう。こうした商品を日本からもっと発信しなければならない。あるいはこの分野も「ボトム・オブ・ピラミッド」の見地から「リバース・イノベーション」により新しい商品を開発し、これを先進国に「逆分岐的イノベーション」で新しい市場を開拓する必要がある。これは正に分岐的イノベーションの宝庫であると考えなければならない。

半導体の多種少量生産方式の開発

これは本書で、日本半導体産業の検討をしたところで説明したが、日本の半導体産業の再生の最後のチャンスとして、ムーアの法則の破綻とも関連して、土台と上部構造の乖離という観点から、半導体の新しい「多種少量生産方式」「フレキシブル・マニュファクチュアリング・システム」を開発しなければならない。少量、中量の半導体の需要が多くあるにもかかわらず、そうした新しいプロジェクトが高い開発費のためにビジネス展開ができず、イノベーションが阻害されている。膨大なASICの「ペントアップ・デマンド」(抑えられた需要)があるのである。これを「分岐的イノベーション」の視角でとり組み、新しいイノベーティブな半導体商品として開発することである。これが半導体を使っているあらゆる産業のイノベーションの促進になる。

これは自動車産業などからのいろいろのヒントもあり、可能なイノベーションであり、日本がやるべきものである。特に日本の電子産業の再生には、これが極めて重要であることは、これまでの説明でよくわかる筈であり、日本の半導体産業の国家戦略として直ちに取り組まなければならないし、国家と産業が決意すれば必ずできるものである。

(2) 日本のイノベーション促進プラットホーム化計画

これは日本のデフレからの脱却と日本を「世界の技術開発のプラットホーム」にすることを目的とする国家政策である。その一つとして、日本の社会産業インフラとしてのハイウエーなどの交通網、護岸設備、海洋グリーン化設備、地震対策設備、下水道設備、情報通信設備、スマートグリッド、セキュリティシステム、公益設備などは、中には既にかなり老朽化しているものがあり、すぐにでも手を打たなければならないものも出てきている。またバブル期に箱モノ行政で、日本全国に無秩序に建設したものの整理をする必要があり、あるいは日本は先進国ゆえに既存の古い設備の存在で、新技術による新しい設備の導入が阻まれてきたことなどを踏まえて、日本の社会経済インフラを革新し、強靭なものにする長期計画を創り、実行することである。

これにはビジネスと「長期の建設国債」などの組み合わせにより、これを推進すると、「持続的な日本の経済成長促進のベースライン」ができる。これまでのような単年度方式の公共投資ではなく、長期的な視点で日本にとって必要なものを創りあげるものである。これで日本の二〇年来の低成長、デフレから脱却できる。

これまで景気が落ち込むと慌てて公共投資をして、日本の社会経済のインフラとして無駄なことを多くやってきたことはすでに明らかになっている。これが日本の財政を悪化させてきた。これから日本がアジア諸国にインフラ設備をビジネスとして輸出するにしても、「紺屋の白袴」では成功しない。世界のベストプラクティスにして、それを世界に提供しなければならない。これも官民で、社会経済インフラの「分岐的イノベーション」として取り組むことができる。

第二に、これからのグローバル市場における新しい産業、新しい商品のイノベーションによる開発を行いやすい基盤を日本に作ることである。研究開発の世界のセンターにし、コンセプトをいち早くプロトタイプにし、マーケットに導入する「開発のプラットホーム」を日本に作ることである。かつてのように日本で開発され、プルーブされると世界的な商品になるというプラットホームにする。あるいは新興国で新しい商品のコンセプトを創造して、いち早く日本でプロトタイプを創りあげるというものである。こうした日本産業社会のプラットホームの強化と先述のような日本の新しいものづくりの基盤を確立し、イノベーション活動をこれまでの一、〇〇〇倍以上拡大し、「こんなものがあればいいな」という商品をどんどん開発して、経済の発展をドライブすることである。こうした基盤の上で「分岐的イノベーション」を進めるのである。このためには日本の中小企業のもつ膨大な技術・ノーハウ・経験を企業データとしてデータベースをつくり、オープンに検索できるようなサイトをつくる必要がある。

第三として、この「分岐的イノベーション」のコンセプトによると、古い内需産業で、もはや経営の構えとしても価値の薄れている産業、商品を新しい市場を創造するものに仕立て、新陳代謝することができる。経済の発展には間断なく産業の新陳代謝を起こす必要があるが、全般的な産業の衰退で、退場すべき産業も税金をつぎ込み保護しているものが沢山ある。これは決して国民の富の増進にはならない。こうしたゾンビ企業を退出させなければならないが、それに代わる新しい産業を用意しなければならない。こうした産業を「分岐的イノベーション」により、大きく変身させ、新しい市場の創造による産業としての新陳代謝が進むことになることを理解しなければならない。

第四として、イノベーションのセンターは大学の存在が極めて大きい。これまで日本では産学連携という言葉は使われてきたが、欧米、アジアの例と比較してこの連携の効果が出ていない。大学の研究・知識が社会に生かされていない。これが今日の日本の学生の悩みでもあり、産業にとっても社会にとっても不幸なことである。これからの日本のイノベーション促進のプラットホームの中に大学を重要な存在として位置付けることが必要である。これまでとは違った産学連携の在り方を創り上げなければならない。

第七章　終わりに

日本経済の衰退

かつて一九八二年マレーシアの当時のマハティール首相は日本をメンターとし、日本を見習うということで「ルックイースト政策」を唱えた。マレーシアが近代産業社会化を遂げるためのお手本として、当時の日本産業、日本社会の力と文化に学ぼうという国民運動を展開し、いろいろと日本から学んでマレーシアは見事に発展を遂げた。

ところがそのマハティール氏は、今や「日本の過ちから教訓を得る時だ。われわれは日本の轍を踏むわけにはいかない」と言っている。そして、かつてマレーシアが日本から学んだ文化、倫理、独自の経営スタイル、職場の規律、労働に対する真摯な姿勢は、もはや日本からなくなってしまったとまで言っている。これは大変悲しいことであるが、親日家のハマティール氏の言葉を真摯に受け止めなければならない。

日本の「失われた一〇年」「失われた三〇年」は、資本主義経済の歴史が経験したなかでも最も過酷なものの一つである。日本全体がデフレに苦しみ気力を失ってしまったが、ここで何としてでもそこから抜け出す手を打たなければならない。特に資本主義の好景気という世界を見たことのない日本の三〇歳代までの人には、今日はまさに「ディストピア」である。一九九〇年のバブル崩壊以降、大学卒の求人が激減し、非正規社員でも職があれば良い方だという状況が続いている。日本という「絶望の国」ではうわべだけでも幸福な顔をしないと生きておれないというのであろう。何としても若い者に人間として社会のためになる仕事の喜びを味合わってもらわなければならない。

日本再生への戦略構想力

そのためには適切な所得を生む職場をたくさん創造して、国民のために働く喜びと所得の向上により良い生活の場を拡大しなければならない。資本主義経済社会では「産業の新陳代謝」をし、それを拡大する必要がある。本書ではこうした日本経済の再生のために果敢に「新しい産業を興すこと」を力説してきた。同時にものづくりの基本にたち返り、市場の求める商品の設計・工程設計をもとに競争力あるものにしなければならない。日本はそれをやりとげる能力はある筈である。

今日のデフレの日本経済に対して、政治家、評論家の言う経済対策はざっと次のようなものである。デフレ対策として、インフレ目標をつくり、日銀に際限なく金融緩和をさせ、財政出動を積極的に推し進めること。規制緩和して、女性や高齢者にも仕事をしてもらう。円安にして、輸出を拡大するためにＴＰＰに参加し、民間投資を喚起する成長戦略を進めると言う。

そもそも日本がデフレになったのは、産業が不振になり一九九八年から給与所得者の平均年収が下落し始めたのをきっかけにし、一九九九年から消費者物価が下落し始めたためである。従って「デフレを解消するためにインフレにしよう」とするのではない。新しい産業を興し、職場を創って「国民の所得を上げる」ことが必要である。しかしいかに政府に言われたからといって、事業を拡大し、利益が向上する仕組みをつくらなければ、賃金を上げることは出来ない。それができると国民は商品を買い始め、それが商品の価格が上昇し、消費者物価が上がってインフレになる。国民の所得を上げないで、インフレマインドを煽り、円安になって輸入コストの転嫁でガソリンの価格、食品などの商品価格が上がると、消費者としての国民はますます商品を買わなくなり、デフレが更に悪化する。つまりインフレには現象として二つのものがある。一つは国民の所得が上がり、商品の需要が高まり、商品の価格が上昇してインフレになる場合。もう一つは、国民の所得が上がらないで、インフレマインドだけを煽り、思い切った金融緩和をするが、円安になり、輸入消費物資の価格の高騰になれば、インフレにはなるが、日本経済は本当の壊滅状態に陥ることになる。つまりインフレと円安は日本の膨大な国債価格や金利に破壊的な影響をもたらす可能性がある。後者にならないように細心の注意をして舵を切らなければならない。

つまりデフレが原因で経済の大不況になったのではない。経済が衰退し、国民の所得が下落してデフレになっているのである。ここを間違えてはならない。円安にすると経済の成長が進むかというと、輸出産業には助けになるが、資源の輸入国の日本は交易条件の悪化が経済成長にブレーキをかけることになる。このままでは金融緩和して円安にはなるが、企業は二〇〇兆円もの内部留保をもてあましており、誰も借金してでも設備投資したくなる良い産業が見当たらないので困っているのだ。公共投資はカンフル注射にはなるが、その場限りの効果で、世界でも異常といえる日本の財政赤字をこれ以上悪くすることは困難で、カンフル注射をいくらやっても日本経済が逞しく再発展することにはならない。

女性や高齢者に働けと言うが、問題はその職場がないということを忘れている。日本産業は価格切り下げ競争をするためにロボットを増やし、無人工場をつくり、労務費を徹底的に削減する動きをしている。これが「民間投資の喚起という成長戦略」であってはならない。生産性を上げることは労働生産性の向上を意味し、企業は儲かるが、更に失業者が増え、国民の所得は減ってゆくことになる。これではますますデフレは進み、国民の所得は減って、生産された商品を買うものがいなくなる。

重要なことは、収入を生み出す就業者の数をどんどん増やすことであり、そのために日本がこれからの世界の経済の発展をドライブする「主導産業」をどんどんを開発することである。これを本書では「分岐的イノベーション」で新しい産業を創造する道を示した。そういう意味で、日本経済再生を実現できるしっかりした「戦略構想」「成長戦略」を描かなければならない。

国民の富の増進

先にも触れたが、私の恩師である高橋正雄先生は、私が学生時代のときから、「これから大きく変わってゆく世界経済をしっかり勉強しなければならないが、同時にわれわれは日本人であるので、日本経済の本質とその発展の論理と実践をよく勉強しなさい」と諭されたことがある。グローバル時代の展開で、今日本産業は、その「六重苦」から逃れ、生き残るために、やみくもに海外に出ていっている。個別資本としての産業は生き残りのために、日本国民のことなど考える余裕はないのかもしれない。しかし日本国を豊かな国として維持し、発展させることをわれわれ日本人は考え、それを実行しなければならない。

安い労賃を求め、円高からの逃避で安易に工場を海外に移すのではなく、ここで更なるイノベーションを進めて新しいビジネスモデルを創ることに挑戦しなければならないのであるが、残念ながら日本では近年そうした合理化の資本投資が減退している。つまり弛みなきイノベーションを通じて、グローバル市場の中で日本経済社会を立派に発展させることである。殺し合いではなく生かし合いである。世界的に産業を興しグローバル世界のなかでの新しい富の創造をＢＯＰのコンセプトで世界の誰をもその活動の中に誘い入れることが必要である。

自分の城は自分で守る

一九九一年のソ連崩壊後の世界は、それまでの米ソ冷戦構造とは全く違ったものになった。日本とアメリカとの関係も変化してきた。ソ連崩壊後それまでの旧社会主義国の市場が突如先進資本主義国市場に雪崩れ込んできた。各国はこれまでの歴史的な経緯から政治的には敵対しているが、グローバル・サプライ・チェーンのもとに経済産業的にはお互いにもたれ合ってきており、お互いを必要としている。これを前提として「自分の城は自分で守る」ということで「是々非々」でいかなければならない。自分の城は自分で守ることとは、他からの侵略戦争に対して自分の力で防衛するというだけではなく、最も重要なことは自分の手で「国民の生活」を守り、「国民の富」を増進するということである。

日本には昔からお互いの傷を舐めあうという文化があり、自分と相手の傷口を触らないことが美徳とされてきたが、このような危機の時は自分自身を過酷なまでに冷厳に見つめて、正すべきことは勇気をもって正さなければならない。今日の日本の電子産業においても、まだ日本は部品産業、素材産業が強いので安泰だという楽観論があるが、その部品・素材産業も最近は多くのものが海外に工場を移している。同時に中国も韓国も部品・素材の重要性を十分認識して、国家戦略としてこれを強化し始めている。「技術は高きから低きに流れる」と言われるように、日本の部品・素材産業の海外工場の動きは必ず技術の流出を起こし、その優位性は減衰するものと覚悟して次の策を準備しておかなければならない。

何度か危機を潜り抜けてきたＩＢＭは最近「これから五年間に事業の内容を一変する。そうしないと、その後のＩＢＭはない」と言い、躍進を続けているサムスンは「一〇年以内にサムスンを代表する製品の大部分がなくなり、現在のサムスンの主力商品である携帯電話、ＴＶ、その他の家電製品は五年から一〇年で中国が席巻してしまう。そのためには未来事業を確立しなければならない」と覚悟している。

日本産業も真の意味で危機感を持たなくてはならない。いや悲壮感はもっているのだろうが、何をしたら良いかが分からない混乱状態、思考停止状態になっているのかもしれない。

イノベーションを巻き起こす国家・国民の決意

日本は、デフレと円高を問題にしながら二〇年を無駄に過ごしてきた。この長い苦難を断ち切らなければならない。政府が悪いからと言っても始まらない。ケネディが言ったように、政府が何をしてくれるのかではなく、自分で何かをしようと立ち上がらなければならない。国民自身が産業を興し、経済を発展させるという覚悟と決意をすることである。日本国民がデフレと円高を解決しようとする強い意志があれば、それを解決する手立てはすでに存在している。過度の円高是正問題、主導産業の開発は、それを実行するかどうかは、国家・国民の「決意の問題」である。その道は、本書で述べた「分岐的イノベーション」であることは言うまでもない。

本書では、あえて既存の成功している大企業は新しいイノベーションが出来ないと言った。現在のところは、残念ながら、そう言わなければならない状態である。しかしこれは大企業だからどうしても運命的にできないということではなく、その経営者の力と新しいリーディング産業を開発しようという強い意思によって、イノベーションは可能になる。

しかし巨大企業でのイノベーションの停滞が続いている。数十兆円の売上げ規模の巨大企業組織での運営は、イノベーションという意味で、今日の人間の経営能力を超えているのかもしれない。更なるイノベーションの促進のために、再び「企業分割」が進むことになるであろう。日本の半導体産業も巨体企業の一部門という立場を変えることにより、再生発展が可能になるとも言える。

一つの方法として、大企業を含め国が、新しいビジネスを開発しようとする起業家の「インキュベーターのベース」を創り、資金を投入してイノベーションを興すことは大きな意味がある。日本の大企業には能力を発揮できないでいる多くの優秀な人材がいる。そして日本の大企業は集中と選択でまだリストラをやり続けるであろうから、大企業からのスピンアウト、カーブドアウトをポジティブに加速し、その新しいビジネスの成果をまた大企業が量産化で手伝い、新しいビジネスを拡大すれば「ベンチャービジネスのエコシステム」ができることになる。これはすでにアップル、シスコ、サムスンが実行していることである。これを「分岐的イノベーション」で日本が国家戦略で加速するのである。

分岐的イノベーションで主導産業の開発

日本はオリジナルな主導産業の開発にはこれまで残念ながら手を染めてこなかったが、今後は日本もそれに貢献しなければ、グローバル社会では存続は困難になる。これまでコンセプトとしてまったく存在しなかった新しい主導産業を創造するのは日本には難しいであろうが、日本にもやれる道がある。この道を「分岐的イノベーション」として明らかにしてきた。これまでの世界のイノベーションの開発の跡を辿ってみると「分岐的イノベーション」の占める比率は極めて多いことに気付く。実は日本産業のこれまでの活動のなかでも、無意識のうちにこうしたイノベーションをとげたものもあるが、その数は極めて少ない。これからは、この「分岐的イノベーション」のコンセプトを明確に意識した形で進めると、日本産業にも主導産業の開発が可能となる。今日よりも明日の自分たちの生活を良くしたいという人間の願いがある限り、経済の発展をドライブする主導産業はこれからもいくらでも湧いてくるものである。

イノベーションのチャンスはまだ無尽蔵にある。物理的な現在使っている資源はいずれ枯渇するかもしれないが、ビジネスのイノベーションの可能性は無限にある。新しい売れる商品が出てくる可能性は無限にある。「もはや技術なし」とか、「もはや成長はない」ということはあり得ない。「分岐的イノベーション」の視角で、追求すると、これからいくらでもいろいろのプロジェクトが生まれてくる。

新しい国のかたち

イノベーションの波を起こすための国の土台という意味では、日本はそれがまだ出来上がっていない。大きなイノベーションの波が起こるときには、詐欺的な行為、一攫千金を狙った金融資本、模倣者などのゴミが侵入してくる。しかしこのゴミの中から本物のダイヤモンドが出てくるものであるという意味で、「奔馬と御者」のコンセプトとそれをコントロールする仕組みを日本につくらなければならない。日本はゴミや詐欺はあってならないもの、ある筈がないと思っているので、大きなイノベーションのダイヤモンドを逃してしまう。

そのために、イノベーションを促進するための資本市場、エンジェルの環境、奔馬と御者のための証券投資監視機構、基礎技術の開発のための国家資本投資勘定などを確立することである。この考えはこれまで日本の一部の官僚により意図的に封じ込まれてきたが、本格的なイノベーションを日本で巻き起こすには、このコンセプトを日本の土台に埋め込まなければならない。

世界の主導産業開発のプラットホーム

そこで、先述のように、日本を世界の主導産業開発のプラットホームにして、技術開発、プロトタイプの作成をし、ビジネス・モデルを実験、実証する場とする。そしてどんな生産ボリュームにも相応できる仕組みを造ることである。

これにアメリカとアジア諸国にアクセスさせるような働きかけをしなければならない。これがこれからの日本の産業の発展の道であると同時に、最も重要な日本の安全保障にもなる。ガラパゴス日本と言われるように、日本は過去半世紀にかけて先端の技術、暗黙智としてのノーハウ、奥深い匠の技術を蓄積してきたが、これをネットワークとして繋げ、世界のこれからの主導産業の開発に実際に役立てるときが来た。これにより日本経済を再び活力のあるものにできる。

二〇一二年の初めから日米の金利差、二〇〇八年からのアメリカのシェールガス・エネルギー革命をもとにした「強いドル」の政策で、再び世界の資金を吸引しようとしている。このために二〇一二年の後半から円安に動いているが、これはアメリカの戦略であり、今後どうなるか分からないものと思わなければならない。しかし最も注意しなければならないのは、企業が円安で安心し、基本的なイノベーションの推進の手綱を緩めてしまうことである。そして最悪のケースは、「成長戦略」が不発で、インフレだけ進んで、国民の所得が伸びないか、悪化してしまうことである。こうなると日本経済は本当に奈落の底に落ち込むことになる。今や本格的に国民運動としてイノベーションの促進を進めなければならない。

一九六八年から一〇年毎に書を出版して、世の中の変化・発展を追求してきた。本来なら次の書を二〇一〇年に出すところ、世の中の大きな変化のために延び延びになった。本書の出版は、筆者の先輩である下川浩一先生と文眞堂の専務取締役の前野隆氏のご骨折りで実現することになった。この場を借りて両氏に深くお礼を申し上げる。

参考文献

『大停滞』タイラー・コーエン、NTT出版、二〇一一年。

『余震　そして中間層がいなくなる』ロバート・B・ライシュ、東洋経済新報社、、二〇一一年。

『日本の自殺』グループ一九四八年、文春新書、二〇一二年。

『アメリカを占拠せよ！』ノーム・チョムスキー、ちくま新書、二〇一二年。

『2050年の世界』英『エコノミスト』編集部、文藝春秋、二〇一二年。

『日本「半導体」敗戦』湯之上隆、光文社ペーパーバックス、二〇〇九年。

「日本半導体産業・復活への提言－経営者も技術者も『もうける決意』が必要だ」『日経エレクトロニクス』一〇月九日号、湯之上隆、日経BP社、二〇〇六年。

『戦略不全の論理－慢性的な低収益の病からどう抜け出すか』三品和宏、東洋経済新報社、二〇〇四年。

『どうする？　日本企業』三品和宏、東洋経済新報社、二〇一一年。

「日本型企業モデルにおける戦略不全の構図」三品和広『組織科学』Vol.35 No.4、白桃書房、二〇〇二年。

『Other People's Money』Louis D. Brandeis 2009年, Biblio Bazaar.

『法の現実における私人の役割』田中英夫・竹内昭夫、東京大学出版会、一九八七年。

『経済学批判要綱』カール・マルクス、大月書店、

『北京のアダム・スミス』ジョバンニ・アリギ、作品社、二〇一一年。

『アメリカの自動車』三輪晴治、日経新書、一九六八年。

『創造的破壊』三輪晴治、中公新書、一九七八年。

『アメリカの底力』三輪晴治、毎日新聞社、一九八八年。

『日本の半導体・自動車産業は復権するか』三輪晴治、工業調査会、一九九九年。

「リーディング産業による日本再生」三輪晴治『一橋ビジネスレビュー』五一巻二号、東洋経済新報社、二〇〇三年。

「日本のシステムLSIに喝」三輪晴治『日経マイクロデバイス』四月号、五月号、六月号、日本マイクロデバイス、二〇〇一年。

『ビジネス・アーキテクチャ』藤本・武石・青島、有斐閣、二〇〇一年。（三輪晴治共著）

『デファクト・スタンダードの本質』新宅・許斐・柴田、有斐閣、二〇〇〇年。（三輪晴治共著）

「新しいものづくりの競争力構造」三輪晴治、『四国大学経営情報研究所年報』第一〇号、二〇〇四年。

「複雑化の罠に嵌った商品システムのモノ造りの再構築」三輪晴治『四国大学経営情報研究所年報』第一六号、二〇一〇年。

「日本産業モノ造り力の基本的課題」三輪晴治『四国大学経営情報研究所年報』第一五号、二〇〇九年。

「日本産業マネジメント力の課題」三輪晴治『四国大学経営情報研究所年報』第一七号、二〇一一年。

「ディスラプティブ・イノベーション論」三輪晴治『四国大学経営情報研究所年報』第一四号、二〇〇八年。

『奔馬と御者　ルイ・ロスの学ぶ証券規制の重要性』園山英明、（財）資本市場研究会、二〇〇四年。

『メイド・イン・ジャパンは終わるのか―「奇跡」と「終焉」の先にあるもの』青島・武石・クスマノ、東洋経済新報社、二〇一〇年。

『「原発」革命』古川和男、文春新書、二〇〇一年。

『平和のエネルギー　トリウム原子力―ガンダムは〝トリウム〟の夢を見るか？』亀井敬史、雅粒社、二〇一〇年。

『技術を活かす経営―「情報化時代」に適した技術経営の探求』西口泰夫、白桃書房、二〇〇九年。

『イノベーションのジレンマ：技術革新が巨大企業を滅ぼすとき』クレイトン・クリステンセン、翔泳社、二〇〇〇年。

『東西逆転―アジア・30億人の資本主義者たち』クライド・プレストウィッツ、NHK出版、二〇〇六年。

『貧困の終焉―二〇二五年までに世界を変える』ジェフリー・サックス、早川書房、二〇〇六年。

「破壊的イノベーションで社会変革を実現する」『ダイヤモンド・ハーバード・ビジネス・レビュー』二〇〇八年一月

『The Fortune at the Bottom of the Pyramid』Prahalad, C.K., Pearson Prentice Hall, 2009.

『自動車産業の終焉―次世代クルマ戦争に勝ち残るのはどこか』イアン・カーソン／ヴィジェイ・Ｖ・ヴェイティズワラン、二見書房、二〇〇八年。

『グローバリゼーションを擁護する』ジャグディシュ・バグワティ、日本経済新聞社、二〇〇五年。

『日本経済の構造変動』小峰隆夫、岩波書店、二〇〇六年。

『21世紀の歴史―未来の人類から見た世界』ジャック・アタリ、作品社、二〇〇八年。

『日本製造業を立て直す「超ものづくり経営」：バーチャル工場技術で現場力を１００倍引き出す：グローバル市場の変動を乗り越える』中村昌弘、越前行夫、松田龍太郎、日経ＢＰ、二〇一二年。

『第三次産業革命』ジェレミー・リフキン、インターシフト、二〇一二年。

『リバース・イノベーション』ビジャイ・ゴビンダラジャン＋クリス・トリンブル、ダイヤモンド社、二〇一二年。

『MAKERS―21世紀の産業革命が始まる』クリス・アンダーソン、ＮＨＫ出版、二〇一二年。

著者略歴

三輪　晴治（みわ　せいじ）

1936年山口県長門市に生まれる。1960年九州大学経済学部卒業後、東プレ(株)入社。同社取締役、東プレR&D(株)常務取締役、1989年クラウン(株)常務取締役、1990年テラダイン(株)理事を経て、1995年ケイデンス・デザイン・システムズ(株)代表取締役社長、1999年マグマ・デザイン・ジャパン社長、2005年イーエイシック・ジャパン社長、2013年現在　ベイサンド・ジャパン社長。
法政大学経営学部非常勤講師、四国大学客員教授。組織学会会員。
主著：『アメリカの自動車』（日経新書、1968年）
　　　『創造的破壊』（中公新書、1978年）
　　　『アメリカの底力』（毎日新聞社、1988年）
　　　『日本の半導体・自動車産業は復権するか』（工業調査会、1999年）
趣味は油絵。

日本経済再生論
—ディスラプティブ・イノベーションの道—

2013年6月20日　第1版第1刷発行　　　検印省略
2013年7月31日　第1版第2刷発行

著　者　三　輪　晴　治
発行者　前　野　　　弘
発行所　株式会社　文　眞　堂
東京都新宿区早稲田鶴巻町533
電　話　03(3202)8480
FAX　03(3203)2638
http://www.bunshin-do.co.jp/
〒162-0041 振替00120-2-96437

印刷・真興社／製本・イマヰ製本所

定価はカバー裏に表示してあります
ISBN978-4-8309-4795-7 C0034